Der gute Musikgeschmack

Musik und Gesellschaft

Herausgegeben von Alfred Smudits

Band 30

PETER LANG

Frankfurt am Main · Berlin · Bern · Bruxelles · New York · Oxford · Wien

Michael Parzer

Der gute Musikgeschmack

Zur sozialen Praxis ästhetischer
Bewertung in der Popularkultur

PETER LANG
Internationaler Verlag der Wissenschaften

Bibliografische Information der Deutschen Nationalbibliothek
Die Deutsche Nationalbibliothek verzeichnet diese Publikation in der
Deutschen Nationalbibliografie; detaillierte bibliografische Daten sind im
Internet über http://dnb.d-nb.de abrufbar.

Umschlagabbildung:
Illustration: Monica Titton (19. Juni 2011)
Symbolisiert werden die Kommunikation
über Musikgeschmack in Onlineforen (Smileys)
sowie der Konsum von populärer
Musik (Kopfhörer).

ISSN 0259-076X
ISBN 978-3-631-61895-0
© Peter Lang GmbH
Internationaler Verlag der Wissenschaften
Frankfurt am Main 2011
Alle Rechte vorbehalten.

Das Werk einschließlich aller seiner Teile ist urheberrechtlich
geschützt. Jede Verwertung außerhalb der engen Grenzen des
Urheberrechtsgesetzes ist ohne Zustimmung des Verlages
unzulässig und strafbar. Das gilt insbesondere für
Vervielfältigungen, Übersetzungen, Mikroverfilmungen und die
Einspeicherung und Verarbeitung in elektronischen Systemen.

www.peterlang.de

Inhalt

Vorwort		7
Einleitung		9
1.	**Musikgeschmack als Mittel sozialer Exklusion**	**27**
1.1	Pierre Bourdieus Theorie der „feinen Unterschiede": Geschmack und soziale Ungleichheit	29
1.2	Klassenkampf passé? Zur Kritik an Bourdieu	46
1.3	Symbolische Grenzüberschreitung als neues kulturelles Kapital?	57
1.4	Zwischenresümee	71
2.	**Musikgeschmack als kulturelle Repräsentation**	**73**
2.1	Popularkultur als Gegenstand der Cultural Studies	74
2.2	Medienrezeptionstheorie revisited	78
2.3	Politics of Signification: Der Kampf um Bedeutung	81
2.4	Desiderate und Kritik	93
2.5	Zwischenresümee	97
3.	**Musikgeschmack als kollektives Handeln**	**99**
3.1	Das Erbe des Symbolischen Interaktionismus	100
3.2	Die Production-of-Culture-Perspektive	104
3.3	Auf dem Weg zu einer rezipientenorientierten Ästhetik	113
3.4	Zwischenresümee	116
4.	**Zur kultursoziologischen Untersuchung von Musikgeschmack in der Popularkultur**	**117**
4.1	Anti-essentialistische Perspektive	118
4.2	„Entmystifizierung" künstlerischen Schaffens	119
4.3	Gesellschaftliche Bedeutung von Geschmack	119
5.	**Online-Foren als Datenquelle qualitativer Sozialforschung**	**123**
5.1	Computervermittelte Kommunikation	124
5.2	Online-Foren als Kommunikationsräume im Netz	126
5.3	Non-reaktive Sozialforschung in Online-Foren: Herausforderungen eines neuen Datenmaterials	128
5.4	Online-Foren in der Forschungspraxis	143

6.	**Methodische Vorgehensweise**	**145**
6.1	Musikgeschmack und qualitative Sozialforschung	145
6.2	Fallauswahl und Datenerhebung	147
6.3	Datenauswertung	153
6.4	Methodologischer Hintergrund: Wissenssoziologische Deutungsmusteranalyse	155
6.5	Zur diskursiven Konstruktion musikalischer Praxis	157
7.	**Lieblingsmusik(en) in der Popularkultur**	**159**
7.1	Klassifikationen	160
7.2	Legitimationsstrategien	168
7.3	Sozialästhetische Positionierungen	177
8.	**Auf der Suche nach dem „guten" Geschmack**	**189**
8.1	Das Deutungsmuster „Authentizität" im Qualitätsdiskurs populärer Musik	191
8.2	Toleranz und Offenheit: Der Querbeet-Geschmack	212
8.3	Sozialästhetische Transformation in der Popularkultur?	221
9.	**Symbolische Grenzüberschreitung im Feld der populären Musik**	**223**
9.1	Allesfresserei in der Popularkultur?	224
9.2	Symbolische Grenzüberschreitung im Kontext gesellschaftlicher Transformationsprozesse	226
9.3	Symbolischer Klassenkampf in der Popularkultur? Eine vorläufige Zwischenbilanz	230
Bibliografie		**237**

Vorwort

> *Geschmack klassifiziert – nicht zuletzt den, der die Klassifikationen vornimmt. Die sozialen Subjekte, Klassifizierende, die sich durch ihre Klassifizierungen selbst klassifizieren, unterscheiden sich voneinander durch die Unterschiede, die sie zwischen schön und hässlich, fein und vulgär machen und in denen sich ihre Position in den objektiven Klassifizierungen ausdrückt oder verrät.*
> (Pierre Bourdieu: Die feinen Unterschiede. Kritik der gesellschaftlichen Urteilskraft, 1987, S. 25)

> *[...] the essence of popular cultural practice is making judgements and assessing differences. [...] there is no reason to believe a priori that such judgments work differently in different cultural spheres.*
> (Simon Frith: Performing Rites. On the Value of Popular Music, 1996, S. 16–17)

Seit einigen Jahren lässt sich ein zunehmendes Interesse an der soziologischen Beschäftigung mit Musikgeschmack feststellen. Insbesondere die zu Beginn der 1990er-Jahre im Umfeld der US-amerikanischen Production-of-Culture-Perspektive initiierte „Omnivore-Forschung" erfreut sich mittlerweile auch in Europa großer Beliebtheit. Untersucht wird der Zusammenhang zwischen Musikkonsum und sozialer Klassenzugehörigkeit, womit ein zentrales soziologisches Thema (wieder) aufgegriffen wird, für das Pierre Bourdieu bereits in den 1970er-Jahren mit seinem Werk „Die feinen Unterschiede" den Grundstein legte.

Parallel zu dieser Entwicklung findet gegenwärtig eine verstärkte Auseinandersetzung mit Fragen der Ästhetik populärer Musik in der Popularmusikforschung statt. Simon Frith gilt als einer der Pioniere, die den (lange Zeit lediglich im Kontext europäischer „Kunstmusik" verwendeten) Ästhetik-Begriff für populäre Musik adaptiert haben. Beobachten lässt sich in diesem Zusammenhang die Etablierung einer rezipientenorientierten Musikästhetik, die den alltäglichen Geschmacksurteilen der MusikkonsumentInnen einen besonderen Stellenwert beimisst.

Die vorliegende Studie, die auf einer überarbeiteten Fassung meiner Ende 2008 approbierten Dissertation an der Universität Wien beruht, versteht sich als ein Bindeglied dieser beiden oft nebeneinander existierenden Forschungsstränge, indem Fragen der Ästhetik populärer Musik mit der soziokulturellen Dimension musikalischer Geschmacksurteile in Beziehung gesetzt werden. Im Mittelpunkt steht die sozialästhetische Bedeutung von Musikgeschmack in der Popularkultur.

An dieser Stelle möchte ich mich bei allen bedanken, die mir während der Arbeit an diesem Buch in fachlicher, technischer und/oder emotionaler Hinsicht zur Seite standen: Noraldine Bailer, Claudia Borovnjak, Anja Brunner, Sarah Chaker, Eva Flicker, Andreas Gebesmair, Cornelia Hain, Michael Huber, Lisa Leitich, Elisabeth Parzer, Alexander Popper, David Punz, Rudolf Richter, Sonja Rigo, Alfred Smudits und Regina Sperlich. Besonderer Dank gilt Barbara Gruber, die als geduldige Zuhörerin und interessierte Leserin sowie mit wertvollen (kritischen) Anregungen die Realisierung und Fertigstellung dieses Projekts maßgeblich unterstützt hat.

Wien, im Dezember 2010

Einleitung

> *Im Auto hörte sie immer diesen völlig verrückten Sender KFJC, der nie ein Stück spielte, das man kannte, so dass man, wenn man mit ihr unterwegs war, im Hintergrund immer diese unidentifizierbaren Sachen hörte. Und wenn ich dann sagte: „Wer hört sich das eigentlich an?", war sie indigniert. „Wen kümmert das schon? Man hört doch nicht Musik, damit man anderen Leuten sagen kann, dass man dasselbe hört wie sie." „Aber man hört auch nicht Musik, damit man anderen Leuten sagen kann, dass man nicht dasselbe hört wie sie." „Wie wär's mit: Man hört Musik, weil man sie schön findet?" „Und wie wär's mit: Ich höre Musik, weil ich es schön finde, wenn ich ab und zu ein Stück erkenne?" „Dann musst du eben öfter KFJC hören."*
> (Rudolph Delson: Die Notwendigkeit des Zufalls in Fragen der Liebe, 2007, S. 45)

Unser musikalischer Geschmack zählt wohl zu den beliebtesten Themen zwischenmenschlicher Alltagskommunikation. Ob zu Hause, am Heimweg nach einem Konzert, während der vorsichtigen Annäherung von frisch Verliebten oder wie im obigen Zitat im Auto: In diesen und vielen anderen Situationen sind ästhetische Urteile über (unsere Lieblings)Musik nicht wegzudenken.

Dabei begnügen wir uns selten damit, lediglich unsere Präferenzen und Aversionen zu beschreiben – vielmehr haben wir das Bedürfnis, zu begründen, warum wir die eine Musik so gerne mögen und eine andere nicht, weshalb wir den einen Song für wertvoll und einen anderen womöglich für „akustische Umweltverschmutzung" halten, wieso wir unseren Musikgeschmack gut oder sogar besser oder toleranter finden als den der anderen.

Wenn wir unseren Musikgeschmack preisgeben, verraten wir zumeist auch etwas über unseren Lebensstil. Unsere musikalischen Vorlieben bilden einen wichtigen Teil unseres kulturellen Geschmacks, der neben unseren Musikpräferenzen und -aversionen auch eine Reihe weiterer Bewertungen bestimmter kultureller Gegenstände und Praktiken umfasst. Dazu zählen die Vorliebe für Elfriede Jelineks Theaterstücke ebenso wie die Diskreditierung der Millionenshow, der Einkauf beim Einrichtungskonzern Ikea ebenso wie ein Abonnement der Tageszeitung „Der Standard", das Faible für Städtereisen ebenso wie der Konsum von Bioprodukten.

Diese unterschiedlichen Vorlieben, die einen Lebensstil ausmachen, sind selbst Gegenstand gesellschaftlicher Bewertung: Während z.B. hochkulturelle Präferenzen als „legitimer" Geschmack gelten, wird die Vorliebe für (bestimmte) populäre Musik nicht selten als minderwertig oder sogar banal betrachtet. Geschmack eignet sich daher hervorragend um kulturelle oder sogar soziale Überlegenheit zu demonstrieren. Darüber hinaus ermöglicht Geschmack die Bestimmung des sozialen Standorts der anderen. Auf Basis der Vorlieben unserer Mitmenschen schließen wir auf deren Lebensstil. Dabei werden Klassifizierungen vorgenommen, Zugehörigkeiten zu sozialen Gruppen identifiziert, die Distanz zur eigenen Position „gemessen" sowie Grenzen zwischen „uns" und „den anderen" festgelegt. Pierre Bourdieu hat bereits in den 1960er-Jahren auf die besondere Rolle von Musikgeschmack in diesen Grenzziehungsprozessen hingewiesen: „Mit nichts kann man seine ‚Klasse' so gut herausstreichen wie mit dem Musikgeschmack, mit nichts auch wird man so unfehlbar klassifiziert" (Bourdieu 1993, 147).

Diese Unfehlbarkeit wird allerdings zunehmend in Frage gestellt. Die Brüchigkeit der traditionellen Grenzziehung zwischen Hoch- und Popularkultur sowie die zunehmende Ausdifferenzierung unterschiedlicher musikalischer Genres, Subgenres und Lebensstile erwecken den Eindruck, als habe Musik ihre Funktion als Statussymbol weitgehend eingebüßt; an die Stelle ehemaliger Distinktionsordnungen scheint ein postmodernes „anything goes" getreten zu sein: Johann Sebastian Bach neben AC/DC, Hip-Hop neben Punkrock oder Udo Jürgens neben Herbie Hancock sind keine Seltenheit.

Lange Zeit galt populäre Musik als effektives Mittel generationsspezifischer Distinktion. Der Konsum von Rock'n'Roll, Punkrock oder Hip-Hop wurde als Rebellion gegen die Elterngeneration und das „Establishment" interpretiert. Vieles deutet darauf hin, dass diese Art der Abgrenzung an Bedeutung verloren hat – oder zumindest nicht mehr so einfach dekodierbar ist: Wie gehen wir damit um, dass die sich alternativ und popintellektuell wähnende FM4-Hörerin und Spex-Leserin womöglich mit dem exklusiven Lebensstil ihrer aus dem bürgerlichen Hochkultur-Milieu stammenden Eltern mehr gemeinsam hat, als uns der rebellische Unterton ihrer Lieblings(protest)songs weismachen will?

Noch schwieriger wird es, wenn wir danach fragen, ob Musikgeschmack mit moralischen Überlegenheitsansprüchen einhergeht – und möglicherweise Rückschlüsse auf die Existenz ästhetischer und/oder sogar sozialer Hierarchien zulässt. Können wir mit unseren musikalischen Vorlieben überhaupt (noch) sozialen Status zum Ausdruck bringen? Wie erklären wir uns die kulturelle Logik der Verhaltensmuster eines 23-jährigen Soziologie-Studenten, der jeden Dienstag die Wiener Alternativdiskothek Flex besucht, zugleich aber ein Konzerthaus-Abo besitzt; dessen digitales Musikrepertoire nicht nur die aktuellen FM4-Charts, sondern auch den einen oder anderen Schlager beinhaltet?

Angesichts zunehmender Ausdifferenzierung und Vielfalt unterschiedlicher Geschmacksausprägungen scheint es immer schwieriger zu werden, sich in diesem unübersichtlich anmutenden Feld der Musik zu verorten – noch schwieriger ist es wohl, dessen Koordinatensystem zu kennen, zu verstehen und „richtig" zu deuten, d.h. die unterschiedlichen Positionen und Positionierungen zu dechiffrieren.

Diese Unübersichtlichkeit ist der Ausgangspunkt der vorliegenden Untersuchung, deren Ziel es ist, einen Beitrag zur Erforschung der Struktur und Logik dieses Koordinatensystems zu leisten, indem unsere alltäglichen ästhetischen Urteile im Feld der populären Musik zum Thema gemacht werden.

Auf der Suche nach dem „guten" Geschmack

Dieser Forschungsarbeit liegt eine Sichtweise zugrunde, die sich von der lange Zeit den kunstwissenschaftlichen Diskurs dominierenden Vorstellung einer musikimmanenten Bedeutung abwendet. Es wird davon ausgegangen, dass die Bedeutung(en) und damit auch die Bewertungen von Musik nur unter Berücksichtigung der soziokulturellen Rahmenbedingungen verstanden werden können, innerhalb derer die Produktion, Distribution und Rezeption dieser Musik stattfinden. Dieser Perspektive zufolge sind ästhetische Urteile weder das Resultat einer musikimmanenten Ästhetik noch auf subjektiv begründbare Empfindungen zurückzuführen. Vielmehr wird angenommen, dass Geschmacksurteile in Interaktionen ausgehandelt werden. Diese Aushandlungen finden allerdings nicht in einem Vakuum statt, sondern sind in historische, soziokulturelle, politische und ökonomische Kontexte eingebettet, oder anders formuliert: in ein komplexes Gefüge unterschiedlicher sozialer Prozesse der Produktion, Zirkulation und Transformation von Bedeutungen.

Eine ganze Reihe von Institutionen und Akteuren – dazu zählen auch die Musikindustrie und die Medien – sind maßgeblich daran beteiligt, Repertoires an Redensarten, Aussagen, Deutungsmustern und Diskursen hervorzubringen, die – gebrochen durch die jeweiligen Erfahrungswelten der RezipientInnen – der Kommunikation von Musikgeschmack zugrunde liegen. Die Untersuchung dieser Repertoires gilt als Aufgabe einer empirischen Soziologie der Geschmacksurteile in der Populärkultur, „[which] will reveal where claims about quality and value are being made, [...] the criteria that are being applied, and the basis for the legitimacy of those claims" (Bielby/Bielby 2004, 311).

Ausgehend von diesen Überlegungen lautet die übergeordnete forschungsleitende Fragestellung der empirischen Untersuchung: Wie bringen RezipientInnen populärer Musik ihren Geschmack zum Ausdruck? Daran knüpfen sich eine Reihe von konkreten Fragen: Wie werden musikalische Vorlieben und Aversionen artikuliert? Auf welche Repertoires ästhetischer Bewertungsschemata sowie Legitimationsrhetoriken wird dabei zurückgegriffen? Zu fragen gilt schließlich nach dem Distinktions- und Differenzierungspotential von Geschmacksurteilen: Gibt es einen „guten" – oder auch „legitimen" – Geschmack in der Populärkultur, der in der ästhetischen Hierarchie ganz oben steht und die Demonstration moralischer oder sogar sozialer Überlegenheit ermöglicht, und wenn ja, an welchen Maßstäben wird er gemessen? Ziel der Untersuchung ist es herauszufinden, wie Musikgeschmack in Zeiten der eingangs beschriebenen Brüchigkeit traditioneller symbolischer Grenzziehungen als Mittel soziokultureller (Selbst)Verortung sowie als Ressource im Streben nach gesellschaftlicher Superiorität genutzt wird.

In den Blick der empirischen Forschung rücken dabei jene alltäglichen Situationen, in denen über musikalische Präferenzen kommuniziert wird. Von besonderem Interesse sind jene „interactional encounters", in denen symbolische Grenzen ausgehandelt und soziokulturelle Verortungen vorgenommen werden:

> „Consumption fields are extremely diffuse: they are enacted not only when consuming a particular good or engaging in a particular leisure activity, but also when communicating about such cultural objects which is a routine aspect of conversation at home, parties, the workplace, schools, churches, and so on. These extraordinarily numerous and diverse interactional encounters in which tastes are expressed are the forum for the micro-political acts of attraction and distancing" (Holt 1997, 99).

Diskussionen in Online-Foren als Datenmaterial

In methodischer Hinsicht galt es, alltägliche Situationen zu identifizieren, in denen die Kommunikation über Musikgeschmack empirisch untersucht werden kann. Während erster Recherchearbeiten fiel die Aufmerksamkeit auf Einträge in einem Online-Forum, in dem heftig über „gute" und „schlechte" Musik debattiert wurde. Online-Foren sind virtuelle Räume, in denen sich mehr oder weniger anonyme TeilnehmerInnen zusammenfinden, um über bestimmte Themen zu diskutieren.

Ein besonders beliebtes und ausgiebig diskutiertes Thema ist der persönliche Musikgeschmack der UserInnen. Diese Diskussionen erwiesen sich für die vorliegende Forschungsarbeit als besonders ergiebiges Datenmaterial, zumal sich hier in einem alltäglichen Umfeld die Verbalisierung von musikalischen Präferenzen sehr gut beobachten lässt. Ein maßgeblicher Vorteil, Online-Foren als Datenquelle der Sozialforschung heranzuziehen, liegt in der Non-Reaktivität dieser Verfahrensweise. Internetforen bieten die Möglichkeit, Kommunikation im natürlichen Umfeld abseits jeglicher Feldintervention durch die Forschenden zu beobachten. Ein weiterer Vorteil liegt darin, relativ schnell und einfach über eine Fülle aktuellen Datenmaterials zu verfügen. Wie noch zu zeigen sein wird, birgt diese Art des Datenmaterials auch eine Reihe von Problemen und Schwierigkeiten, die zum einen aus der spezifischen Art und Weise computervermittelter Kommunikation, zum anderen aus ethischen und forschungspraktischen Implikationen resultieren.

Zentraler Bestandteil eines Forums – und damit die grundlegende Untersuchungseinheit der Interpretation – ist der sogenannte „Thread". Als Thread wird die Diskussion eines bestimmten von einer/einem UserIn vorgeschlagenen Themas bezeichnet. Besonders häufig finden sich – mittlerweile in beinahe jedem Forum – Threads, in denen der Musikgeschmack der beteiligten UserInnen zum Thema gemacht wird. Eine der häufigsten Fragen dazu lautet: „Welche Musik gefällt euch am besten?"

Im Rahmen der vorliegenden Untersuchung wurden 30 solcher Threads mit insgesamt über 3000 „Postings" (= Einträgen) einer Analyse unterzogen. Ausgewählt wurden ausschließlich Threads, in denen persönliche Musikpräferenzen der UserInnen explizit zum Thema gemacht wurden.

Im Zuge der Datenanalyse kamen sowohl inhaltsanalytische als auch hermeneutisch orientierte Verfahren zur Anwendung. In einem ersten Schritt wurde das Datenmaterial einer Grobanalyse unterzogen. Die dabei identifizierten Geschmacksäußerungen bilden den deskriptiven Teil der Ergebnispräsentation (Kapitel 7). In einem zweiten Schritt wurde schließlich versucht, die diesen Geschmacksäußerungen zugrunde liegenden Qualitätsdiskurse aufzuspüren. Dazu bedurfte es einer sequenzanalytischen Herangehensweise, mithilfe derer jene Strukturen, die über die subjektiv-intentionale Bedeutungsebene hinausgehen, sichtbar gemacht werden können (Kapitel 8). Auf methodologischer Ebene bietet insbesondere die Deutungsmusteranalyse (Meuser/Sackmann 1992, Meuser 2003, Lüders/Meuser 1997), verstanden als eine Form der wissenssoziologischen Diskursforschung (Keller 2005), die Möglichkeit, dem Handlungsspielraum der Individuen in der gegenwärtigen Gesellschaft genügend Bedeutung beizumessen, ohne dass die Sensibilität für symbolische Machtkämpfe und kulturelle Grenzziehungen verloren geht. Dabei sollen jene Interpretationsmuster musikkultureller Praxis expliziert werden, die bestimmten ästhetischen Urteilen in der Popularkultur zugrunde liegen. Ausgangspunkt ist die Annahme, dass die Kommunikation ästhetischer Geschmacksurteile innerhalb (historisch gewachsener) Diskurse stattfindet, die permanent reproduziert, modifiziert und transformiert werden und zur Orientierung der Individuen in einer zunehmend pluralistischen Gesellschaft dienen.

Soziale, ästhetische und ethische Dimensionen musikalischen Geschmacks

Im Rahmen dieser Arbeit wird Musikgeschmack als relativ stabiler Komplex mehrerer unterschiedlicher musikalischer Vorlieben und Aversionen eines Individuums oder einer Gruppe verstanden. Im Gegensatz zu dem vor allem im musikpsychologischen Kontext gebräuchlichen Begriff „Musikpräferenz", der meistens zur Bezeichnung aktueller Entscheidungen verwendet wird (z.B. Aussagen über das Gefallen eines Liedes, das gerade im Radio gespielt wird), dient der Terminus „Geschmack" zur Charakterisierung von relativ stabilen, durch Erfahrung erworbenen Wertorientierungen (vgl. Behne 1993, 339f.). Noch wichtiger als die Definition dieser sowohl im alltäglichen als auch im wissenschaftlichen Diskurs recht diffus verwendeten Terminologien ist allerdings die Frage des disziplinären Blickwinkels sowie die Bestimmung von Dimensionen, die für eine soziologische Untersuchung des musikalischen Geschmacks von besonderem Interesse sind.

Im Unterschied zu musikphilosophischen und musikpsychologischen Ansätzen geht es aus soziologischer Sicht weder um eine allgemeingültige Begründung von Geschmacksurteilen noch um die psychische und physische Wahrnehmung von Musik. Vielmehr stehen die konkreten Umgangsweisen von Individuen und Gruppen mit Musik und den damit (explizit oder implizit) verfolgten Strategien im Vordergrund: „sei es um bestimmte psychophysische Zustände herzustellen (Hörstrategien) oder als Mittel einer sozialen Identifikation oder Distinktion (soziale Strategie)" (Gebesmair 2001, 45).

Die sozialen Strategien, die – bewusst oder auch unbewusst – mit ästhetischen Urteilen verfolgt werden, betonen Ollivier und Fridman in ihrer Definition von Geschmack als

> „one component of symbolic systems of classification whose content and structure both reflect and shape particular states of social relations. Taste is one part of the process by which social actors construct meaning about their social world, classifying people, practices, and things into categories of unequal value. It is displayed in conversation, habits, manners, and in the possession of goods, which signal co-membership into communities of wealth or knowledge. Displays of taste contribute to the creation of networks and shared identities within groups, but it also allows for the identification and exclusion of outsiders whose standards of taste differ and who do not belong" (Ollivier/Fridman 2001, 15442).

Die soziale Dimension von Musikgeschmack in der Popularkultur spezifiziert der Musiksoziologe Simon Frith: „[T]he essence of popular cultural practice is making judgements and assessing differences" (Frith 1996, 16). Auch hier fungiert der Umgang mit Musik als Mittel der Identitätsstiftung und Ressource zur Herstellung von Distinktion:

> „we use pop songs to create for ourselves a particular sort of self-definition, a particular place in society. The pleasure that pop music produces is a pleasure of identification – with the music we like, with the performers of that music, with the other people who like it. And it is important to note that the production of identity is also a production of non-identity – it is a process of inclusion and exclusion. This is one of the most striking aspects of musical taste" (Frith 1987, 140).

Ästhetischen Urteilen ist allerdings nicht lediglich eine soziale Funktion immanent. Meistens geht es bei Geschmacksfragen nicht bloß um das „Schöne" oder „Hässliche", sondern auch um Fragen der „richtigen" Lebensführung. „Verbindet sich im Geschmack die individuelle Fähigkeit des ästhetischen Urteils mit der Verwendung dieser Fähigkeit im sozialen Umgang, resultiert hieraus ein ethischer Aspekt des Geschmacks, da dies Fragen des angemessenen Verhaltens aufwirft" (Illing 2006, 14). Dies kommt besonders deutlich in der Diskreditierung von „anderen" Geschmäckern zum Ausdruck.

Musik, Sozialstruktur & Lebensstil: Musikgeschmack im soziologischen Diskurs

Von zentraler Bedeutung für die soziologische Geschmacksforschung ist Pierre Bourdieus Werk „Die feinen Unterschiede" (1987), das den theoretischen Ausgangspunkt der vorliegenden Arbeit bildet. Für Bourdieu ist das Wechselspiel zwischen Sozialstruktur und Lebensstil die Basis seiner umfassenden Theorie kulturellen Geschmacks. Ausgehend von der Kritik an der bürgerlichen Ideologie, wonach es einen „aufgeklärten" oder „ästhetischen" Geschmack auf der einen und einen minderwertigen, „barbarischen" auf der anderen Seite gebe, richtet Bourdieu sein Hauptaugenmerk auf die gesellschaftliche Bedingtheit von Geschmacksurteilen im Kontext sozialer Ungleichheit unter besonderer Berücksichtigung der spezifischen Distinktionsdynamiken innerhalb der französischen Gesellschaft der 1960er-Jahre.

Angesichts zunehmender Heterogenität und Pluralisierung der Lebensstile sowie der schwindenden Bedeutung des Herkunftsmilieus werden allerdings die Annahmen über den Zusammenhang von sozialer Position und kulturellen Vorlieben sowie deren Implikationen für die Reproduktion sozialer Ungleichheit in Frage gestellt. Die Bandbreite solcher Diagnosen reicht von einem Zweifel an klassen- bzw. schichtspezifischen Erklärungsmodellen (Schulze 1992) bis hin zu der vorwiegend im postmodernen Diskurs angesiedelten Annahme, wonach kultureller Konsum mehr oder weniger losgelöst von der jeweiligen Position in der Gesellschaftsstruktur stattfindet. Vor dem Hintergrund dieser Beobachtungen wird eine zunehmende Brüchigkeit traditioneller kultureller Grenzziehungen festgestellt. Bestimmte Güter und Aktivitäten hätten ihre distinktive Kraft eingebüßt (Schulze 1992, Müller-Schneider 1994), ehemalige Trennlinien zwischen Hoch- und Trivial- bzw. Popularkultur an Bedeutung verloren (Crane 1992). Viele dieser Einschätzungen laufen allerdings Gefahr, darüber hinwegzutäuschen, dass trotz oder vielleicht auch gerade wegen einer Auflösung klassenspezifischer Bindungen neue Arten von Grenzziehungen entstehen (Lamont/Fournier 1992, Frith 1999, Katz-Gerro 2004). So wurde insbesondere im Umfeld der US-amerikanischen Production-of-Culture-Perspektive in den letzten Jahren ein neuer Typ von Legitimationsrhetorik identifiziert, dessen Distinktionspotential weniger in einer exklusiven Hochkulturorientierung als vielmehr in einer „demonstrativen Toleranz" begründet ist. Termini wie „Omnivorousness" (Peterson 1992) oder „multikulturelles Kapital" (Bryson 1996) bezeichnen Formen „symbolischer Grenzüberschreitung" (Gebesmair 2004), die als eine Art kulturelles Kapital fungieren, alte Ungleichheiten reproduzieren sowie neue Differenzen herstellen. Wenngleich die Rezeption von vormals als hochkulturell geltenden Gütern nicht mehr den hohen Status wie vor fünfzig Jahren gewährleisten kann, so scheint es nach wie vor Bestrebungen zu geben, dem Konsum von bestimmten kulturellen Produkten bzw. bestimmten Konsumpraktiken Superiorität beizumessen. Dass diese Bestrebungen nicht ausschließlich in der hochkulturellen Sphäre stattfinden, wurde im soziologischen Diskurs lange Zeit ausgeblendet.

Differenzierungen innerhalb der Popularkultur als blinder Fleck der Forschung

In der Kultursoziologie wird (Musik)Geschmack vorrangig hinsichtlich seiner Bedeutung für soziokulturelle und ästhetische Grenzziehungen zwischen Hoch- und Popularkultur untersucht. Dabei wird populäre Musik entweder als eine durch hegemoniale Strukturen marginalisierte Praxis betrachtet (u.a. Gans 1974, Bourdieu 1987) oder als Ausdruck der Rebellion gegen die bestehenden Herrschaftsverhältnisse (u.a. Hall/Jefferson 1976, Fiske 1989, Grossberg 2000). Die aus der Gegenüberstellung der beiden kulturellen Sphären resultierende „Homogenisierung des Populären" birgt allerdings einen gravierenden blinden Fleck. Indem sozialästhetische Hierarchien lediglich entlang der Dichotomie von Hoch- und Popularkultur analysiert wurden, blieben Differenzierungen *innerhalb* der Popularkultur bislang weitgehend unberücksichtigt.

Zwar fand die Trennung zwischen „Pop" (Top 40-Charts) und „Rock" bereits in den 1970er-Jahren Aufmerksamkeit – während Rock eher von Jugendlichen aus dem Bildungsmilieu (bzw. der „middle class") bevorzugt wurde, waren die Charts eher unter den Jugendlichen aus Arbeiterfamilien beliebt (Robinson/Hirsch 1972, Murdock/McCron 1973, Kneif 1977, Tanner 1981, Frith 1981a) – eine ausführliche Beschäftigung mit den „feinen" Unterschieden in der Popularkultur blieb zunächst allerdings aus. Erst seit Ende der 1980er-Jahre lässt sich zunehmendes Interesse für popularkulturinterne Differenzierungen feststellen. So konnte gezeigt werden, dass in zahlreichen Feldern popularmusikalischer Praxis traditionelle Bedeutungszuschreibungen wie „Authentizität" oder „Mainstream" nicht nur einen hohen Stellenwert im popularkulturellen Diskurs einnehmen (Frith 1987, Regev 1994, Thornton 1996, Moore 2002), sondern symbolische Grenzziehungen hervorbringen, die jenen in der Hochkultur gar nicht so unähnlich sind (Frith 1987; 1996) oder sogar als bedeutsame Exklusionsmechanismen wirksam werden (Pickering 1986, Trondman 1990). Viele dieser ideologischen Konstrukte verleihen bestimmten musikalischen Genres einen kulturellen Wert weitgehend unabhängig von musikalischen Kriterien. Als identitätsstiftende „Legitimationsrhetoriken" dienen sie der Orientierung, aber auch der Differenzierung in einer zunehmend heterogenen Popularkultur.

Allerdings basieren diese Ergebnisse – mit einigen Ausnahmen – weniger auf empirischen Befunden als auf theoretischer Spekulation. Insbesondere die sozialen Implikationen, die mit diesen „feinen" Unterschieden verbunden sind, bleiben weitgehend unberücksichtigt. Darüber hinaus richtet sich der Fokus meist auf die Differenzierung zwischen „kommerzieller" und „authentischer" Musik. Zwar handelt es sich bei dieser Grenzziehung nach wie vor um den dominanten Distinktionsmodus in der Popularkultur, allerdings lassen sich, wie anhand der Ergebnisse der empirischen Untersuchung zu zeigen sein wird, jenseits dieser kulturellen Logik weitere Differenzierungen beobachten, die für die Ausprägung von Geschmacksdiskursen in der Popularkultur von Bedeutung sind.

Das „Populäre" als heuristischer Begriff

Bislang offen blieb die Frage nach den Bestimmungsmerkmalen des sogenannten „Populären". Die Begriffe „Popularkultur" und „Popularmusik" sowie deren Synonyme „populäre Kultur" und „populäre Musik" spielen für diese Untersuchung eine zentrale Rolle. Zum einen stellt sich die Frage, was mit diesen Begriffen gemeint ist – insbesondere vor dem Hintergrund der vielfältigen Bedeutung des „Populären" sowohl im Alltag als auch im wissenschaftlichen Diskurs. Zum anderen könnte zu Recht eingewendet werden, dass mit der Verwendung dieses Terminus eine problematische Klassifizierung hervorgebracht wird, die dem Forschungsgegenstand nicht ausreichend Rechnung trägt. Ist es angesichts der oben beschriebenen Erosionstendenzen von Hoch- und Popularkultur überhaupt sinnvoll, „populäre Kultur" als einen eigenständigen Bereich der Gesamtkultur zu fassen? Entstehen durch die Ausklammerung der sogenannten Hochkultur nicht neuerlich blinde Flecken, die eine Analyse musikalischen Geschmacks in der gegenwärtigen Gesellschaft erschweren?

Bestimmungsversuche des „Populären" variieren in Abhängigkeit des historischen Kontextes sowie der epistemologischen und methodologischen Prinzipien der jeweiligen Fachdisziplin. Ähnlich flexibel gestaltet sich auch der Begriff „Popularkultur", der trotz der starken Prägung, die ihm die Cultural Studies in den letzten vierzig Jahren verliehen haben, noch immer eine unendlich anmutende Bedeutungsvielfalt aufweist (für einen Überblick siehe Hügel 2003). Nicht weniger kompliziert verhält es sich mit dem Begriff der „populären Musik" (für einen aktuellen Überblick über Definitionen und deren Probleme siehe u.a. Wicke 1992, Rösing 1996, Heuger 1998, Middleton 2001, Brunner et al. 2008).

Auf eine allgemein gültige Definition des „Populären" wird im Folgenden verzichtet. Im theoretischen Teil werden die jeweiligen Terminologien mit entsprechenden Erläuterungen im Sinne der zitierten AutorInnen verwendet. Im empirischen Teil hingegen soll unter „populärer Musik" schlicht und einfach das verstanden werden, was in den untersuchten Diskussionen als Lieblingsmusik verhandelt wird. Dass dabei jene Musik, die als „klassische" bezeichnet wird, weitgehend unberücksichtigt bleibt, ist dem Umstand geschuldet, dass das Durchschnittsalter der ForenteilnehmerInnen unter 50 liegt; es handelt sich also um eine Altersschicht, die einen sehr geringen Anteil an KlassikliebhaberInnen aufweist. Darüber hinaus lässt sich beobachten, dass diese Musik für viele Menschen sowohl als identitätsstiftende Ressource als auch als Negativfolie zur Aufwertung populärer Musik an Bedeutung verloren hat.

Für die vorliegende Untersuchung wurde der Begriff „Popularkultur" aus heuristischen Gründen gewählt. Ziel ist es, auf einer analytischen Ebene für jene Differenzierungen zu sensibilisieren, die jenseits der Dichotomie von Hoch- und Popularkultur, von „E- und U-Musik" stattfinden und bislang im wissenschaftlichen Diskurs nicht ausreichend berücksichtigt wurden.

Musikgeschmack und die Ästhetik des Populären

In seiner Analyse des Verhältnisses von populärer Musik und Ästhetik stellt Michael Fuhr fest, „dass populäre Musik im tradierten musikästhetischen Diskurs nicht einmal eine marginale Stellung, sondern nachgerade einen dezidiert negativen Bezugspunkt im Koordinatensystem musikalischer Formen einnimmt" (Fuhr 2007, 33).

Während Haydns Streichquartette, Mozarts Klavierkonzerte und Beethovens Sinfonien primär unter Bezugnahme auf ästhetische Kriterien analysiert und auch wertgeschätzt werden, stehen bei der Betrachtung von Rock'n'Roll, Punk oder Heavy Metal deren soziale Funktionen im Vordergrund. Eine explizit ästhetische Dimension wird der populären Musik nach wie vor abgesprochen, die Möglichkeit eines „interesselosen Wohlgefallens" deren RezipientInnen noch immer nicht so recht zugetraut. Diese Abwertung des Populären ist nicht zuletzt ein Resultat der im 18. Jahrhundert etablierten Autonomieästhetik, die als zentrales Konzept der klassischen Ästhetik den dominanten musikalischen Qualitätsdiskurs geprägt hat (siehe dazu Frith 1987, Fuhr 2007).

Im letzten Drittel des 20. Jahrhunderts kam es zu einer massiven Kritik an dieser Marginalisierung des Populären. Hinsichtlich der damit einhergehenden Bestrebungen der Aufwertung populärer Musik lassen sich grob zwei unterschiedliche Herangehensweisen unterscheiden. Zum einen wurde versucht, einen Nachweis für die (musikimmanente) Ästhetik der populären Musik zu erbringen, indem z.B. Rockmusik nicht nach sozialen, sondern nach musikalischen Kriterien einer Untersuchung unterzogen wurde (u.a. Chester 1970), zum andern gab es Ambitionen, den Begriff „Ästhetik" als bürgerliche Ideologie zu entlarven und überhaupt aus dem Analyserepertoire zu verbannen (u.a. Fiske 1989, Willis 1990). Jenseits dieser beiden radikalen Varianten (einerseits der Überbetonung, andererseits der Ausblendung ästhetischer Komponenten) etablierte sich schließlich eine Form der rezipientenorientierten Musikästhetik, wonach wertende Aussagen über Musik nicht Ziel, sondern Gegenstand der wissenschaftlichen Beschäftigung mit Musik sind (Kneif 1971, Frith 1987). Diese Annäherung an eine Ästhetik der populären Musik erfreut sich seit geraumer Zeit quer durch unterschiedliche Disziplinen zunehmender Beliebtheit. Abgesehen von unterschiedlichen Schwerpunktsetzungen gilt dabei die empirische Untersuchung der Geschmacksurteile der MusikrezipientInnen als vorrangige Aufgabe der Beschäftigung mit der Ästhetik populärer Musik (u.a. Frith 1996, Bielby/Bielby 2004, Vannini 2004, Müller et al. 2006, von Appen 2007, Rolle 2008, Pleiderer 2009, siehe dazu auch Parzer/Brunner 2010). Für die vorliegende Arbeit dient in diesem Zusammenhang insbesondere der im Kontext des Symbolischen Interaktionismus sowie der Circuit-of-Culture-Perspektive hervorgegangene Ansatz einer „audience-based-aesthetics" als zentraler theoretischer und methodologischer Anknüpfungspunkt (Holt 1995; 1997, Bielby/Bielby 2004). In Anlehnung an diese Arbeiten geht es in dieser Untersuchung nicht nur darum, wie RezipientInnen Musik und Musikgeschmack bewerten, sondern welche soziokulturelle Bedeutung diese Bewertungen über ihre ästhetische Dimension hinaus haben.

Grenzen und Gefahren der soziologischen Analyse musikalischen Geschmacks

Eine soziologische Herangehensweise an Musikgeschmack birgt eine Reihe von Problemen und blinden Flecken. Dazu zählen die Gefahr der Überbetonung sozialer Funktionen, die Ausblendung psychologischer Faktoren sowie die Tendenz zur Überbewertung der Rolle, die Musikgeschmack in der gegenwärtigen Gesellschaft spielt.

Soziologische Untersuchungen neigen dazu, Bewertungskriterien von Musik lediglich im Zusammenhang mit ihrer gesellschaftlichen Bedeutung zu betrachten. Indem Musikgeschmack primär als Ressource zur Inklusion und Exklusion interpretiert wird, bleiben ästhetische Kriterien jenseits symbolischer Klassenkämpfe weitgehend außer Acht (vgl. von Appen 2007, 202f.). Die rigorose Ablehnung von allgemeingültigen Kriterien musikalischer Geschmacksurteile täuscht außerdem darüber hinweg, dass sich innerhalb eines kunsttheoretischen Referenzsystems sehr wohl „sinnvolle Kriterien für die Unterscheidung zwischen gelungenen und nicht gelungenen Werken angeben und insofern gültige ästhetische Urteile fällen [lassen]" (Gebesmair 2001, 37).

Wenngleich eine Soziologie des Musikgeschmacks Aussagen über die Zusammenhänge zwischen gesellschaftlicher Positionierung und musikalischen Präferenzen treffen kann, so scheitert dieser Zugang völlig, wenn es darum geht zu erklären, warum jemandem „Start me Up" von den *Rolling Stones* „mehr einfährt" als der Titel „Jumping Jack Flash", warum meine Freundin beim Anhören des Hits „Crazy" der Band *Gnarls Barkley* beinahe eine Gänsehaut kriegt, während sie deren Song „Goin on" ziemlich kalt lässt, warum ich zu Michael Jacksons „Billie Jean" noch immer ein Bedürfnis nach Mitwippen oder sogar Tanzen verspüre, während ich bei Madonnas „Candy Shop" gelangweilt sitzen bleibe.

Was also eine soziologische Theorie des Geschmacks nicht erklären kann, sind die psychologischen und physiologischen Wirkungen von Musik, durch die deren Bewertung maßgeblich beeinflusst wird. Im Rahmen einer soziologischen Analyse von Geschmacksurteilen wird diese Ebene ausgeblendet – wohl wissend, dass daraus eine Reihe blinder Flecken resultieren.

Zuletzt ist eine musiksoziologische Analyse nicht davor gefeit, der Rolle von Musikgeschmack in der gegenwärtigen Gesellschaft einen zu hohen Stellenwert beizumessen. Auf einer individuellen Ebene lässt sich beobachten, dass viele Menschen von Musikgeschmack als Ressource soziokultureller Positionierung und Identitätsstiftung sowie als Mittel zur lebensstilistischen Dechiffrierung so gut wie keinen Gebrauch machen – womöglich aber der Umgang mit anderen soziokulturellen Artefakten sehr wohl eine wichtige Rolle spielt. Vieles spricht für die Annahme, dass die ästhetischen, sozialen und ethischen Mechanismen, die im Rahmen dieser Forschungsarbeit hinsichtlich musikalischen Geschmacks untersucht werden, auch in anderen kulturellen Feldern einer ähnlichen Logik folgen.

Aufbau der Arbeit

Die ersten vier Kapitel sind den theoretischen Grundlagen einer kultursoziologischen Beschäftigung mit Musikgeschmack in der Popularkultur gewidmet:

Von zentraler Bedeutung für die soziologische Untersuchung musikalischer Vorlieben sind Forschungsansätze, die musikalischen Geschmack als Mittel sozialer Exklusion betrachten. Als besonders avanciert und komplex gilt in diesem Zusammenhang Pierre Bourdieus „Theorie der feinen Unterschiede", die im ersten Kapitel ausführlich dargestellt wird. Sie erklärt, wie Geschmack als Ressource im Kampf um soziokulturelle Vormachtstellung genutzt wird.

Großer Popularität im kultursoziologischen Diskurs erfreuen sich auch die im zweiten Kapitel vorgestellten Ansätze der Cultural Studies, die musikalischen Geschmack als identitätsstiftende Praxis begreifen. Sie beschäftigen sich mit den Mechanismen kultureller Repräsentation bzw. mit der Frage, wie Angehörige einer bestimmten sozialen Gruppe einer Musik Bedeutung(en) verleihen.

Das dritte Kapitel widmet sich Forschungsansätzen, die in der Tradition des Symbolischen Interaktionismus stehen und ästhetische Entscheidungen vor dem Hintergrund kontextspezifischer Aushandlungsprozesse betrachten. Damit wird dem Wechselspiel von individueller Geschmacksäußerung und institutionalisierten ästhetischen Systemen ein besonderer Stellenwert beigemessen.

Alle drei vorgestellten Perspektiven liefern bedeutsame Beiträge für die kultursoziologische Erforschung von Musikgeschmack. In der Zusammenschau der unterschiedlichen Zugänge in Kapitel 4 wird erläutert, wie Musikgeschmack in den einzelnen Ansätzen thematisiert wird und inwiefern deren theoretische und methodische Herangehensweisen sowie erzielte Erkenntnisse für die Analyse von Geschmacksurteilen im Feld der populären Musik nutzbar gemacht werden können.

In den beiden darauf folgenden Kapiteln werden die methodischen Überlegungen der empirischen Untersuchung dargestellt:

Das fünfte Kapitel widmet sich grundlegenden Fragen zur Nutzung von Online-Foren als Datenquelle qualitativer empirischer Sozialforschung. Anhand der zentralen Charakteristika computervermittelter

Kommunikation werden die Potentiale, aber auch die Fallstricke nonreaktiver Sozialforschung in Online-Foren diskutiert.

Kapitel 6 beschäftigt sich mit der konkreten Vorgehensweise der empirischen Untersuchung. Es wird erläutert, wie die Fallauswahl getroffen wurde, wie die Datenerhebung praktisch stattgefunden hat sowie welche Methoden im Zuge der Datenauswertung zur Anwendung kamen. Besondere Bedeutung wird dabei der wissenssoziologischen Deutungsmusteranalyse beigemessen, die hinsichtlich des vorliegenden Untersuchungsgegenstandes erläutert wird.

Im Anschluss werden die Ergebnisse der empirischen Untersuchung dargestellt, die Aufschluss über alltägliche Geschmacksurteile im Feld der populären Musik sowie deren sozialästhetische Bedeutung geben:

Kapitel 7 widmet sich der Frage, wie RezipientInnen populärer Musik ihre Lieblingsmusik beschreiben, begründen und für soziokulturelle (Selbst)Verortung nutzen. Zunächst wird gezeigt, wie sie auf spezifische Repertoires kollektiv verfügbarer und zum Teil institutionalisierter Kategorisierungen und Klassifikationen zurückgreifen, diese aber auch in Frage stellen, verändern und mit neuen Bedeutungen versehen. Auffallend ist, dass MusikrezipientInnen ihre Geschmacksbekundungen häufig mit Rechtfertigungen und Erklärungen versehen. Sie begründen, warum ihnen eine bestimmte Musik gefällt und eine andere nicht, warum sie den einen Song zur Lieblingsmusik zählen, während ihnen ein anderer Ekel bereitet. Anhand des Datenmaterials wird gezeigt, wie musikalischer Geschmack im Feld der populären Musik als bedeutsame Ressource für Identitätsstiftungsprozesse und symbolische Grenzziehungen dient.

Es lässt sich beobachten, dass in den Diskussionen über Musikgeschmack nicht bloß die persönliche Lieblingsmusik verhandelt wird, sondern auch die Frage, was den (objektiv) „guten" und (moralisch) „richtigen" Geschmack in der gegenwärtigen Popularkultur ausmacht. Verorten lässt sich diese in Kapitel 8 ausführlich behandelte Frage an der Schnittstelle zweier konkurrierender Qualitätsdiskurse: Einerseits gilt „Authentizität" als grundlegendes Deutungsmuster in der Popularkultur: Als authentisch und damit künstlerisch wertvoll gilt jene Musik, von der angenommen wird, dass sie weitgehend jenseits ökonomischer Interessen produziert wird. Die Vorliebe für „authentische" Musik ist die Basis eines Geschmacks, durch den Superiorität zum Ausdruck gebracht werden kann. Andererseits zeigt sich, dass Authentizität als Qualitätsauszeichnung häufig in Frage gestellt wird. Die empirischen Befunde legen nahe, dass das Deutungsmuster Authentizität mit einer neuen Bewertungslogik in Konkurrenz tritt: „Toleranz" avanciert zu einem Schlüsselkonzept musikalischen Geschmacks in der Popularkultur. Der darauf beruhende „Querbeet-Geschmack" zeichnet sich nicht nur durch die demonstrative Überschreitung symbolischer Grenzen aus, sondern auch durch eine grundlegende Offenheit für viele verschiedene musikalische Welten. Abgrenzung findet gegenüber dem „festgefahrenen" Geschmack jener MusikkonsumentInnen statt, die nur an einem oder einigen wenigen Genres Gefallen finden. Nicht was gehört oder nicht gehört wird, sondern die Art und Weise, wie MusikrezipientInnen mit der Vielfalt unterschiedlicher Musiken umgehen, wird zum zentralen Kriterium symbolischer Distinktion in der Popularkultur.

Das abschließende Kapitel ist der Interpretation dieses „grenzüberschreitenden" Geschmacks in der Popularkultur gewidmet. Diskutiert werden Parallelen zwischen „Querbeet-Geschmack" und dem gegenwärtig im kultursoziologischen Diskurs debattierten Phänomen der „kulturellen Allesfresserei". Darüber hinaus werden potentielle Gründe für die beobachteten Transformationen im sozialästhetischen Koordinatensystem der Popularkultur präsentiert. Zuletzt werden unter Rückgriff auf Pierre Bourdieus Theorie des Geschmacks die sozialen Implikationen dieser Umbrüche hinsichtlich sozialer Ungleichheit in den Blick genommen.

1. Musikgeschmack als Mittel sozialer Exklusion

> *Mit nichts kann man seine „Klasse" so gut herausstreichen wie mit dem Musikgeschmack, mit nichts auch wird man so unfehlbar klassifiziert.*
> (Pierre Bourdieu: Soziologische Fragen, 1993, S. 147)

Geschmack und Geschmacksurteile spielen eine zentrale Rolle in unserem Alltag – wie wir uns kleiden, was wir am liebsten essen, welche Tageszeitung wir abonniert haben und welche Musik wir am liebsten hören: All diese Entscheidungen sind Teil eines komplexen Systems von distinktiven Präferenzen, mithilfe deren wir (bewusst oder unbewusst) unserem Lebensstil Ausdruck verleihen. Über Geschmacksurteile werden wichtige soziale Mechanismen der Inklusion und Exklusion sowie der Integration und Distinktion gesteuert: Einerseits bekräftigen unsere Vorlieben und Aversionen die Zugehörigkeit zu einer bestimmten sozialen Gruppe; zugleich – und darauf soll vorerst das Hauptaugenmerk gerichtet sein – eignen sich Geschmacksurteile als effektives Mittel sozialer Schließung: Wir grenzen uns von anderen Geschmäckern ab und distanzieren uns von Menschen, die einen „anderen" Geschmack haben als wir. Dazu kommt, dass in unserer Gesellschaft verschiedene kulturelle Präferenzen unterschiedlich bewertet werden. Während das Schwärmen für Hansi Hinterseers volkstümliche Schlager oft als niveaulos oder gar infantil charakterisiert wird, gilt die Vorliebe für Wolfgang Amadeus Mozart als Ausdruck eines an der Hochkultur orientierten und oft als moralisch überlegenen Lebensstils. Die aus diesen Geschmackshierarchien resultierenden Exklusionsmechanismen sind seit jeher Gegenstand soziologischer Beobachtung. Die zentrale Frage lautet, wie (Musik)Geschmack als symbolische Ressource im Kampf um soziokulturelle Superiorität wirksam wird. Als Pionier einer so verstandenen Distinktionsforschung gilt der amerikanische Ökonom und Soziologe Thorstein Veblen. Er untersuchte in seiner 1899 erschienenen Studie „The Theory of the Leisure Class" (1973) den Lebensstil der sogenannten „müßigen Klasse", deren demonstrativer und geltungssüchtiger Konsum der Stabilisierung ihres Prestiges diente. Wegweisend für die moderne Lebensstilforschung war schließlich Max Webers Beschäftigung mit der „Stilisierung des Lebens". In seinem opus magnum „Wirtschaft und Gesellschaft" unterscheidet Weber zwischen Klasse und Stand: Während „Klasse" die ökonomisch determinierte objektive Stellung im sozialen Raum wiedergibt, ist die ständische Lage durch die „Lebensführungsart" (Weber 1972, 179) oder das, was wir heute „Lebensstil" nennen, gekennzeichnet. Weber legte damit den Grundstein für die soziologische Auseinandersetzung mit dem Zusammenhang zwischen Geschmack und Sozialstruktur.

Zu den wohl bekanntesten Versuchen soziologischer Geschmacksanalyse zählt Pierre Bourdieus Studie „Die feinen Unterschiede" (1987), die von besonderer Relevanz für die Untersuchung von musikalischen Geschmacksurteilen in der gegenwärtigen Gesellschaft ist und daher in diesem Kapitel besonders ausführlich behandelt werden soll. Ausgehend von der Kritik an der bürgerlichen Ideologie, wonach es einen „aufgeklärten" bzw. „ästhetischen" Geschmack auf der einen und einen „minderwertigen" bzw. „barbarischen" auf der anderen Seite gebe, richtet Bourdieu sein Hauptaugenmerk auf die gesellschaftliche Bedingtheit von Geschmacksurteilen und deren Zusammenhang mit sozialer Ungleichheit. Geschmack, so lautet vereinfacht Bourdieus Hauptthese, sei maßgeblich für die Reproduktion von sozialer Ungleichheit in modernen, demokratisch organisierten und egalitär orientierten Gesellschaften mitverantwortlich. Wenngleich die Rolle des Geschmacks als Motor klassenspezifischer Distinktion im gegenwärtigen soziologischen Diskurs angesichts sozialstruktureller Veränderungen der letzten fünfzig Jahre unterschiedlich eingeschätzt wird, gilt Bourdieus Studie nach wie vor als unverzichtbarer Bestandteil einer Soziologie des Musikgeschmacks. Dies belegen insbesondere die sogenannten „Omnivore-Studien", die in Anlehnung an Bourdieu nachzuweisen versuchen, dass soziokulturelle Superiorität in der gegenwärtigen Gesellschaft nicht mehr durch die Vorliebe für hochkulturelle Musikpraktiken, sondern durch die Toleranz gegenüber sowohl hoch- als auch populärkulturellen Formen bzw. einen breitgefächerten Geschmack zum Ausdruck gebracht wird.

Dieses Kapitel umfasst drei Teile: Im Zentrum steht Bourdieus Beitrag zur „Soziologie des Geschmacks" und dessen Relevanz für eine Analyse musikalischer Geschmacksurteile in der gegenwärtigen Gesellschaft. Ausgehend von dem Begriff „Geschmack" werden anhand der mittlerweile in den Kanon soziologischer Schlüsselbegriffe eingegangenen Termini „Kapital", „Habitus", „Sozialer Raum" und „Distinktion" die Theoriebausteine der „feinen Unterschiede" dargestellt (Kap. 1.1). Danach sollen gewichtige Einwände gegen Bourdieus Theorie sowie einige Desiderata im Hinblick auf die dieser Arbeit zugrundeliegenden Fragestellungen diskutiert werden (Kap. 1.2). Im Anschluss folgt ein Überblick über die sogenannte „Omnivore-These", die seit Mitte der 1990er-Jahre einen besonderen Stellenwert in der gegenwärtigen Kulturkonsumforschung einnimmt (Kap. 1.3). Ein Zwischenresümee bildet die Überleitung zum zweiten Kapitel (Kap. 1.4)

1.1 Pierre Bourdieus Theorie der „feinen Unterschiede": Geschmack und soziale Ungleichheit

Der französische Soziologe Pierre Bourdieu[1] gilt als einer der bedeutendsten Kulturtheoretiker des 20. Jahrhunderts. Mit seinen Arbeiten, zu deren einflussreichsten die Untersuchungen der Reproduktion sozialer Ungleichheit[2] zählen, erlangte Bourdieu sehr rasch eine weit über Landes- und Disziplinengrenzen reichende Aufmerksamkeit.[3] Von besonderer Relevanz für die vorliegende Arbeit ist das 1979 erschienene Werk „Die feinen Unterschiede. Kritik der gesellschaftlichen Urteilskraft" (1987), eine umfassende theoretische und empirische Studie der französischen Gesellschaft der 1960er-Jahre.[4]

---

1 Pierre Bourdieu (1930–2002) wurde in Denguin, einem kleinen Ort in den Pyrenäen, geboren; seiner Abstammung aus bescheidenen Verhältnissen zum Trotz besuchte er Anfang der 1950er-Jahre die Eliteschule Ecole Normale Supériore und studierte schließlich Philosophie an der Faculté des Lettres. Von besonderer Bedeutung für seine Karriere erwies sich retrospektiv der Aufenthalt in Algerien als Assistent an der Universität Algier, den Bourdieu zur Durchführung einiger ethnosoziologischer Untersuchungen der kabylischen Gesellschaft nutzte. Ab Mitte der 1960er-Jahre widmete sich Bourdieu verstärkt der soziologischen Analyse der französischen Gegenwartsgesellschaft.

2 Darunter fallen die Studien zum französischen Bildungssystem (u.a. Bourdieu/Passeron 1971), die Analysen der sozialen Bedingtheit des Kulturkonsums (u.a. Bourdieu 1974; 1987) sowie die zuletzt entstandenen Werke (u.a. 1997), in denen Bourdieus politisches Engagement besonders deutlich zum Ausdruck kommt.

3 Zur Rezeptionsgeschichte des Bourdieu'schen Oeuvre siehe u.a. Colliot-Thélène et al. (2005). Für einen aktuellen Überblick über Bourdieus Schaffen siehe u.a. Fuchs-Heinritz/König (2005), Barlösius (2006) oder Fröhlich/Rehbein (2009).

4 Zu den ersten soziologischen Auseinandersetzungen mit diesem Werk im deutschsprachigen Raum zählen insbesondere Krais (1983), Honneth (1984), Müller (1986), Eder (1989), Gebauer/Wulf (1993), Fröhlich/Mörth (1994).

Als Theorie klassenspezifischer Distinktion sowie empirische Analyse unterschiedlicher Lebensstile gilt diese Arbeit als Meilenstein in der Etablierung der soziologischen Lebensstilforschung, die durch eine kultursoziologische Erweiterung der bislang ökonomistisch orientierten Sozialstrukturanalyse gekennzeichnet ist (vgl. Krais 1983, Müller 1986; 1992). Zugleich verfolgt Bourdieu das Projekt einer umfassenden Gesellschaftstheorie, die erklären will, wie die Aufrechterhaltung der sozialen Ordnung in einer modernen, demokratisch organisierten und industrialisierten Gesellschaft funktioniert.

Schließlich liefert diese Theorie einen wichtigen Beitrag zur Entmythologisierung der „Kunst": Indem kulturelle Vorlieben und Aversionen zum Gegenstand der soziologischen Analyse gemacht werden, entwickelt Bourdieu eine Theorie, die der gesellschaftlichen Dimension ästhetischer Geschmacksurteile gerecht zu werden versucht. Vor diesem Hintergrund ist es verwunderlich, dass die „feinen Unterschiede" in der (deutschsprachigen) Musiksoziologie lange Zeit kaum zur Kenntnis genommen wurden.[5] Erst seit wenigen Jahren ist eine verstärkte Auseinandersetzung mit Bourdieu im Rahmen einer „Soziologie des Musikgeschmacks" feststellbar (z.B. Bontinck 1993, Gebesmair 2001, Müller et al. 2002b, Schönauer 2004, Otte 2008, Rössel 2009, Berli 2010).

Bourdieus Vorhaben ist gekennzeichnet durch die innovative Zusammenführung zweier soziologischer Paradigmen, die im wissenschaftlichen Diskurs lange Zeit als unvereinbar galten: Auf der einen Seite bilden das strukturalistische Denken Lévi-Strauss'scher Prägung sowie die Gesellschaftstheorie Karl Marx'[6] die Grundlage eines auf Gegensätzen beruhenden Gesellschaftsmodells, das vor allem der Macht „sozialer

---

5   In den bekanntesten Überblicksdarstellungen zur Musiksoziologie, die zwischen 1980 und 2000 erschienen sind, wird Bourdieu entweder gar nicht (Haselauer 1980, Kaden 1984) oder nur am Rande (Blaukopf 1996) erwähnt. Erst in jüngeren Publikationen nimmt Bourdieu einen wichtigen Platz ein (u.a. Parzer 2004, Neuhoff/de la Motte-Haber 2007). Zur Vernachlässigung von Bourdieu in der deutschsprachigen Musiksoziologie siehe auch Inhetveen (1997).
6   Bourdieu bedient sich nicht nur der reichhaltigen Terminologie marxistischer Theorie (wovon Begriffe wie „Kapital", „Klasse" oder „Ideologie" zeugen), vielmehr können marxistische Theoriebausteine – insbesondere jene von Antonio Gramsci und Louis Althusser – als epistemologischer Hintergrund der Bourdieu'schen Antwort auf die Frage nach der Möglichkeit hegemonialer Herrschaft in einer demokratisch organisierten Gesellschaft gesehen werden.

Tatsachen" (Durkheim 1976) hinreichend Rechnung trägt.[7] Auf der anderen Seite fußt Bourdieus Theorie auf handlungstheoretischen Annahmen, die den subjektiven Wahrnehmungsweisen der interagierenden Individuen einen besonderen Platz einräumen. Insbesondere Max Webers Unterscheidung zwischen Klasse und Stand (Weber 1972) dient Bourdieu als Grundlage für eine umfassende Lebensstilkonzeption, die sowohl die objektive Lage als auch die subjektiven Orientierungen der Gesellschaftsmitglieder gleichermaßen berücksichtigt.[8]

Den Ausgangspunkt der Studie „Die feinen Unterschiede" – und vor diesem Hintergrund ist auch der auf Kants „Kritik der Urteilskraft"[9] anspielende Untertitel zu verstehen – bildet die Kritik an der eng mit dem Aufstieg des Bürgertums verbundenen Unterscheidung zwischen einem „reinen", „wahren" bzw. „sublimen" und einem „unreinen", „barbarischen" bzw. „primitiven" Geschmack. Bourdieus Ziel ist es, diese Hierarchie, die etwas zeitgemäßer in den Begriffspaaren „Hoch- und Trivialkultur", „Hoch- und Popularkultur", „E-/U-Musik" oder auch „high culture" und „low culture" zum Ausdruck kommt, als ideologisches Konstrukt zu entlarven und deren Effekte in der gegen-

---

7   Strukturale Anthropologie und Marxismus teilen die Annahme, dass das gesellschaftliche Leben in hohem Ausmaß durch Strukturen geprägt ist. Dazu zählen mentale Strukturen ebenso wie Strukturgesetze der kapitalistischen Produktionsweise. Ausführlich zu Bourdieus Strukturbegriff siehe Müller (2005).

8   Bourdieu nimmt sehr spärlich explizit auf seine theoretischen Vordenker Bezug – dennoch werden zahlreiche Entwicklungslinien deutlich: Neben Max Weber, Karl Marx und Lévi-Strauss zählen eine Reihe von Theoretikern unterschiedlichster Provenienz (darunter Ernst Cassierer, Erwin Panofsky und Aaron Cicourel) zu den zentralen Referenzpunkten der „feinen Unterschiede". Was Max Weber betrifft, mutet ein wenig seltsam an, dass gerade dieser ob seines offensichtlichen Beitrags zur Bourdieu'schen Theorie in dem über 900 Seiten starken Werk lediglich zweimal erwähnt ist (S. 103 und 283 der Suhrkamp-Taschenbuchausgabe von 1987) – und an diesen Stellen lediglich im Zusammenhang mit dem Begriff der „Stilisierung" des Lebens. Im Vorwort zur deutschen Ausgabe (1987) betont Bourdieu allerdings, dass sich sein Modell der Wechselbeziehung zwischen ökonomisch-sozialen Bedingungen und Lebensstilen dem Bemühen verdanke, „den Weberschen Gegensatz von Klasse und Stand neu zu überdenken" (Bourdieu 1987, 12).

9   Die im Jahr 1790 erstmals erschienene „Kritik der Urteilskraft" des Königsberger Philosophen Immanuel Kant gilt als Hauptwerk der philosophischen Auseinandersetzung mit der Sinneswahrnehmung und spiegelt die an den Ideen der Aufklärung orientierte Ästhetik des Bürgertums im 18. Jahrhundert wider (Kant 1991).

wärtigen Gesellschaft aus soziologischer Sicht zu analysieren. Diese zunächst trivial anmutende Forschungsfrage verknüpft Bourdieu mit einer komplexen Gesellschafts- und Kulturtheorie. Dies gelingt ihm, indem zunächst der Hierarchie der Geschmäcker die Hierarchie der sozialen Lagen gegenübergestellt wird. Anhand alltäglicher Geschmacksurteile – die von der Vorliebe für Johann Sebastian Bachs Fugen bis zur bevorzugten Inneneinrichtung reichen – veranschaulicht Bourdieu, wie Geschmack, verstanden als das „Vermögen, kraft Distinktion [...] Unterschiede herzustellen" (Bourdieu 1987, 727), den Gesellschaftsmitgliedern dazu dient, ihre soziale Position in Form eines spezifischen Lebensstils auszudrücken. Individuen und soziale Gruppen würden sich demnach nicht nur durch sozioökonomische Charakteristika, sondern auch durch Differenzen in Geschmacksfragen unterscheiden. Darum eigne sich Geschmack als besonders aussagekräftiger Indikator zur Bestimmung von gesellschaftlichen Klassen:

> „Geschmack klassifiziert – nicht zuletzt den, der die Klassifikationen vornimmt. Die sozialen Subjekte, Klassifizierende, die sich durch ihre Klassifizierungen selbst klassifizieren, unterscheiden sich voneinander durch die Unterschiede, die sie zwischen schön und hässlich, fein und vulgär machen und in denen sich ihre Position in den objektiven Klassifizierungen ausdrückt oder verrät" (Bourdieu 1987, 25).

Durch diese Erweiterung der lange Zeit den soziologischen Diskurs dominierenden ökonomistisch orientierten Bestimmung sozialer Lebenslagen (definiert durch die Variablen Einkommen, Beruf, Bildung) um eine kulturelle Dimension gelangt Bourdieu zu einer kultursoziologischen Interpretation sozialer Ungleichheit. Von besonderer Bedeutung in diesem Zusammenhang ist das Zusammenspiel zweier Ideologien: der „Ideologie des legitimen Geschmacks" und der „Ideologie des natürlichen Geschmacks". Voraussetzung für die Existenz des legitimen Geschmacks ist die Aufrechterhaltung der im bürgerlichen Idealismus wurzelnden und gesellschaftlich anerkannten „Hierarchie der Geschmäcker": Dem primitiven, durch Substanz und Funktionalität geprägten Geschmack steht der sublime, auf Form und Stil bedachte Geschmack, der sogenannte „legitime" Geschmack, gegenüber. Dieser legitime Geschmack, der in unserer Gesellschaft oft mit moralischer Überlegenheit einhergeht, spiele, so Bourdieu, eine zentrale Rolle im Prozess sozialer Distinktionsmechanismen. Ob jemand einen legitimen Geschmack hat (und damit auch mit den sozialen Umgangsweisen der legitimen Kultur vertraut ist), sei allerdings keine Entscheidung des Zufalls, sondern in hohem Maße sozial bedingt. Bourdieus Daten belegen, dass Geschmack, verstanden als die Gesamtheit an Wahrnehmungs- und Beurteilungsschemata in allen Lebensbereichen, ein Resultat jener Dispositionen ist, die im Rahmen der Sozialisation erworben werden. Je reichhaltiger die Herkunftsfamilie mit Bildung bzw. mit sogenanntem „kulturellen Kapital" ausgestattet ist, desto höher ist die Wahrscheinlichkeit, Gefallen an jenen Dingen zu finden, die in der Sphäre der legitimen Kultur liegen. Indem aber der gesellschaftliche Charakter unseres Geschmacks nicht als solcher wahrgenommen werde, würden wir unsere Vorlieben als Teil unserer „Natur" ansehen und damit die „Ideologie des natürlichen Geschmacks" (re)produzieren. Durch die Dominanz der charismatischen Ideologie, „die Geschmack und Vorliebe für legitime Kultur zu einer Naturgabe stilisiert" (Bourdieu 1987, 17), würden sich die auf einer symbolischen Ebene bekräftigten Unterschiede hervorragend zur Verschleierung und Legitimierung sozialer Unterschiede eignen:

> „Das heißt […], daß die (gesellschaftlich fundierte) Illusion eines ‚natürlichen Unterschieds' wesentlich auf der Macht der Herrschenden beruht, kraft ihrer bloßen Existenz eine Definition des Vollkommenen durchzusetzen, die letzten Endes nichts anderes darstellt als ihre eigene Lebensform, und damit als distinktiv, different, folglich (da eine unter anderen) beliebig und zugleich als vollkommen notwendig, absolut und natürlich erscheinen muß" (Bourdieu 1987, 398).

Die Conclusio der Bourdieu'schen Argumentation mündet schließlich in der These, dass Geschmack nicht nur das Resultat sozialer Strukturen sei, sondern auch einen erheblichen Beitrag zur Reproduktion ebendieser leiste. Aus dieser Sicht trägt Geschmack – und damit auch Musikgeschmack – zur Aufrechterhaltung von sozialer Ungleichheit bei. Im Folgenden sollen die dieser These zugrundeliegenden theoretischen Annahmen detailliert beschrieben werden.

Theorie der Kapitalsorten

Während Marx soziale Ungleichheit ausschließlich an ökonomischen Kriterien festmacht – als Indikator dient die Stellung innerhalb der Produktionsverhältnisse – betont Bourdieu die Bedeutung kultureller Exklusionsmechanismen bzw. jener Allokationskämpfe, die auf symbolischer Ebene ausgefochten werden. Ökonomischer Tausch sei lediglich eine Möglichkeit sozialen Austausches; um der Komplexität und Dynamik sozialer Prozesse gerecht zu werden, müsse ein „Begriff des Kapitals in allen seinen Erscheinungsformen" eingeführt werden (Bourdieu 1983, 184). Dies gelingt durch eine Erweiterung des ökonomischen Kapitalbegriffes um eine kulturelle Dimension, indem der Akkumulation und Transformation symbolischer Ressourcen ein besonderer Stellenwert eingeräumt wird. In Bourdieus Theorie der Kapitalsorten (1983; 1987) dienen neben dem ökonomischen Kapital auch soziales und kulturelles Kapital als Ressourcen zur Stabilisierung und/ oder Verbesserung der Position eines Individuums oder einer sozialen Gruppe in der gesellschaftlichen Hierarchie.

„Ökonomisches Kapital" umfasst sämtliche materiellen Ressourcen, die einem Menschen zur Verfügung stehen, dazu zählen insbesondere Besitz, Vermögen und Einkommen. „Soziales Kapital" bezeichnet die Gesamtheit der aktuellen und potentiellen sozialen Kontakte eines Gesellschaftsmitglieds bzw. „die Ressourcen, die auf der Zugehörigkeit zu einer Gruppe beruhen" (Bourdieu 1983, 190f.). Der Umfang dieses Kapitals ist umso höher, je ausgedehnter das jeweilige Beziehungsnetz ist. Unter „kulturellem Kapital" versteht Bourdieu das Bildungskapital, also die im Rahmen der Sozialisation erworbenen Wissensbestände und Fertigkeiten ebenso wie die für das jeweilige Herkunftsmilieu typischen Umgangsformen und Verhaltensweisen. Hinsichtlich der Aneignung von kulturellem Kapital differenziert Bourdieu drei Formen: Kulturelles Kapital kann in objektivierter, institutionalisierter und/ oder inkorporierter Form akkumuliert werden. Unter objektiviertem kulturellem Kapital werden insbesondere materielle Kulturgüter wie z.B. Kunstgegenstände, Bücher oder Musikinstrumente subsumiert. Als institutionalisiertes kulturelles Kapital gelten die im Rahmen der schulischen Ausbildung erworbenen Bildungsqualifikationen in Form von Titeln bzw. Ausbildungszertifikaten. Wesentlich subtiler, aber umso effektiver, funktioniert inkorporiertes kulturelles Kapital. Es handelt sich dabei um verinnerlichte, körpergebundene und dauerhafte Dispositionen, die im Rahmen des familiären und schulischen Sozialisationsprozesses angeeignet werden. Dazu zählen zum einen Kompetenzen (im kognitiven Sinn), zum anderen – und dies ist für die hier vorliegende Fragestellung von zentraler Bedeutung – der Geschmack (im ästhetischen Sinn) (vgl. Müller 1986, 167). Unterschiede in der Beurteilung von alltäglichen Gegenständen, Kunst oder auch Musik sind demnach ein Resultat sozialisationsspezifischer Vermittlungs- und Lernprozesse. Die Prägung durch unsere Herkunftsfamilie und in weiterer Folge unserer schulischen Ausbildung ist hauptverantwortlich für die Entwicklung jener ästhetischen Einstellung, die sich in unserem Geschmack manifestiert und bestimmt, was uns gefällt und was nicht.

Besonders deutlich zeigt sich kulturelles Kapital in den sozialen Umgangsweisen mit Kunst – bzw. jenen Dingen, die in unserer Gesellschaft als Kunst gelten. In seinem 1970 erstmals in deutscher Sprache erschienenen Aufsatz „Elemente zu einer soziologischen Theorie der Kunstwahrnehmung" analysiert Bourdieu (1974) in Anlehnung an den Kunsthistoriker Erwin Panofsky die zentralen sozialen Mechanismen ästhetischen Beurteilungsvermögens. Um ein Kunstwerk als solches wahrzunehmen und aus dessen Betrachtung Genuss zu schöpfen bedarf es spezifischer Kompetenzen. Diese Kompetenzen umfassen jene Interpretations- und Wahrnehmungsschemata, die das Kunstwerk überhaupt erst bedeutungsvoll machen. Dazu gehören Wissensbestände, z.B. das Wissen über den Ablauf der Sonatenhauptsatzform in den Sinfonien der Wiener Klassik, eine Vertrautheit mit den kanonisierten Werken einer bestimmten Epoche sowie die Verfügbarkeit über ein breites Repertoire an Artikulationsmöglichkeiten, mithilfe dessen Urteile über das Gesehene, Gelesene oder Gehörte zum Ausdruck gebracht werden können:

> „Konsum von Kunst erscheint [...] als ein Akt der Dechiffrierung oder Decodierung, der die bloß praktische oder bewusste und explizite Beherrschung einer Geheimschrift oder eines Codes voraussetzt. [...] Von Bedeutung und Interesse ist Kunst einzig für den, der die kulturelle Kompetenz, d.h. den angemessenen Code besitzt" (Bourdieu 1987, 19).

Diese „Entschlüsselungsfähigkeiten" werden im Rahmen der Sozialisation vermittelt – oder auch nicht. Dabei erweist sich die Klassenzugehörigkeit als entscheidender Faktor im Erwerb ästhetischer Kompetenz bzw. der Fähigkeit „sich durch ein Kunstwerk und, allgemeiner, durch die Werke der hohen Kultur begeistern zu lassen" (Bourdieu 1987, 57f.). Die frühe Vertrautheit mit den kulturellen Produkten der Hochkultur (klassische Musik, bildende Kunst, Literatur etc.) und hochkulturellen Verhaltensweisen (Besuch von Museen, Theater, Oper etc.) führt zu einer unbewussten Beherrschung der für die Kunstrezeption notwendigen Codes – einer Beherrschung, deren soziale Bedingtheit allerdings aus dem Blickfeld rückt, indem sie als naturgegebene Fähigkeit wahrgenommen wird.

Bourdieu unterscheidet zwei Aneignungsweisen dieser ästhetischen Kompetenz. Schulische Ausbildung könne zwar diese Kompetenz vermitteln, allerdings nie in der Art und Weise, wie dies in Familien der oberen Klassen bereits im frühen Kindeshalter geschehe: Denn „das umfassende und unmerklich vor sich gehende, bereits in frühester Kindheit im Schoß der Familie einsetzende Lernen" unterscheide sich vom institutionalisierten, schulischen Lernen insbesondere durch „die Modalität des Bezugs zu Sprache und Kultur, die es zusätzlich vermittelt" (ebd., 120f.) bzw. durch eine Art Ungezwungenheit und Selbstsicherheit im Umgang mit der legitimen Kultur, in der die Art der Aneignung deutlich zum Vorschein komme: „Durch alltäglichen Umgang mit ‚Kunst' wird ein bestimmter ‚Geschmack' erworben, der nichts weiter ist als unmittelbare Vertrautheit mit geschmackvollen Dingen; erworben wird damit auch das Gefühl, einer höflicheren und gesitteteren Welt anzugehören […]" (ebd., 137). Das inkorporierte kulturelle Kapital der vorausgegangenen Generationen ermögliche Kindern aus sozioökonomisch besser gestellten und bildungsnahen Familien einen unaufholbaren Vorsprung im Wettlauf um die Aneignung der legitimen Kultur, der alleine durch schulische Bildung nicht mehr aufgeholt werden könne.[10]

Was aber meint Bourdieu mit dem Terminus „legitime Kultur"? Unter legitimer Kultur versteht Bourdieu den gesellschaftlich am höchsten bewerteten Bereich der Kultur, darunter fallen insbesondere jene kulturellen Formen, die in unserer Gesellschaft kraft der Definitionsmacht der Eliten als „Kunstwerke" bezeichnet werden und dadurch ein besonderes Klassifikationspotential aufweisen:[11]

---

10 Was für die einen ein Vorsprung, ist für die anderen ein zweifacher Nachteil: Bourdieu spricht von „doppelt verlorener Zeit", da die „Korrektur", also das Umlernen von anerzogenen Verhaltensweisen noch einmal soviel Zeit in Anspruch nehme (vgl. Bourdieu 1983, 186f.).

11 Müller kritisiert (1992) Bourdieus zum Teil recht widersprüchliche Verwendung des Legitimationsbegriffes. Einerseits bemühe Bourdieu einen institutionellen Legitimationsbegriff. „Legitime Kultur" beziehe sich demnach auf die traditionell hochkulturellen Kunstwerke: Die Zugehörigkeit zur legitimen Kultur sei dann gewährleistet, wenn ein kulturelles Produkt erstens ein bestimmtes Alter

„Von allen Produkten, die der Wahl der Konsumenten unterliegen, sind die legitimen Kunstwerke die am stärksten klassifizierenden und Klasse verleihenden, weil sie nicht nur in ihrer Gesamtheit distinktiven, will heißen Unterschied und Anderssein betonenden, Charakter tragen, sondern kraft des Spiels der Teilungen und Unterteilungen in Gattungen, Epochen, Stilrichtungen, Autoren, Komponisten etc. eine endlose Reihe von distinguos zu erzeugen gestatten" (Bourdieu 1987, 36).

Als Spielwiese klassenspezifischer Distinktion par excellence sieht Bourdieu das Feld der Musik.[12] Vor allem in der abendländischen „Kunstmusik" trete das Abgrenzungsbedürfnis der privilegierten Klassen besonders deutlich zu Tage:

„Wenn [...] nichts unfehlbarer auch die eigene ‚Klassenzugehörigkeit' dokumentiert als der musikalische Geschmack, dann deshalb, weil es auch [...] keine andere Praxis gibt, die annähernd so klassifikationswirksam wäre wie Konzertbesuch oder das Spielen eines ‚vornehmen' Musikinstruments [...]"[13] (Bourdieu 1987, 41f.).

---

aufweise, zweitens einen bestimmten Wert besitze, der Tradierungsbestrebungen hervorruft und drittens dessen Weitergabe im Rahmen ausbildungsspezifischer Sozialisationsinstanzen (Schule, Universität) stattfinde. Zum anderen verwende Bourdieu einen klassenspezifischen Legitimationsbegriff und betone damit den Zusammenhang von kultureller Superiorität legitimer Kultur und Sozialstruktur: Kraft ihrer Position in der sozialen Hierarchie würden Angehörige der privilegierten Gesellschaftsgruppen durch ihre Präferenzen festlegen, was als gut – und damit als „legitim" gilt. Müller kritisiert diese Unschärfe: „Wie hängen institutioneller und klassenspezifischer Legitimationsbegriff zusammen? Solange man im Kernbereich der klassischen Kultur verbleibt, sind institutioneller und klassenspezifischer Legitimitätsbegriff deckungsgleich und müssen sich nicht widersprechen. In dem Moment jedoch, wo es um kulturelle Innovationen geht, driftet der Bedeutungsumfang der beiden Begriffe systematisch auseinander: Was die groß- und kleinbürgerlichen Propheten der kulturellen Avantgarde gutheißen, können die großbürgerlichen Priester und Hüter der kulturellen Klassik aus Prinzip nicht anerkennen" (Müller 1992, 349f.).

12 Das Verräterische im Musikgeschmack sieht Bourdieu in der Körpergebundenheit musikalischer Vorlieben. Denn gerade musikalische Erfahrungen sind eng an die frühkindliche Sozialisation gebunden: „Es dürfte wohl keinen Geschmack geben – mit Ausnahme des Essgeschmacks –, der tiefer im Körper verwurzelt wäre als der Musikgeschmack" (Bourdieu 1993, 148).

13 Und weiter heißt es: „Ihrer gesellschaftlichen Bestimmung nach ist ‚musikalische Bildung' etwas anderes als eine bloße Summe von Kenntnissen und Erfahrungen, verbunden mit der Fähigkeit, darüber zu reden: Die Musik verkörpert die am meisten vergeistigte Arbeit aller Geisteskünste, und die Liebe zur Musik ist sicherer Bürge für ‚Vergeistigung'" (Bourdieu 1987, 41f.).

Nicht zufällig charakterisiert Bourdieu unterschiedliche Lebensstile anhand ihrer jeweiligen musikalischen Präferenzen. Er differenziert drei „Geschmäcker": den „legitimen", den „mittleren" und den „populären" Geschmack, um den Zusammenhang zwischen kulturellen Vorlieben und der Stellung in der Sozialstruktur zu verdeutlichen (Bourdieu 1987, 36–38). Als Beispiel für den legitimen Geschmack, der die kulturelle Praxis des Bildungs- und Großbürgertums widerspiegle – und am ehesten dem nahe kommt, was Kant als „interesseloses Wohlgefallen" bezeichnete, nennt Bourdieu die Vorliebe für Johann Sebastian Bachs „Wohltemperiertes Klavier". Typisch für diesen Geschmack sei eine bürgerliche Kunstauffassung, die der Autonomie künstlerischen Schaffens einen besonderen Stellenwert einräumt: Es besteht der Anspruch, ein Werk unabhängig von seiner Funktion zu würdigen. Die Form des Kunstwerkes ist wichtiger als dessen Inhalt, im Vordergrund steht eine kontemplative Rezeption – d.h. das geistige Sichversenken in ein Musikstück bzw. die besinnliche Betrachtung eines Kunstwerkes. Dies setze allerdings eine „ästhetische Einstellung" voraus. Darunter versteht Bourdieu „die einzige gesellschaftlich für ‚angemessen' erachtete Art und Weise, sich Gegenständen zu nähern, denen die Gesellschaft den Titel von Kunstwerken verlieh [...]" (Bourdieu 1987, 58).

Der mittlere Geschmack bezieht sich auf die minder bewerteten Werke der legitimen Künste – als Beispiel nennt Bourdieu George Gerschwins „Rhapsody in Blue" und Franz Listzs „Ungarische Rhapsodie" ebenso wie die Werke der Chanson-Interpreten Jacques Brel und Gilbert Bécaud. Dieser Geschmack charakterisiere insbesondere das Kleinbürgertum, zu dem Bourdieu Angestellte, LehrerInnen und VekäuferInnen zählt. Typische Merkmale der Angehörigen dieser Geschmacksgruppe seien deren Bildungsbeflissenheit sowie die Orientierung an der Praktikabilität kultureller Produkte. Ganz unten in der Geschmackshierarchie stehe der sogenannte „populäre Geschmack" – darunter fallen die Präferenz von Werken der „leichten" Musik (z.B. „An der schönen Blauen Donau" von Johann Strauß oder die Oper „La Traviata" von Guiseppe Verdi) sowie die Vorliebe für Schlager.[14] Dieser „Notwendigkeitsgeschmack" finde sich insbesondere bei Angehörigen der Arbeiterschicht. Zentrales Merkmal sei die Unterordnung der Form unter die Funktion. Ein Gegenstand,

---

14 Es fällt auf, dass Werke der populären Musik (mit Ausnahme der Schlager von Moriano, Guétary und Petula Clark) mit keinem Wort erwähnt werden. Dieser blinde Fleck soll an späterer Stelle einer näheren Betrachtung unterzogen werden (siehe Kap. 1.2).

z.B. ein Musikstück, werde eher hinsichtlich seiner potentiellen Funktion (z.B. Tanzmusik) als in Bezugnahme auf seine formalen Gestaltungsprinzipien (z.B. Sonatensatzform) beurteilt.

Wenngleich anhand sozialer Gebrauchsweisen von Kunst die „feinen Unterschiede" besonders deutlich zu Tage treten, will Bourdieu den Zusammenhang von Sozialstruktur und Geschmack nicht auf den Konsum von Kunst(werken) beschränkt wissen.[15] Ob es nun um Essen, Urlaub oder Gartengestaltung geht – „jedem dieser Bereiche sind jene distinktiven Merkmale beigegeben, mit deren Hilfe die grundlegenden gesellschaftlichen Unterschiede [...] zum Ausdruck gebracht werden können" (Bourdieu 1987, 355). Legitimer Geschmack beschränkt sich demnach nicht auf die Vorliebe für Kunstwerke der Hochkultur, sondern umfasst eine Ästhetik, die in allen Bereichen des alltäglichen Lebens zu finden ist. Zu den wichtigsten Charakteristika des legitimen Geschmacks zählt die Fähigkeit, Dinge zu ästhetisieren:[16]

> „Nichts hebt stärker ab, klassifiziert nachdrücklicher, ist distinguierter als das Vermögen, beliebige oder gar ‚vulgäre' [...] Objekte zu ästhetisieren, als die Fähigkeit, in den gewöhnlichsten Entscheidungen des Alltags – dort, wo es um Küche, Kleidung oder Inneneinrichtung geht – und in vollkommener Umkehrung der populären Einstellung die Prinzipien einer ‚reinen' Ästhetik spielen zu lassen" (Bourdieu 1987, 25).

Diese „ästhetische Einstellung" ist der zentrale Motor gesellschaftlicher Distinktion, sie dient den Angehörigen der privilegierten Klassen dazu, eine Distanz gegenüber dem „Notwendigkeitsgeschmack" zu bewahren. „Die Geschmacksäußerungen und Neigungen (d.h. die zum Ausdruck gebrachten Vorlieben) sind die praktische Bestätigung einer unabwendbaren Differenz" (Bourdieu 1987, 105). Dies wird nicht nur deutlich durch die Vorlieben, die jemand hat, sondern in noch viel größerem

---

15 Bourdieu verwendet einen ethnologischen Kulturbegriff, der nicht nur hochkulturelle, landläufig als „ästhetisch" bezeichnete Objekte, sondern auch sämtliche alltagskulturellen Gegenstände und Praktiken umfasst.

16 Bourdieu veranschaulicht diese ästhetische Einstellung u.a. anhand unterschiedlicher Beurteilungen eines Fotos, auf dem die Hände einer alten Frau abgebildet sind. Während Angehörige der Arbeiterklasse dieses Bild vor dem Hintergrund ihrer eigenen (Arbeits)Erfahrungen interpretierten („Hände von harter Arbeit geprägt"), stellten die Befragten aus höheren Positionen deren symbolische Bedeutungen in den Vordergrund („schönes Bild", „Symbol der Arbeit") (Bourdieu 1987, 86f.).

Maße durch die Aversion gegen andere Geschmäcker: „Ästhetische Intoleranz kann eine furchtbare Gewalt entwickeln. Vom Geschmack nicht zu trennen ist der Ekel: Die Abneigung gegenüber anderen Lebensstilen dürfte eine der stärksten Klassenschranken sein" (Bourdieu 1993, 148; siehe auch 1987, 105f.). Bourdieus Analyse zufolge sind es die Angehörigen der privilegierten Gesellschaftsgruppen, die im Besitz dieser „ästhetischen Einstellung" sind; Stilisierung des Lebens und die damit verbundene Distinktion bleiben der herrschenden Klasse vorbehalten. „Die Unterschichten wiederum spielen in diesem System ästhetischer Positionen wohl kaum eine andere Rolle als die einer Art Kontrastfolie, eines negativen Bezugspunkts, von dem sich alle Ästhetiken in fortschreitender Negation absetzen" (Bourdieu 1987, 107).

Theorie des Habitus

Anhand empirischer Daten veranschaulicht Bourdieu, dass Geschmack ein Resultat klassenspezifischer Sozialisation und damit auch Ausdruck unserer Klassenzugehörigkeit ist. Er geht aber noch einen Schritt weiter und behauptet, dass Geschmack zugleich dazu beiträgt, jene Strukturen zu festigen, als deren Konsequenz unsere Vorlieben und Aversionen hervorgehen. Auf einer theoretischen Ebene untermauert Bourdieu diese These durch eines seiner berühmtesten Konzepte: der Theorie des Habitus. Der Habitus, verstanden als ein System von Dispositionen, die einerseits im Rahmen der Sozialisation erworben bzw. sozial „vererbt" werden und andererseits das Handeln, Denken und Wahrnehmen eines Individuums maßgeblich bestimmen, bildet die Schnittstelle zwischen objektiver Klassenlage und individuellem Handeln – und fungiert als zentraler Mechanismus gesellschaftlicher Reproduktion. Der Habitus ist sowohl Produkt als auch Produzent gesellschaftlicher Strukturen. Eine Struktur bringt bestimmte Dispositionen hervor, die wiederum zu (unbewusst) strategischen Handlungen führen und damit die ursprüngliche Struktur aufrechterhalten. Oder anders formuliert: Unser Handlungsspielraum ist durch die Bedingungen unseres Herkunftsmilieus eingeschränkt. Diese Zwänge der Alltagswelt bringen den Habitus hervor, in dem zum Vorschein kommt, woher wir stammen, welcher sozialen Gruppe wir angehören und welche Prägung wir durch diese Zugehörigkeit erfahren haben. Sichtbar wird unser Habitus durch die Art, wie wir uns verhalten und wie wir handeln, aber auch durch unseren Geschmack. Allerdings – und darin liegt die Besonderheit der Bourdieu'schen Argumentation – nehmen wir unsere Vorlieben trotz ihrer soziokulturellen Ursachen als weitgehend „natürlich" wahr.

Der Habitus dient als Orientierungsgrundlage für unser Handeln: Er setzt unserem Handlungsspielraum Grenzen und produziert damit habitusgeleitete Handlungen. Daraus konstituiert sich der Raum der Lebensstile, als deren „Erzeugungsformel" der Geschmack fungiert: „Der Geschmack bildet mithin den praktischen Operator für die Umwandlung der Dinge in distinkte und distinktive Zeichen […]: durch ihn geraten die Unterschiede aus der physischen Ordnung der Dinge in die symbolische Ordnung signifikanter Unterscheidungen" (Bourdieu 1987, 284). Durch die „fortlaufende Umwandlung von Notwendigkeiten in Strategien, der Zwänge in Präferenzen […]" (ebd., 285) erscheint Geschmack als unhinterfragter „Gesamtkomplex distinktiver Präferenzen" (ebd., 283) und bringt ungewollt eine strategisch orientierte Praxis hervor: „Der Geschmack bewirkt, daß man hat, was man mag, weil man mag, was man hat, nämlich die Eigenschaften und Merkmale, die einem de facto zugeteilt und durch Klassifikation de jure zugewiesen werden" (ebd., 284f.).

Geschmack ist demnach nicht nur Ausdruck von Klassenzugehörigkeit und sozialer Herkunft, sondern auch für die Aufrechterhaltung bestehender sozialer Hierarchien mitverantwortlich. Durch das klassenspezifisch differenzierte habitusgeleitete Handeln der Subjekte reproduzieren sich die objektiven Klassenverhältnisse – Geschmack wird zum zentralen Medium der Reproduktion sozialer Ungleichheit.[17]

Bourdieus Theorie zielt darauf ab, objektiven Strukturen gleichermaßen gerecht zu werden wie der subjektiven Perspektive der Handelnden. Durch

---

17 Bourdieu verwendet die Termini „Sozio-Analyse" und „Psychoanalyse des Sozialen": Damit will er zeigen, dass die Mechanismen sozialer Reproduktion dem Bewusstsein kaum zugänglich sind – und wie sehr sich in unseren alltäglichen, harmlos anmutenden Verhaltensweisen und Tätigkeiten das Potential einer Perpetuierung bestehender Verhältnisse einzuschleichen vermag. Vor dem Hintergrund der besonderen Klassifikationswirksamkeit von hochkulturellen Kulturgütern bzw. -praktiken ist diese Erkenntnis auch für die Kunstsoziologie relevant. Sie raubt der Kunst ihre „Heiligkeit" und damit auch ihre Unschuld. Bourdieu zeigt auf, wie der Genuss klassischer Musik, der Theaterbesuch oder der Besitz eines Gemäldes dazu beiträgt, bestehende Machtstrukturen nicht nur aufrechtzuerhalten, sondern auch zu legitimieren.

das Habitus-Konzept gelingt ihm die Zusammenführung von objektivistischem Strukturalismus und akteursbezogenem Interaktionismus und damit eine Überwindung der Dichotomie von Subjektivismus (bzw. Subjektphilosophie) und Objektivismus (bzw. Philosophie ohne Subjekt).[18]

Theorie des sozialen Raumes

Die Mitglieder einer Gesellschaft verfügen in unterschiedlichem Ausmaß über ökonomisches, kulturelles und soziales Kapital. Durch die ungleiche Verteilung dieser Ressourcen entstehen distinktive Lebensformen, die einerseits durch ihre Stellung innerhalb der Produktionsverhältnisse und andererseits durch typische Verhaltensweisen, Einstellungen und Praktiken gekennzeichnet sind. Zur Verdeutlichung des Zusammenhangs von sozialer Position und Lebensstil entwickelt Bourdieu das Modell eines mehrdimensionalen Raumes, der sich aus dem Kapitalvolumen, der Kapitalstruktur sowie der zeitlichen Entwicklung dieser beiden Größen zusammensetzt.[19] Bourdieu begreift diesen sozi-

---

18 Pierre Bourdieu gilt – neben Anthony Giddens – als einer der namhaftesten Hauptvertreter der Strukturationstheorie. Strukturationstheorien verbinden Handlungstheorien (bei denen soziale Strukturen aufgrund eines reduzierten Gesellschaftsbegriffes ausgeblendet bleiben) und Systemtheorien (die mit einem verkürzten Handlungsbegriff operieren und menschliches Verhalten auf mechanistisch anmutende Systemgesetzlichkeiten zurückführen), indem sie ihr Hauptaugenmerk auf die wechselseitige Konstitution von sozialem Handeln und sozialen Strukturen bzw. auf die „Nahtstelle von gesellschaftlicher Praxis und praktischem Handeln, das Wechselspiel von Handeln und Struktur" richten (Müller 2005, 23).
19 Die klassische Sozialstrukturanalyse definiert Klasse im Rahmen objektiv messbarer Kriterien (z.B. Einkommen, Berufsprestige, Bildung). Dadurch bleibt „Klasse" ein wissenschaftliches Konstrukt, das außerhalb der Wahrnehmung der Individuen steht. Demgegenüber entwirft Bourdieu ein Konzept, das den objektiven sozialen Positionen ebenso gerecht wird wie den subjektiven Wahrnehmungsweisen der Individuen. Ziel der Theorie des sozialen Raumes ist es, die Wechselbeziehung zwischen ökonomisch-sozialen Bedingungen und dem konkret realisierten Lebensstil zu erfassen: Die materiellen Eigenschaften und Merkmale reichen, insbesondere in der modernen Gesellschaft, zur Bestimmung der gesellschaftlichen Positionen nicht mehr aus: „Denn kein Merkmal und keine Eigenschaft, die nicht zugleich auch symbolischen Charakter trüge – Größe und Umfang des Körpers so gut wie des Grundbesitzes: sie unterliegen immer der Wahrnehmung und Bewertung von Akteuren mit den entsprechenden, gesellschaftlich ausgebildeten Schemata" (Bourdieu 1987, 752).

alen Raum als ein dynamisches Kräftefeld, in dem die Akteure anhand ihrer relativen Stellung innerhalb dieses Raumes definiert sind. Denn nicht nur die „inneren" Merkmale sind zur Bestimmung einer sozialen Lage von Bedeutung, sondern auch die Nähe bzw. Distanz zu anderen sozialen Lagen spielt eine wichtige Rolle:[20]

> „Jede spezifische soziale Lage ist gleichermaßen definiert durch ihre inneren Eigenschaften oder Merkmale wie ihre relationalen, die sich aus ihrer spezifischen Stellung im System der Existenzbedingungen herleiten, das zugleich ein System von Differenzen, von unterschiedlichen Positionen darstellt. Eine jede soziale Lage ist mithin bestimmt durch die Gesamtheit dessen, was sie nicht ist, insbesondere jedoch durch das ihr Gegensätzliche: soziale Identität gewinnt Kontur und bestätigt sich in der Differenz" (Bourdieu 1987, 279).

Bourdieu charakterisiert unterschiedliche soziale Gruppen anhand ihrer Ausstattung mit Kapital. Während UnternehmerInnen tendenziell über ein hohes Ausmaß an ökonomischem Kapital verfügen, besitzen Intellektuelle in erster Linie kulturelles Kapital. Die Anreicherung von sozialem Kapital wiederum ist typisch für PolitikerInnen. Aus dem jeweiligen Ausmaß der jeweiligen Kapitalsorte ergibt sich eine vertikale Struktur: Ganz oben steht die sogenannte Elite. Dazu zählen Großunternehmerinnen, WissenschaftlerInnen und SpitzenpolitikerInnen – Bourdieu bezeichnet diese Gruppe als „herrschende Klasse". Eine Ebene tiefer finden sich UnternehmerInnen, LehrerInnen und RegionalpolitikerInnen. Ganz unten im hierarchisch strukturierten sozialen Raum steht die von Bourdieu nicht weiter differenzierte Arbeiterklasse, deren Angehörige durch eine Knappheit aller drei Kapitalsorten gekennzeichnet sind. Allerdings konzipiert Bourdieu den sozialen Raum als dynamisches Gebilde, was durch die dritte (= zeitliche) Dimension deutlich werden soll. Durch Akkumulation sowie Transformation von Kapital sind die Positionen im sozialen Raum sowohl auf einer vertikalen als auch auf einer horizontalen Achse variabel. Insbesondere strukturelle Veränderungen (wie zum Beispiel der soziale Wandel der letzten fünfzig Jahre, v.a. Wohlstandssteigerung und Bildungsexpansion) führen zu einer zunehmenden sozialen Mobilität innerhalb des sozialen Raumes. Dies gilt

---

20 An dieser Stelle wird Bourdieus Nahverhältnis zur strukturalen Anthropologie deutlich. Sein Theoriegebäude ist gekennzeichnet durch ein von dichotomen Strukturausprägungen dominiertes Gesellschaftsmodell (siehe dazu ausführlich Müller 2005, 24).

sowohl für Individuen aber auch für soziale Gruppen bzw. eine gesamte Klasse. Die Frage, welcher Stellenwert dieser Mobilität hinsichtlich der Reproduktion sozialer Ungleichheit beigemessen wird, ist Gegenstand intensiver soziologischer Kontroversen.[21]

Distinktion und symbolischer Klassenkampf

In seinem „Entwurf einer Theorie der Praxis" versteht Bourdieu „alle Handlungen und selbst noch jene, die sich als interesselose oder zweckfreie, also von der Ökonomie befreite verstehen, als ökonomische, auf die Maximierung materiellen oder symbolischen Gewinns ausgerichtete Handlungen" (Bourdieu 1976, 357). Ausgehend von dieser Prämisse fokussiert Bourdieu nicht lediglich den Kampf um die Verteilung ökonomischer Ressourcen, sondern im besonderen Maß jene Bestrebungen, die der Aufrechterhaltung und/oder Verbesserung der eigenen sozialen Position dienen.[22] In diesen subtilen Machtkämpfen, die in den unterschiedlichen sozialen Feldern (darunter werden unterschiedliche Lebensbereiche wie z.B. Sport, Kunst, Essen, Politik oder auch Musik subsumiert) stattfinden, geht es um die hegemoniale Definition der legitimen Lebensformen sowie um die Etablierung von Standards, die für alle Gesellschaftsmitglieder als erstrebenswert gelten sollen – oder einfach gesagt: darum, festzulegen, was ästhetisch schön und was ästhetisch wertlos bzw. was gut und was schlecht ist: „Demzufolge stellt der Raum der Lebensstile [...] nichts anderes dar als eine zu einem bestimmten Zeitpunkt erstellte Bilanz der symbolischen Auseinandersetzungen, die um die Durchsetzung des legitimen Lebensstils geführt werden [...]" (Bourdieu 1987, 388f.).

Bourdieus Konzeption sozialer Abgrenzung unterscheidet sich maßgeblich von Distinktionstheorien anderer Soziologen. Während bei Veblen (1973) Distinktion ausschließlich dem bewusst eingesetzten strategischen Bedürfnis nach Besser- und Höhersein geschuldet ist, handelt es

---

21 Siehe dazu auch Kap. 1.2 und 1.3.
22 Zu betonen ist, dass dieser symbolische Klassenkampf zwar abseits, aber nicht unabhängig von ökonomischen Machterhaltungsbestrebungen stattfindet: „Die Existenz symbolischer Kämpfe läßt die Dominanz der ökonomischen Ordnung unangetastet, bleibt doch eine relativ privilegierte Stellung in ihr stets die conditio sine qua non der Teilnahme am Wettbewerb um einen exklusiven Lebensstil" (Müller 1986, 171).

sich in der Bourdieu'schen Diktion primär um eine „Distinktion ohne Absicht zur Distinktion" bzw. um eine „unbewusste Abgrenzung, die sich einfach aus der Ausgestaltung eines Lebensstiles ergibt" (Müller 1989, 64) und in expressiver Weise zum Ausdruck kommt.

Was aber sind die Voraussetzungen für ein hohes Distinktionspotential z.B. einer bestimmten Musik oder musikalischen Praxis? Distinktion wird hergestellt, indem bestimmten, meist nur selten vorkommenden und nur für wenige verfügbaren kulturellen Produkten bzw. Praktiken ein symbolischer Wert zugeschrieben wird – wobei dieser Wert gesellschaftlich anerkannt sein bzw. zumindest als erstrebenswert für alle gelten muss. Monopolisierung findet statt, indem entweder materielle Zugangsbarrieren implementiert werden (z.B. teure Karten für den Konzerteintritt), oder aber durch kulturelle Grenzziehungen (Verwendung von Codes, die nur für einige wenige, mit hohem kulturellen Kapital ausgestattete Personen dechiffrierbar sind). Die Zuschreibung von Werten ist Gegenstand der Auseinandersetzung: Aus unterschiedlichen Distinktionsbedürfnissen resultiert ein permanenter Kampf um die Definitionsmacht, d.h. um die Macht zu bestimmen, was als wertvoll gilt und was nicht.

Allerdings unterliegt der Wert bestimmter kultureller Produkte und Praktiken einem permanenten Wandel, der durch Inflations- und Entwertungsprozesse zusätzlich beschleunigt wird. Die Exklusivität einer kulturellen Praxis oder eines kulturellen Produkts besteht ja gerade darin, dass deren Ausübung bzw. dessen Erwerb einer Minderheit vorbehalten bleibt. Ist dies nicht mehr der Fall, schwindet auch der exklusive Charakter – und damit das Potential zur Repräsentation soziokultureller Überlegenheit, was zur Folge hat, dass ein neues distinktives Statussymbol definiert werden muss. Für Bourdieu tragen diese Transformationen in unterschiedlichen Feldern maßgeblich zur „Aufrechterhaltung der Spannung auf dem Markt der symbolischen Güter" bei (Bourdieu 1987, 391f.), wodurch die Angehörigen der privilegierten sozialen Gruppen stets dazu angehalten werden, ihre kulturelle Hegemonie zu verteidigen – oder im Falle von zu großer Verbreitung bedrohter distinktiver Merkmale, „die Bestätigung ihrer Exklusivität in immer neuen Merkmalen zu suchen" (ebd., 391f.). Ein anschauliches Beispiel dafür bietet das soziale Feld des Sports: War Tennis lange Zeit der Sport der wohlhabenden Mittelschicht, setzte ab den 1970er-Jahren ein Boom ein: Tennis wurde zu einer der beliebtesten Massensportarten. Die Konsequenz war ein kontinuierlicher Distinktionsverlust, der zu einem beträchtlichen Rückgang des Tennis um die Jahrtausendwende führte (vgl. Norden 2004). Seit geraumer Zeit erfreuen sich andere Sportarten, z.B. Golf, zunehmender Beliebtheit – vor allem unter ehemaligen TennisspielerInnen. Die auf Exklusivität bedachte Sportart Golf vermag im Spiel um die soziale Vormachtstellung das leisten, was Tennis soeben verspielt hat. Ähnliche Entwertungsprozesse sind, wie noch zu zeigen sein wird, von zentraler Bedeutung für Geschmacksbildungsprozesse in der Populärkultur.

1.2 Klassenkampf passé? Zur Kritik an Bourdieu

Wenngleich die Bedeutung der „feinen Unterschiede" für den kultur- und kunstsoziologischen Diskurs unbestritten bleibt, stellt sich die Frage, ob diese Theorie, insbesondere vor dem Hintergrund weitreichender gesellschaftlicher Veränderungen im letzten Drittel des 20. Jahrhunderts, für eine soziologische Analyse musikalischen Geschmacks in der gegenwärtigen Gesellschaft noch von Relevanz ist. Im Folgenden sollen fünf Probleme der Bourdieu'schen Herangehensweise im Hinblick auf die dieser Arbeit zugrundeliegende Forschungsfrage erläutert werden.

Abstinenz populärkultureller Ästhetik(en)

Einer der Kritikpunkte an Bourdieus Geschmackstheorie – und dieser ist für die Argumentation der vorliegenden Arbeit von zentraler Bedeutung – bezieht sich auf die Vernachlässigung von populärkulturellen Formen[23] sowie deren allfällige Ästhetik(en). Der Vorwurf richtet sich gegen Bourdieus einseitige Verwendung des Begriffes „Ästhetik", die letztendlich der unhinterfragten Übernahme jener Ideologie geschuldet ist, die Bourdieu zu entlarven vorgibt. Durch die dichotome Gegenüberstellung von „ästhetischer Einstellung", verstanden als die Fähigkeit zur Ästhetisierung von Objekten, und „populärer Einstel-

---

23 Selbst in Bourdieus Analyse des populären Geschmacks sind lediglich die „leichte" klassische Musik sowie der Schlager erwähnt; das breite Spektrum der zur Entstehungszeit der „feinen Unterschiede" existierenden Pop- und Rockmusik bleibt völlig unberücksichtigt.

lung", definiert als die Abstinenz derselben, übersieht Bourdieu, dass der Begriff „Ästhetik" mittlerweile zu einem wichtigen Bestandteil alltagskultureller Beurteilungspraxis – auch im Bereich der Popularkultur – geworden ist.

In Anlehnung an John Deweys Pragmatismus betont Richard Shusterman (1992) die Kontingenz historischer Entwicklungen und macht darauf aufmerksam, dass keineswegs immer feststehe, was als ästhetisch erachtet wird und was nicht. Indem aber Bourdieu sich der monopolistischen Verwendung des Ästhetik-Begriffes im Bereich der Hochkultur anschließe und damit auch die dahinterliegende Ideologie der autonomen Kunst reproduziere, bleibe Bourdieu für den Wandel dieses Begriffes blind. Zwar setze sich Bourdieu zum Ziel, die ideologische Trennung von Hoch- und Popularkultur zu hinterfragen, letztendlich bleibe er aber selbst in jenem intellektuellen Diskurs verhaftet, der durch eine recht enge Definition des Kunstbegriffes gekennzeichnet ist. Die unkritische Überstülpung von vorgefertigten Kategorien ebendieses Diskurses (z.B. Form versus Substanz; geistig versus körperliches Vergnügen; oppositionell versus affirmativ), die Bourdieu zu zentralen Kriterien der „ästhetischen Einstellung" macht, würden auf Kosten der Beobachtung alternativer Ästhetiken gehen: „his [Bourdieus, M.P.] purist definitions suggest that history's changes are irrecocably permanenent and that, once transfigured into pure autonomy, art and aesthetic can no longer be legitimate in a less pure and life-denying form" (Shusterman 1992, 194).

Anhand der Analyse eines Songs der Rap-Formation Stetsasonic veranschaulicht Shusterman die Ästhetik eines populärkulturellen Genres. Dabei begreift er die Ausdrucksform „Rap" als postmoderne populäre Kunstform, die eine Reihe tief verankerter ästhetischer Konventionen der Moderne radikal herausfordert. Einen ähnlichen Versuch unternimmt Bridget Fowler (1997), die populäre Formen der Literatur und der bildenden Kunst hinsichtlich ihres ästhetischen Gehalts analysiert.

Während Shusterman und Fowler eine populäre Ästhetik im jeweiligen kulturellen Produkt, also z.B. im konkreten Song, begründet sehen, zielen andere WissenschaftlerInnen auf einen Ästhetikbegriff, der in einem stärkeren Maß der Rezeptionsebene Rechnung trägt und die handelnden Akteure für die (Re)Produktion einer bestimmten populären Ästhetik verantwortlich macht (z.B. Frith 1996, Bielby/Bielby 2004,

Müller 2006, von Appen 2007, Rolle 2008, Pfleiderer 2009, für einen Überblick siehe Parzer/Brunner 2010). Der Musiksoziologe Simon Frith (1996) geht davon aus, dass die Anwendung ästhetischer Kriterien in der Beurteilung von Musik keineswegs auf die Hochkultur beschränkt sei, sondern auch in der Popularkultur eine zentrale Rolle spiele:

> „My position is that it is not only the bourgeoisie who use aesthetic criteria for functional ends. If social relations are constituted in cultural practice, then our sense of identity and difference is established *in the processes of discrimination*. And this is as important for popular as for bourgeois cultural activity [...]" (Frith 1996, 18).

Auch Sarah Thornton (1996) kommt zu dem Schluss, dass Distinktion nicht der Hochkultur vorbehalten ist. In Anlehnung an Bourdieus Konzept des kulturellen Kapitals verwendet Thornton den Begriff „subkulturelles Kapital", um die Formen von Abgrenzung im jugendkulturellen Kontext zu beschreiben. „Hipness", verstanden als eine Art inkorporiertes subkulturelles Kapital, entscheidet über die Zugehörigkeit zu einer Szene. Anhand ihrer Untersuchung der englischen Club- und Raveszene verdeutlicht Thornton, dass subkulturelles und kulturelles Kapital derselben Logik folgen: „Just as cultural capital is personified in ‚good' manners and urbane conversation, so subcultural capital is embodied in the form of being ‚in the know' using (but not over-using) current slang and looking as if you were born to perform the latest dace styles" (Thornton 1996, 11f.).[24]

Dieser Erweiterung von Bourdieus Distinktionstheorie macht deutlich, dass durch eine einseitige Verwendung des Kunstbegriffes ein Großteil ästhetischer Geschmacksentscheidungen nicht in den Blick genommen werden kann. Bourdieu geht davon aus, dass lediglich Angehörige der privilegierten Klassen sich eine ästhetische Einstellung aneignen können; Menschen aus ökonomisch schwach ausgestatteten und bildungs-

---

24 Ob diese beiden Kapitalien tatsächlich derselben Logik folgen, mag bezweifelt werden. Wie Andreas Gebesmair (persönliches Gespräch) bemerkt, stellt sich die Frage, ob die Bedeutung subkulturellen Kapitals für gesellschaftliche Reproduktionsprozesse nicht überschätzt werde. Tatsächlich ist es sehr unwahrscheinlich, ob überhaupt ein Zugang zu privilegierten Positionen durch akkumuliertes subkulturelles Kapital gewährleistet wird. Besser geeignet scheint in diesem Zusammenhang der von Lamont und Lareau geprägte Begriff der „marginal high status signals" (Lamont/Lareau 1988, 157), der deutlicher auf die beschränkte Reichweite dieser Kapitalsorte hinweist.

fernen Herkunftsmilieus seien mehr oder weniger zu einem bestimmten „Notwendigkeitsgeschmack" verdammt. Dahinter verbirgt sich die Vorstellung von passiven KulturrezipientInnen, die, eingekerkert in ihren Strukturen, alles so hinnehmen, wie es eben ist. Ihr (populärer) Geschmack, so Bourdieu, fungiere lediglich als „Kontrastfolie" gegenüber dem „ästhetischen Geschmack".

Eine solche Auffassung spiegelt ein Menschenbild wider, in dem kein Platz für die Aktivität, Eigeninitiative und Bedeutungsproduktion der Akteure bleibt. Bourdieus sonst so scharfsinnige Analyse sagt kaum etwas darüber aus, wie die Menschen bildungsferner Milieus und v.a. Randgruppen mit Kultur umgehen, welche Bedeutungen bestimmten kulturellen Formen verliehen werden und welche Effekte diese Bedeutungen zeitigen. Insbesondere die Unterstellung, ästhetische Kriterien würden in der Wahl von kulturellen Produkten keine Rolle spielen, stößt auf heftige Kritik:

> „Does Bourdieu *really* believe that it is alien to working-class women to furnish and decorate their homes on the basis of aesthetic choices? [...] Perhaps it is time he dusted off his anthropologist's hat and went out and spent some time among the people about whom he writes" (Jenkins 1992, 148f.).

Tatsächlich findet es Bourdieu nicht der Mühe wert, das als „Arbeiterklasse" etikettierte Gesellschaftssegment näher zu differenzieren. Dadurch entsteht allerdings jenes jeglichen Beobachtungen widersprechende Bild einer homogenen Masse, deren Angehörige alle aus dem gleichen Grund die gleichen kulturellen Vorlieben haben. Völlig unberücksichtigt dabei bleiben die Unterschiede innerhalb dieser Milieus.

Überbetonung des symbolischen Klassenkampfes

Bourdieu geht davon aus, dass jede Handlung auf die Akkumulation von materiellen oder symbolischen Ressourcen ausgerichtet ist – und einzelnen Individuen oder einer sozialen Gruppe dazu dient, ihre Position in der Gesellschaftshierarchie aufrechtzuerhalten oder zu verbessern (Bourdieu 1976, 357). Eine Handlungstheorie, die jedem Handeln eine Strategie im Kampf um soziale Positionen unterstellt, birgt gravierende Probleme. Reiner Keller ortet einen soziologischen Reduktionismus, „der soziale Phänomene immer und nur auf ihre Dimension der Teilnahme am ‚Klassen- und Klassifikationskampf', an der Reproduktion gesellschaftlicher Herrschaftsverhältnisse in den Blick nehmen kann" (Keller 2005, 51). Verloren gehe „der über hierarchisierende Klassifikation hinausgehende Bedeutungsüberschuss aller Praktiken" (ebd.). Geschmack dient nicht ausschließlich dazu, der sozialen Position Ausdruck zu verleihen, sondern erfüllt eine Reihe weiterer Funktionen abseits der Aufrechterhaltung einer vertikalen Gesellschaftshierarchie. So fungiert gerade Musikgeschmack als wichtiges identitätsstiftendes Mittel entlang horizontaler Merkmalsausprägungen. Kulturelle Vorlieben markieren in großem Ausmaß die Zugehörigkeit zu bestimmten (Sub)Kulturen und Szenen, die zwar nicht unabhängig von klassenspezifischer Differenzierung sind, allerdings als relativ autonome Konsumgemeinschaften abseits sozialer Reproduktionsmechanismen bestehen. Insbesondere die Popularkultur ermöglicht die Etablierung subkultureller Vergemeinschaftungsformen, deren Angehörige nicht die gleiche Klassenzugehörigkeit, sondern andere Merkmale wie Geschlecht, Ethnizität, sexuelle Ausrichtung oder Alter gemeinsam haben. Als anschauliches Beispiel dienen die unterschiedlichen Formationen jugendkultureller Stilbildung, die weniger einer klassenspezifischen Distinktionslogik folgt als dem Bedürfnis nach generationsbedingter Identitätsstiftung.

Darüber hinaus verfehlt eine Analyse des Geschmacks ihren Gegenstand, wenn sie bestimmte Vorlieben und Aversionen ausschließlich auf das Verfolgen sozialer Strategien zurückführt. Zahlreiche Studien belegen, wie z.B. Musik dazu verwendet wird, bestimmte Emotionen auszulösen, Erinnerungen hervorzurufen oder auch eine unangenehme Stimmung zu vertreiben (u.a. Schramm 2005). Diese Art der Musikrezeption ist eng an die subjektiven Erfahrungen eines Individuums gebunden und findet jenseits symbolischer Klassenkämpfe statt.[25]

---

25 Eine empirisch untermauerte Kritik an Bourdieus klassenspezifischer Distinktionstheorie in Bezug auf Musikgeschmack findet sich bei Woodward und Emmision (2001).

Strukturdeterministische Konzeption von Gesellschaft

Ein weiterer Kritikpunkt richtet sich gegen Bourdieus Konzept des Habitus. Die Auffassung einer habitusgeleiteten Praxis, so der Grundtenor, verleugne nicht nur die Selbstreflexivität, sondern auch den individuellen Gestaltungsspielraum der Subjekte. Zwar räumt Bourdieu den Akteuren in seiner Theorie des sozialen Raumes ein gewisses Maß an Mobilität ein – letztendlich dominiert aber doch ein stark dem Strukturalismus anhaftendes Gesellschaftsmodell, in dem lediglich die Privilegierten ihren Spielraum zu nutzen wissen, während der Rest im engen Korsett habitueller Praxis gefangen bleibt. Hans-Peter Müller spricht von einem „overstructuralized concept of man"[26] (Müller 1992, 347), Richard Jenkins von „another version of determination in the last instance" (Jenkins 1992, 82). Bourdieus Anspruch, den Dualismus zwischen Objektivismus und Subjektivismus zu überwinden, werde mit dieser Theorie nicht erfüllt.

Hans-Peter Müller diskutiert die Habitus-Theorie im Kontext der aktuellen Lebensstilforschung und wirft Bourdieu vor, in seiner Theorie den Handlungsspielraum der Subjekte zu vernachlässigen:

> „der Habitus scheint nichts weiter als ein Ausdruck für die Übersetzung ökonomischer Zwänge in die vermeintliche Freiheit eines Lebensstils zu sein, Subjektivität gibt es allenfalls als gesellschaftliche Subjekthaftigkeit, nicht jedoch im Sinne einzigartiger, unverwechselbarer Identität [...]" (Müller 1992, 347f.).

Auf einer Mikroebene bedeutet dies, dass Individuen relativ machtlos der Dominanz ihres Herkunftsmilieus ausgeliefert sind. Zwar ist ein „Ausbrechen" möglich, allerdings ist dies mit einem erheblichen Mehraufwand (an Kapitalakkumulation) verbunden. Makrosoziologisch betrachtet fungiert der Habitus als zentrales Mittel der Reproduktion sozialer Ungleichheit und damit auch als Stabilisator gesellschaftlicher Ordnung. Offen bleibe in diesem Modell, so die Kritik des Anthropologen Richard Jenkins, wie sozialer Wandel möglich sei: „Given the close, reproductive, link between the subjectivities of the habitus and the objectivity of the social world it is difficult not to perceive them as bound together in a closed feedback loop, each confirming the other" (Jenkins 1992, 82). Noch verständlicher wird diese Kritik vor dem Hin-

---

26 Im Gegensatz zu Talcott Parsons „oversocialized concept of man".

tergrund der Stabilität, die Bourdieu den im Rahmen familiärer Sozialisation vermittelten Dispositionen zuschreibt. Das Habitus-Konzept postuliert, dass unser Herkunftsmilieu unser gesamtes Leben präge; die Wandelbarkeit und Veränderbarkeit von Geschmacksvorlieben und in weiterer Folge eines Lebensstils bleibt völlig unberücksichtigt (vgl. Eder 1989, 39). Es mag schon sein, dass unsere Herkunftsfamilie einen maßgeblichen Einfluss auf unser Handeln und unseren Geschmack ausübt; allerdings besitzen wir auch die Fähigkeit, uns Wissen und im weitesten Sinne auch Praktiken anderer (fremder) Erfahrungsräume im Laufe unseres Lebens anzueignen und in einer selbstreflexiven Weise mit unserer familiären Sozialisation umzugehen. Bourdieus statische Identitätsmodelle widersprechen nicht nur dem gegenwärtigen Stand der Entwicklungspsychologie (vgl. Müller 1992, 347), sondern auch der empirisch belegten Beobachtung, dass es in den letzten Jahrzehnten zu einer Zunahme sozialer Mobilität gekommen ist. Insbesondere die Befunde der unter dem Etikett „Individualisierungstheorie" durchgeführten Untersuchungen legen eine Relativierung der Bourdieu'schen Reproduktionstheorie nahe.

Erlebnis- statt Klassengesellschaft

Spätestens seit Anfang der 1980er-Jahre stellen empirische Beobachtungen Bourdieus Annahmen zur Reproduktion sozialer Ungleichheit in Frage.[27] Der Hauptvorwurf gilt der grundlegenden strukturdeterministischen Konzeption von Gesellschaft, die gegenwärtigen sozialen Entwicklungen nicht gerecht werde. „Jenseits von Klasse und Schicht" (Beck 1983; 1986, 121) lautet die mittlerweile als Individualisierungstheorie in den soziologischen Diskurs eingegangene Gesellschaftsdiagnose, die die traditionelle Auffassung einer klassenspezifisch hierarchisierten Sozialstruktur für obsolet erklärt. Die Bildungsexpansion ab den 1960er- und 1970er-Jahren, der Anstieg des Arbeitseinkommens, die zunehmende soziale und geografische Mobilität sowie die aus der Verkürzung der Arbeitszeit resultierende Aufwertung der Freizeit hätten nicht nur zu einer erheblichen Verbesserung der Lebensbedin-

---

27 In der Diskussion der im Frankreich der 1960er-Jahre durchgeführten Studie stellt sich nicht nur die Frage nach der Aktualität der von Bourdieu erzielten Ergebnisse, sondern auch nach der Gültigkeit dieser Aussagen für andere Kulturkreise. Zu den Unterschieden zwischen Frankreich und den USA siehe u.a. Lamont (1992).

gungen, sondern auch zu einer Erweiterung der Handlungsspielräume geführt; darüber hinaus habe die stetig voranschreitende Enttraditionalisierung einen gravierenden Bedeutungsverlust traditioneller Orientierungsmuster und klassenspezifischer Handlungsschemata zur Folge. An die Stelle vorgegebener Biografiemuster seien individuell gestaltbare Lebensläufe bzw. „Bausätze biographischer Kombinationsmöglichkeiten" (Beck 1986, 217) getreten.

Vor diesem Hintergrund stellt sich die Frage, inwiefern Bourdieus Habituskonzept, in dem von einer hohen Konstanz klassenspezifisch vermittelter Dispositionen ausgegangen wird, als Erklärung zur Ausbildung von Geschmack bzw. Lebensstil überhaupt (noch) geeignet ist. Empirisch nachweisbare Entwicklungen deuten auf eine zunehmende Destabilisierung bestehender Habitusformen (vgl. Hradil 1989). Die hier als „Individualisierung" beschriebene Entwicklung verläuft parallel zur Pluralisierung und Differenzierung von Erfahrungswelten, was wiederum zu einer zunehmenden Heterogenität unseres Erfahrungsspektrums führt. Sowohl der Beruf (oder einer unserer Berufe) als auch unsere Freizeit bieten unzählige Möglichkeiten, „Neues" kennen zu lernen bzw. über den „eigenen Tellerrand hinauszuschauen". Wir sind mit Erfahrungen konfrontiert, die weit über unser Herkunftsmilieu hinausgehen und jenseits von klassenspezifischen Handlungsbedingungen gemacht werden. Indem Bourdieu von einer relativen Homogenität der Erfahrungswelt (insbesondere der Arbeiterklasse) ausgehe und zu starr an der Annahme klassenspezifischer Reproduktion festhalte, so die Kritik von Stefan Hradil, „vernachlässigt Bourdieu die relative Autonomie von Akteuren und deren vielfältige Einbindung in andere als klassenspezifische Handlungsbedingungen" (Hradil 1989, 134).

Die Frage, wie gültig Bourdieus Ergebnisse gegen Ende der 1980er-Jahre denn überhaupt noch seien, löste im kultursoziologischen Diskurs eine zuweilen heftig geführte Debatte über das Ausmaß der von den IndividualisierungstheoretikerInnen beschworenen Autonomie der Akteure aus, die vor allem im Rahmen der deutschsprachigen Soziologie nicht ohne Folgen blieb.[28] Als wohl prominentester Vertreter

---

28 Diese Debatte war maßgeblich verantwortlich für die Entwicklung der soziologischen Lebensstilforschung (im deutschsprachigen Raum), die sowohl klassentheoretischen Herangehensweisen als auch der traditionellen Sozialstrukturanalyse – mehr oder weniger – den Rücken kehrte (z.B. Hradil 1987, Berger/Hradil 1990, Müller 1992, Schulze 1992, Müller-Schneider 1994). Über

der sogenannten „neuen Kultursoziologie" gilt Gerhard Schulze, der in seiner umfangreichen Studie „Die Erlebnisgesellschaft"[29] Bourdieus Reproduktionstheorie für obsolet erklärt:

> „Von dem Modell, mit dem Bourdieu Frankreich in den sechziger und siebziger Jahren portraitiert, kann man bei der Analyse der Bundesrepublik [Deutschland, M.P.] in den achtziger und neunziger Jahren einige analytische Mittel übernehmen, nicht aber auch nur eines der damit erzielten Ergebnisse" (Schulze 1992, 16).

Während Bourdieu davon ausgeht, dass unser Handeln, Denken und Wahrnehmen maßgeblich von den inkorporierten Dispositionen unseres Herkunftsmilieus bestimmt werden, betont Schulze vor dem Hintergrund der schwindenden Bedeutung der Herkunftsfamilie die Unabhängigkeit der Akteure von ihrer angestammten Welt und den damit verbundenen Orientierungsmustern. Anstelle habitusgeleiteter Praxisformen trete die individuelle Handlungsfreiheit: „Im dimensionalen Raum alltagsästhetischer Schemata kann sich jeder die Position suchen, die ihm zusagt, weitgehend unabhängig von Beruf, Einkommensverhältnissen, Herkunftsfamilie" (ebd., 207).

Aber worauf beruhen Geschmacksurteile in einer Gesellschaft, wenn sich kulturelle Vorlieben und Aversionen abseits unserer familiären Sozialisation bilden und jegliche klassenspezifische Klassifizierungsmuster abhanden gekommen sind? Laut Schulze orientieren sich die Individuen an ihrer subjektiven Empfindung. Das Innenleben werde zum Maßstab des Handelns, das persönliche Erleben die Grundlage für die Entstehung von kulturellen Präferenzen. In den Vordergrund rücke die persönliche Erlebnisorientierung, Genuss werde zum zentralen Moment jeglicher kultureller Praktiken.

> „Wegen seiner unmittelbaren Spürbarkeit hat Genuß [...] eine hervorgehobene theoretische Bedeutung, die im Begriff der Erlebnisorientierung zum Ausdruck kommt: Erlebnisorientierung ist definiert als das Streben nach psychophysischen Zuständen positiver Valenz, also nach Genuß" (ebd., 108).

---

die Errungenschaften, aber auch Defizite der Lebensstilforschung geben einige „Bilanzierungsversuche" und Weiterentwicklungen Aufschluss (z.B. Meyer 2001, Hradil 2001, Hermann 2004, siehe auch Otte 2004; 2005 und Rössel 2005).

29 Die empirische Basis dieser mittlerweile zum kultursoziologischen Klassiker avancierten Studie bildet eine Mitte der 1980er-Jahre durchgeführte Repräsentativumfrage in der deutschen Stadt Nürnberg.

Anhand empirischer Daten identifiziert Schulze fünf Milieus, die durch bestimmte sozialstrukturelle Merkmale ebenso wie durch bestimmte Vorlieben und Aversionen charakterisiert werden.[30] Im Gegensatz zu Bourdieus Auffassung eines hierarchischen sozialen Raumes konstituieren sich diese Milieus aufgrund unterschiedlicher psychophysischer Empfindungsqualitäten und nicht aufgrund des Strebens nach sozialer Exklusion bzw. Distinktion.

Schulzes Studie blieb nicht ohne Antwort; im Folgenden seien zwei der für diese Arbeit bedeutsamsten Kritikpunkte herausgegriffen.[31] Aus einer theoretischen Sicht werden die größten Defizite in Schulzes Handlungstheorie geortet, die keinen Platz für strategisches Handeln lässt und damit Machtbeziehungen aus der soziologischen Analyse ausschließt. Die Beziehung der Akteure zur Umwelt, so die Kritik von Gebesmair, werde von Schulze „lediglich in den Kategorien der Wahl zwischen objektiv gleichmöglichen, aber subjektiv unterschiedlich bewerteten Situationen gedacht" (Gebesmair 2001, 178). Diese Vernachlässigung von objektiven Unterschieden in der Ressourcenausstattung negiere die Tatsache, dass es sich lediglich um eine *vermeintlich* freie Wahl handle; der gesellschaftliche Kampf um soziale Positionen rücke völlig aus dem Blickfeld (vgl. ebd., 179).

Aus empirischer Sicht wird Schulze, insbesondere vor dem Hintergrund der Beobachtung zunehmender Armut seit Ende der 1990er-Jahre, eine euphemistische Grundhaltung vorgeworfen, die der gegenwärtigen Befindlichkeit unserer Gesellschaft nicht gerecht werde (Geißler 1996, Meyer 2001). So zieht Thomas Meyer folgendermaßen über Schulzes „Erlebnisgesellschaft" Bilanz:

> „Obwohl die Anzeichen für neue Spaltungen und alte Ausgrenzungen schon seit längerem nicht mehr zu übersehen sind, glaubt man im gleichen Atemzug dem Hierarchiemodell eines gesellschaftlichen ‚Oben' und ‚Unten' eine umstandslose Absage erteilen zu können. Dem entspricht die von Schulze […] vertretene These, dass ein ungeregeltes und nicht-hierar-

---

30 Schulze unterscheidet Harmoniemilieu, Unterhaltungsmilieu, Integrationsmilieu, Niveaumilieu und Selbstverwirklichungsmilieu. Ausführlich dazu siehe Schulze (1992), Müller-Schneider (1994); ein Überblick findet sich u.a. bei Hartmann (1999) und Richter (2005); in Bezug auf Musikgeschmack siehe die Diskussion von Gebesmair (2001).
31 Eine kritische Auseinandersetzung findet sich u.a. bei Müller (1993), Eckert/ Jacob (1994) und Rössel (2003).

chisiertes Klima von Indifferenz und achselzuckender Verächtlichkeit den sozialen Raum bestimme. [...] Selbst wenn man eine gewisse Relativierung sozialer Statusbewertungen in Rechnung stellt, signalisiert diese Akzentverlagerung einen Rückfall hinter die Einsichten Bourdieus" (Meyer 2001, 265f.).

Zahlreiche aktuelle Studien relativieren Gerhard Schulzes Annahme einer zunehmenden Erosion von Klassenlagen (Becker/Hadjar 2010, Vester 2010). Anhaltend erfolgreiche Reproduktionsbestrebungen der Eliten (u.a. Hartmann 2002), wachsende Ungleichheit der Einkommen (u.a. Hradil 2005), neue Spaltungen und Exklusionsmuster (u.a. Bude et al. 2008) sowie verstärkte Abstiegsängste auch in Wohlstandslagen (u.a. Böhnke 2006, Kraemer 2010) stellen die grundlegende Prämisse der Erlebnisgesellschaft, nähmlich zunehmender Wohlstand für alle Gesellschaftsmitglieder, in Frage.

Fragwürdiger Legitimitätskonsens

Bourdieus Distinktionstheorie geht von einer gesamtgesellschaftlichen Wertschätzung hochkultureller Praktiken aus – dies zeige sich nicht zuletzt darin, dass der luxuriöse Lebenstil der gesellschaftlichen Elite als erstrebenswert für alle Gesellschaftsmitglieder gelte. Angesichts der Vielzahl an unterschiedlichen ästhetischen Bewertungsmaßstäben ist allerdings fragwürdig, ob „hochkultureller" Geschmack tatsächlich (noch) mit gesellschaftlichen Superioritätsansprüchen einhergeht. Andreas Gebesmair zweifelt an der Durchsetzung eines Konsenses über die Legitimität kultureller Güter in einer modernen, ausdifferenzierten Gesellschaft und stellt die Frage, „inwieweit aus der Vertrautheit mit gesellschaftlich legitimierten, insbesondere hochkulturellen Gütern ein Anspruch auf ‚soziale' bzw. ‚moralische' Überlegenheit abgeleitet werden kann" (Gebesmair 2001, 150).

Offensichtlich hat der Gegensatz zwischen sogenannter „abendländischer Kunstmusik" und „populärer Musik" stark an Bedeutung verloren, die Vorliebe für hochkulturelle Formen reicht kaum aus, um moralische Überlegenheit zu demonstrieren. Wie kann jene Studentin verstanden werden, die dienstags zum wöchentlichen Techno-Club „Crazy" in die Wiener Alternativdiskothek Flex pilgert, tags darauf das Wiener Konzerthaus besucht und zu Hause in ihren eigenen vier Wänden ein Faible für das neue Album von Robbie Williams hegt? Wie passen der Besitz einer Porgy&Bess[32]-Membercard mit dem freitäglichen Starmania[33]-Abend vor dem Fernseher zusammen? Wie lässt sich die grobe Etikettierung „FM4-Musik", wie der Hinweis auf die Vorliebe für Ö1 interpretieren?

Es mag schon sein, dass „der Diskurs über Musik [nach wie vor, M.P.] zu den hervorragendsten Anlässen der intellektuellen Selbstdarstellung dient" (Bourdieu 1993, 147), allerdings bleibt offen, ob die kulturelle Logik noch dieselbe ist. So wurde in der US-amerikanischen Kultursoziologie Anfang der 1990er-Jahre ein neuer Typ von Legitimationsrhetorik identifiziert, dessen Distinktionspotential weniger in einer exklusiven Hochkulturorientierung als vielmehr in einer „demonstrativen Toleranz" begründet ist.

1.3 Symbolische Grenzüberschreitung als neues kulturelles Kapital?

Der Legitimationsverlust traditioneller Hochkultur sowie die zunehmende Brüchigkeit der ehemals rigiden Trennlinie zwischen hoch- und populärkulturellen Formen und deren klassifizierenden Wirkung stellen Bourdieus Annahmen über den Zusammenhang zwischen Sozialstruktur und kulturellem Geschmack in Frage. Vor allem in den USA verlor die polarisierende Gegenüberstellung von „ernster" und „leichter" Musik sehr früh an Bedeutung. Empirische Untersuchungen seit den späten 1970er-Jahren zeigen zwar, dass hochkulturelle Formen wie Oper und klassische Musik nach wie vor bildungsnahen und privilegierten Gesellschaftsmitgliedern vorbehalten sind, zugleich lässt sich aber beobachten, dass hinsichtlich der Konsumption von populären Formen wider Erwarten kaum Klassenunterschiede feststellbar sind (DiMaggio/Useem 1978, 156). Aus dieser Beobachtung resultiert die These, „[that, M.P.] the well educated and persons of high occupational prestige do and like more of almost everything" (DiMaggio 1987, 444). Der Zusammenhang zwischen hohem sozialen Status und einem Geschmack, der sich weniger durch exklusive Hochkulturorientierung als durch Breite auszeichnet, bildet den Gegenstand der „Omnivore-

---
32 Porgy&Bess ist einer der renommiertesten Wiener Jazzclubs.
33 Starmania ist der Name einer im österreichischen Fernsehen ausgestrahlten Casting-Show.

Studien", deren Ergebnisse eine Reformulierung der Bourdieu'schen Distinktionstheorie nahelegen.

Die Allesfresser-Hypothese

Vor dem Hintergrund dieser Beobachtungen untersuchten Richard Peterson und Albert Simkus (Peterson 1992, Peterson/Simkus 1992) Anfang der 1990er-Jahre den Zusammenhang zwischen Berufsstatus und Musikgeschmack.[34] Weniger als 30 % der Befragten aus den höchsten Statusgruppen[35] gaben „klassische Musik" als ihre Lieblingsmusik an, 9 % gestanden ihre Vorliebe für Country&Western, über 13 % konnten sich auf keine Lieblingsmusik einigen (Peterson/Simkus 1992, 169). Die Autoren kommen zu dem Schluss, dass die Annahme einer Homologie von Sozialstatus und Geschmack an Gültigkeit verloren habe und fordern eine neue Betrachtungsweise. Die zentrale These lautet, dass sich gesellschaftliche Gruppen (high-status versus low-status) nicht so sehr dadurch unterscheiden, welche, sondern wie viele unterschiedliche Genres Gefallen finden. Richard Peterson und Albert Simkus (1992) prägen den Begriff „Omnivores" für jene Gesellschaftsmitglieder und soziale Gruppen, deren musikalischer Geschmack sich durch eine besondere Breite auszeichnet; d.h. deren kultureller Konsum sowohl Produkte der „legitimen" Kultur als auch der Popularkultur umfasst – im Gegensatz zu den sogenannten „Univores", die lediglich an einem Genre oder einigen wenigen Genres Gefallen finden. Dadurch entstehe eine Grenzziehung, die nicht mehr entlang der Pole „high" versus „low" bzw. „snob" versus „slob" verlaufe, sondern einer neuen kulturellen Logik folge:

> „In effect, elite taste is no longer defined as an expressed appreciation of the high art forms (and a moral disdain or bemused tolerance for all other aesthetic expressions): Now it is being redefined as an appreciation of the aesthetics of every distinctive form along with an appreciation of the high arts.

---

34 Als Datenmaterial für diese Studien dienen Ergebnisse der 1982 durchgeführten Untersuchung „Survey of Public Participation in the Arts" (SPPA). Für Informationen zu Operationalisierungen, Stichprobe und Auswertung siehe Peterson/Simkus (1992).

35 Darunter verstehen Peterson und Simkus insbesondere „higher cultural professionals" bzw. Menschen, „whose job is to create, evaluate, interpret, teach, disseminate, and preserve ideas having to do with the nature of human existence and the relationships between people" (Peterson/Simkus 1992, 172).

Because status is gained by knowing about and participating (that is to say, by consuming) all forms, the term omnivore seems appropriate" (Peterson/ Simkus 1992, 169).

Peterson verwendet das Bild zweier Pyramiden, um diese neu identifizierte Logik kultureller Geschmacksurteile zu veranschaulichen: „In the first representing taste cultures there is at the top one elite taste constituting the cultural capital of the society and below it ever more numerous distinct taste cultures as one moves down the status pyramid" (Peterson 1992, 254). In einer zweiten, auf den Kopf gestellten Pyramide, verortet Peterson Individuen und Gruppen: Ganz oben steht der Omnivore, „who commands status by displaying any of a range of tastes as the situation may require" (Peterson 1992, 254), am unteren Ende befindet sich der Univore, „who can display just one particular taste" (ebd.). Während den Angehörigen der bildungsbegünstigten Milieus die Breite des Geschmacks dazu diene, ihrem Status Ausdruck zu verleihen, habe die Vorliebe für lediglich ein bestimmtes Genre in den bildungsfernen Bevölkerungsgruppen primär eine identitätsstiftende Funktion. Von Bedeutung sei die Abgrenzung von anderen Geschmackskulturen, wobei hier insbesondere horizontale Variablen wie Alter, Geschlecht, Religion und Ethnizität eine wichtige Rolle spielten (vgl. Peterson 1992, 254, Bryson 1997).[36]

Mitte der 1990er-Jahre unterziehen Richard Peterson und Roger Kern (1996) die mittlerweile als Omnivore-These in den kultursoziologischen Diskurs eingegangene Beobachtung einer empirischen Überprüfung anhand aktueller Daten[37] und stellen fest, dass der Zusammenhang zwischen Sozialstruktur und Breite des Geschmacks nicht nur bestätigt wird, sondern dass es sogar zu einer Zunahme der „Allesfresserei" gekommen ist: „Taken together, these findings suggest that in 1992 highbrows, on average, are more omnivorous than they were in 1982 and have become more omnivorous than others" (Peterson/Kern 1996, 902).

---

36 Bethany Bryson bestätigt in ihrer empirischen Untersuchung, „that lower status cultures are more likely than high status cultures to be defined around race, ethnicity, religious conservatism and geographic region" (Bryson 1997, 149).

37 Als Datenmaterial dienen erneut die im Rahmen der Survey of Public Participation in the Arts erhobenen Musikpräferenzen.

Was sind die Gründe für die Entstehung und Zunahme eines toleranten und breitgefächerten Musikgeschmacks? Für Peterson und Kern (vgl. ebd., 905f.) zählen Wohlstandssteigerung, Bildungsexpansion sowie die zunehmende Verbreitung von Kunst in den Medien zu den zentralen Faktoren, die hochkulturelle Kunstformen einer breiten Öffentlichkeit zugänglich machen. Dies führe nicht nur dazu, dass die Aneignung von ehemals den Eliten vorbehaltenen Kunstformen für andere Bevölkerungsgruppen erleichtert wird, sondern auch, dass die Vorliebe für diese Künste exklusives Potential einbüßt. Hinzu komme eine zunehmende geografische und soziale Mobilität, die eine Vermischung von Menschen mit unterschiedlichen Geschmäckern zur Folge habe und einen toleranten Umgang mit „anderen" kulturellen Verhaltensweisen fordere und fördere. Bezugnehmend auf Ronald Ingleharts Beobachtungen eines Wertewandels in den industrialisierten Ländern (Inglehart 1990) sehen Peterson und Kern den Übergang vom „Snob" zum „Omnivore" vor dem Hintergrund einer Transformation von elitär-moralischen Ansprüchen kultureller, sozialer und (im Zweiten Weltkrieg auch) rassistischer Superiorität hin zu Werten wie Offenheit, Pluralismus und Toleranz. Als weiteren Grund nennen die Autoren die Veränderungen der Kunst- und Kulturinstitutionen selbst: Ästhetische Theorien als Basis und Legitimation hochkultureller Exklusion werden, u.a. durch avantgardistische Kunstmodelle, einer Kritik unterzogen. Dies setze einen Selbstreflexionsprozess innerhalb der „Art Worlds" (Becker 1982) in Gang, der auf die Hinterfragung von Konventionen und etablierten Grenzziehungen abziele und eine neue Offenheit auch gegenüber anderen Genres einfordere. Nicht minder von Bedeutung sei die Rolle des „Rock'n'Roll": Diese Musik sowie die damit assoziierten subkulturellen Werte seien zu einer kollektiven Lebenserfahrung einer ganzen Generation geworden, die sich nicht nur gegen traditionelle Werte der Eltern, sondern auch gegen den exklusiven Charakter elitärer Kulturformen gewandt habe. Zuletzt identifizieren Peterson und Kern einen Strategiewechsel der höheren Statusgruppen. Während kulturelle Superiorität lange Zeit zum Ausdruck gebracht wurde, indem die Distanz zu populärkulturellen Formen betont wurde, würden Angehörige der höheren Statusgruppen immer stärker auf eine Strategie setzen, die darin besteht, Elemente der Popularkultur in den eigenen Lebensstil zu integrieren:

"While snobbish exclusion was an effective marker of status in a relatively homogeneous and circumscribed WASP-ish world [...], omnivorous inclusion seems better adapted to an increasingly global world managed by those who make their way, in part, by showing respect for the cultural expressions of others" (Peterson/Kern 1996, 906).

Grenzenloser Geschmack? Relativierung der Allesfresser-Hypothese

Folgt man den bislang referierten Studien, entsteht der Eindruck, als würden Omnivores an jedweder Musik Gefallen finden. Richard Peterson und Roger Kern (1996) räumen allerdings ein, dass Omnivorousness nicht heißt, alles gleich gern zu mögen: „As we understand the meaning of omnivorous taste, it does not signify that the omnivore likes everything indiscriminately. Rather, it signifies an openness to appreciating everything" (Peterson/Kern 1992, 904).

Diese von Peterson und Kern nicht weiter ausgeführte Vermutung bildet den Anknüpfungspunkt einer Studie von Bethany Bryson (1996), die die Grenzen der Allesfresserei einer näheren Betrachtung unterzieht. Bryson betont den exklusiven Charakter des von Peterson diagnostizierten toleranten Musikgeschmacks, indem sie nicht nur Vorlieben, sondern auch Aversionen untersucht. Es stellt sich heraus, dass ein auf Omnivorousness beruhender Musikgeschmack gar nicht so tolerant ist, wie es im ersten Moment scheint: Überhaupt keinen Gefallen finden die Omnivores insbesondere an jener Musik, die von den am wenigsten Gebildeten am liebsten gehört wird: „Tolerant musical taste however, is found to have a specific pattern of exclusiveness: Those genres whose fans have the least education – gospel, country, rap and heavy metal – are also those most likely to be rejected by the musically tolerant" (Bryson 1996, 884).[38]

Bryson spricht von einer „patterned tolerance", um zu zeigen, dass die Toleranz der Omnivores nicht grenzenlos ist. Tatsächlich ist der Terminus „Allesfresserei" irreführend, suggeriert er doch einen allumfassenden Geschmack ohne Restriktionen. Bryson plädiert – in Anlehnung an

---

38 Der Stellenwert der Country-Musik im amerikanischen Kontext lässt sich mit der Bedeutung der volkstümlichen Musik im deutschsprachigen Raum vergleichen. Vor allem unter Jugendlichen zählt diese Musik – neben Volksmusik und Schlager – zu den unbeliebtesten Musikstilen in Deutschland (vgl. Neuhoff 2001, 770).

Bourdieu – für den Begriff „multikulturelles Kapital", der die ungleich verteilte Vertrautheit mit unterschiedlichen Genres in der gegenwärtigen Gesellschaft verdeutlichen soll (Bryson 1996, 894).

Die Allesfresser-Hypothese im kultursoziologischen Diskurs

Mittlerweile sind die musikalischen Verhaltensweisen der Omnivores Gegenstand zahlreicher kultursoziologischer Untersuchungen, wodurch eine lebhafte Debatte über diese neue kulturelle Logik sozialer Distinktion entfacht wurde. Petersons im Jahr 1992 erstmals formulierte Allesfresser-Hypothese findet nicht nur in den USA (Peterson/Simkus 1992, Peterson/Kern 1996, Peterson 1997a, Bryson 1997, Relish 1997, Sonnett 2004, García-Álvarez et al. 2007), sondern auch in den Niederlanden (van Eijck 2001), Australien (Emmison 2003), Großbritannien (Chan/Goldthorpe 2007a, Warde et al. 2007), Israel (Katz-Gerro et al. 2007), Frankreich (Coulangeon/Lemel 2007), Italien (Favaro/Frateschi 2007), Spanien (López-Sintas 2008) und Finnland (Purhonen et al. 2010) Bestätigung. Für Deutschland konnte die Existenz von Omnivores bislang nicht eindeutig nachgewiesen werden. Hans Neuhoff (2001) untersuchte die Präferenzen von deutschen KonzertbesucherInnen unterschiedlicher Genres und stellte fest, dass die an der Hochkultur orientierten HörerInnen nach wie vor einen exklusiven Geschmack aufweisen, der durch die Distanz zu populärkulturellen Formen gekennzeichnet ist. Den Grund für diese Unterschiede zwischen amerikanischer und deutscher Stichprobe führt Neuhoff auf die unterschiedliche kulturelle, sozialhistorische und kulturpolitische Entwicklung in diesen beiden Ländern zurück (vgl. Neuhoff 2001, 768f., siehe dazu auch Rössel 2006, 270f.).

Dennoch mehren sich Indizien, die auch im deutschsprachigen Raum auf eine tendenzielle Verschiebung der Dichotomie von Hoch- und Trivialkultur hinweisen. Rudolf Bretschneider (1992) spricht bereits Anfang der 1990er-Jahre vom Typ des „universalistisch Interessierten", der durch ein überdurchschnittliches Interesse an fast allen kulturellen Produkten und Praktiken gekennzeichnet ist. Ein universalistisch Interessierter zeige „weitgefächerte und überdurchschnittlich intensive kulturelle Aktivitäten, die sich [...] nicht auf Hochkultur beschränken" (Bretschneider 1992, 275). Diese Beschreibung ähnelt der Darstellung jener Individuen und sozialen Gruppen, die Gerhard Schulze (1992) in seiner umfangreichen Lebensstilanalyse dem sogenannten Selbstverwirklichungsmilieu zuordnet. Zu diesem Milieu zählt Schulze vorwiegend unter 40-Jährige mit mittlerer oder höherer Bildung, deren Geschmack sowohl durch eine Nähe zur Hochkultur aber auch durch Vorlieben im Bereich der Pop- und Rockmusik geprägt ist (vgl. Schulze 1992, 321). Anhand Sekundärdatenanalysen wird dieser Befund bestätigt (Gebesmair 1998; 2001; 2004, Bauernfeind 2008).[39]

Die Diskussion der Transformation vom „Snob zum Omnivore" (Peterson/Kern 1996) beschränkt sich nicht auf musikalische Vorlieben.[40] Untersucht wurde die Omnivore-These mittlerweile auch in den Bereichen Literatur (Van Rees et al. 1999, Zavisca 2005), Film/Kino (Barnett/Allen 2000, Rössel 2006), darstellende Kunst (López Sintas/Katz-Gerro 2005, Chan/Goldthorpe 2005), bildende Kunst (Silva 2006, Chan/Goldthorpe 2007b), hinsichtlich kultureller Partizipation im Allgemeinen (López Sintas/Álvarez 2002, Vander Stichele/Laermans 2006, Ollivier 2008, Warde et al. 2008, Warde et al. 2009, Bennett et al. 2010), Essgewohnheiten (Warde et al. 1999, Johnston/Baumann 2007) sowie Sport (Mehus 2005). Gegenstand der Forschung sind darüber hinaus methodologische und methodische Probleme der Erforschung kulturellen Geschmacks (Sonnett 2004, Peterson 2005, Chan/Goldthorpe 2007b; 2007c, Wuggenig 2007, Peterson 2007, Ollivier 2008, Warde et al. 2008, Warde/Gayo-Cal 2009) sowie die Frage der kultursoziologischen Interpretation von Omnivorousness hinsichtlich kultureller Hiearchien, Distinktion und sozialer Ungleichheit (Gebesmair 2004; 2006, Chan/Goldthorpe 2007a; Warde et al. 2007; 2008, Ollivier 2008, Warde/Gayo-Cal 2009, Bennett et al. 2010, Chan/Goldthorpe 2010, Tampubolon 2010, Berli 2010, Parzer 2010a; 2010b).

---

39 Eine ausführliche Diskussion der ersten Omnivore-Studien hinsichtlich ihrer Relevanz für den deutschsprachigen Raum findet sich bei Gebesmair (1998; 2001), einem Pionier der deutschsprachigen Peterson-Rezeption. Gebesmair diskutiert die Relevanz der Omnivore-Hypothese für eine Soziologie des Musikgeschmacks vor dem Hintergrund der deutschsprachigen Lebensstilforschung.

40 Eine detaillierte Auflistung der Forschungsarbeiten bis zum Jahr 2005 findet sich bei Peterson (2005).

Kritik und Weiterentwicklung

Insbesondere in den letzten fünf Jahren haben zahlreiche Einwände und Vorbehalte zu einer sowohl theoretischen als auch methodischen Weiterentwicklung der Omnivore-Debatte beigetragen.

Eine grundlegende Kritik richtet sich gegen den Terminus „Omnivorousness", der den Eindruck erweckt, die von Peterson identifizierten Allesfresser würden ohne Einschränkung an allem Gefallen finden. Das ist, wie bereits angedeutet, irreführend: Zahlreiche Studien zeigen, dass die Omnivores bei weitem nicht alles mögen – und zumeist gerade jene Genres ablehnen, die in der kulturellen Hierarchie ganz unten angesiedelt sind (Bryson 1996, Warde et al. 2008). Wenngleich KulturkonsumentInnen aus bildungsnahen Milieus tendenziell öfter als andere angeben, mehrere unterschiedliche Genres zu mögen, stellt sich die Frage, ob dafür die Bezeichnung „Allesfresser" (lat. omnivorus = „alles verschlingend") geeignet ist. Darüber hinaus kritisiert Bernard Lahire (2008) die unreflektierte Übernahme dieses aus der Zoologie stammenden Begriffes und warnt vor einem Essentialismus, der einer soziologischen Betrachtung von Geschmack und kulturellen Praktiken zuwiderlaufe: „Cultural practices and preferences are produced when incorporated inherited dispositions, partialities, and competences, meet with fixed institutional or relational contexts; they are not instrinsic charatericstics of the individual" (Lahire 2008, 182).

Problematisiert werden zudem die bislang recht unterschiedlichen und häufig unzulänglichen Operationalisierungen von Omnivorousness: Zur Diskussion steht, ob das zentrale Charakteristikum der Allesfresser ihr breitgefächerter Geschmack ist, also die Vorliebe für eine große Anzahl an unterschiedlichen Genres, oder aber ob nicht vielmehr der Akt der Grenzüberschreitung, also die Vorliebe für Hoch- *und* Popularkultur, als bestimmendes Merkmal der Omnivores herangezogen werden soll. Ausgehend von diesen Überlegungen finden sich in der neueren Literatur die Unterscheidungen „volume of tastes" vs. „diversity of tastes" (Warde et al. 2008) bzw. „volume of tastes" vs. „composition of tastes" (Warde/Gayo-Cal 2009). Während der Umfang an Vorlieben relativ einfach messbar ist (= Anzahl der präferierten Genres), stößt die Untersuchung von grenzüberschreitendem Geschmack auf große Schwierigkeiten: Denn die Überschreitung von Grenzen setzt voraus, dass es diese Grenzen überhaupt (noch) gibt – was im Falle von kulturellen Hierarchien in der Gegenwartsgesellschaft zumindest fragwürdig ist. Insbesondere an den frühen Omnivore-Studien wird kritisiert, dass unhinterfragt von der Kontinuität der Dichotomie von „high culture" vs. „low culture" ausgegangen wurde, ohne dafür empirische Belege zu liefern (vgl. Warde et al. 2008, 149).

Neben diesen Operationalisierungsschwierigkeiten besteht nach wie vor Uneinigkeit darüber, was in Hinblick auf Allesfresserei überhaupt unter „Geschmack" verstanden werden soll. Während einige Studien ausschließlich die (verbalisierten) kulturellen Vorlieben und Aversionen in den Blick nehmen, untersuchen andere das Ausmaß des konkreten Kulturkonsums, also die Partizipation an unterschiedlichen kulturellen Aktivitäten. Aktuelle Studien zeigen, dass es einen bedeutsamen Unterschied macht, ob „Geschmack" oder „Partizipation" gemessen wird – sowohl was die Intensität der Allesfresserei angeht als auch hinsichtlich der soziokulturellen Voraussetzungen und Implikationen (Warde/Gayo-Cal 2009).[41]

Ein Blick auf einige der ersten Definitionen von Omnivorousness zeigt, dass in der ursprünglichen Fassung nicht lediglich „Geschmack" oder „kulturelle Partizipation" zur Identifikation von Omnivorousness herangezogen wurde. Die Rede ist von Allesfresserei als „openness to appreciating everything" (Peterson/Kern 1996, 904) bzw. als „showing respect for the cultural expressions of others" (ebd., 906). Das zentrale Merkmal der Omnivores ist demnach *weder* ihr umfangreicher Kulturkonsum *noch* ihr breitgefächerter Geschmack, sondern vielmehr eine demonstrative Offenheit gegenüber Diversität (vgl. Ollivier 2004, Warde et al. 2008).

In einer weiteren Definition betonen Peterson und Kern (1996) den reflektierten Umgang der Omnivores mit unterschiedlichen kulturellen

---

41 Nicht zuletzt macht die Fokussierung des Kulturkonsums sichtbar, dass Angehörige privilegierter gesellschaftlicher Gruppen nicht nur an sehr vielen unterschiedlichen kulturellen Veranstaltungen teilnehmen, sondern einen generell aktiveren Kulturkonsum aufweisen. Oriel Sullivan und Tally Katz-Gerro (2007) prägen dafür den – ebenfalls aus der Zoologie stammenden – Terminus „voraciousness" (Unersättlichkeit bzw. Gefräßigkeit). Das Gegenteil dieser „Gefräßigen" sind die sogenannten „Ostravores" (Virtanen 2005, 11) bzw. „non-consumers" (Chan/Goldthorpe 2007, 172), also jene, die in kultureller Hinsicht kaum oder gar nicht aktiv sind.

Formen. Am Beispiel der Vorliebe für Country-Musik zeigen die Autoren, dass die Omnivores – im Gegensatz zu „echten" Fans – sich nicht voll und ganz mit diesem Genre identifizieren: „Rather, they appreciate and critique it in the light of some knowledge of the genre, its great performers, and links to other cultural forms, lowbrow and highbrow" (Peterson/Kern 1996, 906). Das klingt plausibel, stellt allerdings den Begriff „Allesfresserei" abermals in Frage: Während dieser Terminus auf den tatsächlichen Geschmack bzw. Konsum abzielt, zeigt sich, dass das Spezifikum der Allesfresser deren reichhaltiges Wissen über viele unterschiedliche kulturelle Formen ist. Michael Emmison (2003) plädiert aus diesem Grund für eine Unterscheidung zwischen Geschmack (taste) und Wissen (knowledge). Anhand einer empirischen Untersuchung von Musikpräferenzen in Australien zeigt Emmison, dass Unterschiede zwischen verschiedenen sozialen Gruppen weniger im Geschmack als in verbalisierten Kompetenzen über unterschiedliche Genres zum Ausdruck kommen. Menschen aus privilegierten Gesellschaftsgruppen würden nicht unbedingt an allem Gefallen finden, sich allerdings dadurch von anderen unterscheiden, dass sie sich (fast) überall auskennen. Omnivorousness impliziert demnach ein breites Repertoire an Wissensbeständen, das es ermöglicht, je nach Situation zwischen den unterschiedlichen kulturellen Codes zu „switchen". Emmison kritisiert den Begriff Omnivorousness, da dieser nicht geeignet sei, dieses strategische Moment der damit verbundenen Grenzüberschreitungen in den Blick zu nehmen. Stattdessen plädiert er für den Terminus „cultural mobility", verstanden als „the differential ability among individuals to consume culturally or to participate in divergent cultural fields. Cultural mobility is the capacity to navigate between or across cultural realms, a freedom to choose or select one's position in the cultural landscape" (Emmison 2003, 213). Damit rückt der bislang erst in Ansätzen erforschte Zusammenhang von Omnivorousness und sozialer Ungleichheit in das Blickfeld.

Mittlerweile liegen insbesondere für Großbritannien zahlreiche Studien vor, die den Einfluss von sozialdemografischen Faktoren, allen voran Klassenzugehörigkeit, Beruf und Bildung, auf die Ausprägung eines breitgefächerten und grenzüberschreitenden Geschmacks untersuchen. Die Befunde fallen allerdings sehr unterschiedlich aus und reichen von der Absage an klassenspezifische Modelle (Chan/Goldthorpe 2007a; 2007b) bis hin zum Nachweis, dass die Klassenzugehörigkeit in der

Ausprägung von Allesfresserei eine zentrale Rolle spielt (Tampubolon 2008; 2010). Dementsprechend divergierend sind schließlich auch die Einschätzungen, ob, und wenn ja, in welcher Weise Omnivorousness als neues Mittel zur Demonstration sozialer Superiorität eingesetzt wird und als eine Art kulturelles Kapital zur Reproduktion sozialer Ungleichheit beiträgt. Chan und Goldthorpe (2007a) bringen die zwei häufigsten Lesarten auf den Punkt: Aus individualisierungstheoretischer Sicht werden die Allesfresser als tolerante Individuen gesehen, die sich durch eine generelle Offenheit gegenüber unterschiedlichen kulturellen Verhaltensweisen und Geschmäckern auszeichnen. Diese Offenheit sei dem Bedürfnis geschuldet, mit unterschiedlichen kulturellen Verhaltensweisen zu experimentieren und diene eher der Selbstverwirklichung des Einzelnen als der Etablierung symbolischer Grenzen. Demgegenüber steht die Annahme, dass ein auf Omnivorousness gegründeter Kulturkonsum eine neue Form der sozialen und kulturellen Distinktion darstelle: „omnivores may be seen as expressing a new aesthetic which, even if more inclusive and ‚cosmopolitan' than that of earlier cultural elites, is no less directed towards the demonstration of cultural and social superiority" (Chan/Goldthorpe 2007a, siehe auch Warde et al. 2008, 150).[42]

Zwar betonen Peterson und Kern, „[that] omnivorousness does not imply an indifference to distinctions. Rather its emergence may suggest the formulation of new rules governing symbolic boundaries" (Peterson/Kern 1996, 906) – unbeantwortet bleibt allerdings die Frage, wie diese neuen Regeln in der Praxis funktionieren (können). Denn im Gegensatz zur Annahme Bourdieus, wonach legitimer Geschmack, nämlich die Vorliebe für Hochkultur, gerade dadurch gekennzeichnet ist, dass seine Superiorität

---

[42] Eine weitere Interpretation findet sich bei Hans Neuhoff (2001), der eine Überbewertung dieser Frage diagnostiziert. Neuhoff will kulturelle Allesfresserei weder als Selbstverwirklichungsprojekt noch als Anzeichen neuer sozialer Ungleichheit verstanden wissen, sondern stellt die Frage, „ob Allesfresserei nicht als Indikator einer relativen Unwichtigkeit symbolischer Abgrenzung zu betrachten wäre" (Neuhoff 2001, 770f.). Ob kulturelle Wahlentscheidungen zur symbolischen Distinktion dienen, hänge mit der Bedeutung zusammen, die ein Individuum einem bestimmten Bereich symbolischen Verhaltens beimesse. Als Beispiel bringt Neuhoff den Angehörigen der „business-administrative class" – Petersons Parade-Omnivore – der beim Autofahren gerne Klassik, Country, Rock und Gospel hört – „während er bei der Marke, die er fährt, keine Kompromisse macht" (ebd., 771).

als gesellschaftlich anerkannt gilt, deutet nichts darauf hin, dass sich eine allgemein gültige Überlegenheit aus einer womöglich sogar beliebig anmutenden Breite des Musikgeschmacks ableiten ließe. Andererseits wird niemand bestreiten, dass ein umfangreiches Wissen über unterschiedliche musikalische Genres von Vorteil ist, vor allem dann, wenn es um die Nutzbarmachung dieser Wissensbestände in alltäglichen Interaktionen geht, also zum Beispiel unterschiedliche (berufliche und private) Kontakte geknüpft, etabliert oder aufrechterhalten werden. Gerade in einer Gesellschaft, in der Offenheit, Flexibilität sowie die Einbindung in soziale Netzwerke zu den wichtigsten Anforderungen geworden sind (vgl. Boltanski/Chiapello 2006), stellen Wissensbestände und Kompetenzen in möglichst unterschiedlichen Bereichen wichtige Ressourcen dar. Darauf hat Bonnie Erickson (1996) in ihrem Aufsatz „Culture, Class, and Connections" hingewiesen: „the most useful cultural resource is a little working knowledge of a lot of cultural genres combined with a good understanding of which culture to use in which context" (Erickson 1996, 224). Vor dem Hintergrund dieser Beobachtungen wird auch verständlich, warum ein exklusiver, hochkultureller Geschmack in der gegenwärtigen Gesellschaft an Relevanz verliert: „Passing knowledge in a number of cultural areas may be valued more highly than the display of an exclusive, snobbish, taste, because it may work as a social lubricant in a world where the ideal of democracy increasingly implies the principal equality of many cultural forms" (van Eijck 2000, 221). Grenzüberscheitender Geschmack, verstanden als flexibler und kompetenter Umgang mit unterschiedlichen Ästhetiken, dient damit als wertvolle Ressource, um in unterschiedlichen sozialen Netzwerken zu reüssieren; als eine Form von kulturellem Kapital, das sich durch seine ertragreiche Konvertierbarkeit in soziales Kapital auszeichnet (siehe dazu ausführlich Parzer 2010a).

Eine theoretische Präzisierung des Zusammenhangs von Omnivorousness und sozialer Ungleichheit findet sich in den Arbeiten von Andreas Gebesmair (2004; 2006). Sein Interesse gilt insbesondere der Frage, inwiefern demonstrative Grenzüberschreitung im kulturellen Bereich als Mittel zur Reproduktion sozialer Ungleichheit wirksam werden kann – und knüpft damit an die ursprüngliche Fragestellung Pierre Bourdieus an. Gebesmair kritisiert Bourdieus Vorstellung deterministischer Strukturen und bedient sich stattdessen einer mikrosoziologischen Interpretation kulturellen Kapitals. In Anlehnung an Randall Collins (1981) versteht er kulturelles Kapital als Interaktionsressource. Omnivorousness fungiert in dieser Perspektive als Ressource, die den Zugang zu hohen Statuspositionen erleichtert. Gesellschaftliche Superiorität werde nicht, wie Bourdieu suggeriert, durch ästhetisches Sublimierungsvermögen, sondern durch ostentative Toleranz gegenüber populären kulturellen Formen zum Ausdruck gebracht: „Nicht die Nähe zur Hochkultur, sondern die Tatsache, in vielen Kulturen zu Hause zu sein, macht sie [„die Menschen in den Zentren der Macht und an der Spitze von Unternehmen'] in den Augen der Öffentlichkeit zu legitimen Inhabern ihrer Ämter" (Gebesmair 2006, 895). Gebesmair sieht in dieser ostentativen Toleranz eine kulturelle Praxis, die auf subtile Art und Weise soziale Ungleichheit verschleiert:

> „Ein Lebensstil, der Aspekte der Hochkultur und der Populärkultur gleichermaßen umfasst, erfüllt somit zwei Funktionen: Als statusrelevante Interaktionsressource unterstützt er den Zugang zu hohen Statuspositionen. Gleichzeitig sichern sich die Statusinhaber die Anerkennung durch jene, denen der Zugang zu höheren Positionen verwehrt bleibt, indem sie sich gegenüber der populären Kultur tolerant zeigen und dadurch soziale Nähe vortäuschen. Symbolische Grenzüberschreitung trägt so gleichzeitig zur Bekräftigung und Verschleierung sozialer Unterschiede bei" (Gebesmair 2004, 183).

Um die Frage nach der Behauptung soziokultureller Superiorität zu beantworten, reicht es nicht aus, die Art der gehörten Musik oder die Anzahl der bevorzugten oder nicht gemochten Genres abzufragen. Um den subtilen Distinktionen gerecht zu werden, ist vielmehr eine Erweiterung um qualitative Methoden vonnöten – es geht nicht nur um die Frage, was gehört wird, sondern auch wie musikalischer Geschmack in alltäglichen Interaktionen zur Sprache kommt: „These extraordinarily numerous and diverse interactional encounters in which tastes are expressed are the forum for the micro-political acts of attraction and distancing that Bourdieu and others have documented" (Holt 1997, 99).[43]

Erst jüngst wurde die bislang durch quantitative Methoden geprägte Omnivore-Forschung durch qualitative Herangehensweisen ergänzt (Carrabine/Longhurst 1999, Warde et al. 2007, Warde et al. 2008, Ollivier 2008, Bellavance 2008, Parzer 2009; 2010b). Einen bedeutsamen Beitrag liefert

---

43 Eine ausführliche Diskussion der Erforschung musikalischen Geschmacks hinsichtlich methodischer Aspekte findet sich u.a. bei Gebesmair (2001, 76–98), Behne (1993, 342–343), Woodward/Emmison (2001); siehe dazu auch Kap. 6. Überlegungen zur Notwendigkeit des Einsatzes qualitativer Methoden in der Omnivore-Forschung finden sich bei Ollivier (2008), Bellavance (2008) und Berli (2010).

dazu Michèle Ollivier mit ihrer auf Interviewdaten basierenden Klassifizierung des Omnivore-Geschmacks. Sie identifiziert vier unterschiedliche Arten der Offenheit gegenüber kultureller Diversität: Während „humanistische Offenheit" typisch für einen hochkulturellen Geschmack ist, in den Elemente der Popularkultur lediglich auf ironische Art integriert werden, zeichne sich „populistische Offenheit" durch eine Ablehnung von Elitismus sowie die Toleranz gegenüber einem Nebeneinander unterschiedlicher ästhetischer Formen aus: „People who express populist openness stress their acceptance of all cultural forms that fall within certain parameters of social or aesthetic tolerability" (Ollivier 2008, 142). Weiters beschreibt Ollivier die „praktische Offenheit": „It certainly reflects a desire to learn new things, but one that is attached to practical or technical domains rather than to the arts and culture" (ebd., 142). Eine in der bisherigen Forschung weitgehend vernachlässigte Art kultureller Offenheit bezeichnet Ollivier als „indifferente Offenheit". Typisch ist diese Form von Toleranz für Menschen, die einige Präferenzen aus unterschiedlichen kulturellen Bereichen nennen, sich aber nicht festlegen wollen: „When asked what they like, they answer ,I like a bit of everything' and avoid naming favourite genres or artists" (ebd., 140). Ollivier kommt zu dem Schluss, dass es sich bei der Offenheit gegenüber kultureller Vielfalt um ein neues Ethos handelt, das jedoch nach wie vor auf den traditionellen Grenzziehungen zwischen Hoch- und Trivialkultur basiert. „Far from being dismantled, social and artistic hierarchies are being reconfigured in more individualized ways" (ebd., 120).

Auch Warde et al. (2007) zeigen in ihrer Studie, in der neben Survey-Daten auch Material aus Gruppendiskussionen und Interviews ausgewertet wurde, dass es nicht „den" Omnivore gibt, sondern unterschiedliche Typen von Allesfressern. Unterschieden werden „The Professional", „The Dissident", „The Apprentice" und „The Unassuming". Im Gegensatz zu Ollivier kommen die Autoren allerdings zu dem Ergebnis, dass ein breitgefächerter und grenzüberschreitender Geschmack nicht zwangsläufig mit sozialen Distinktionsbestrebungen sowie der Aufrechterhaltung von sozialen Hierarchien einhergehen muss: „An omnivorous orientation is probably socially profitable [...], but nevertheless it may, in itself, and in some of its manifestations, be culturally rather undistinguished" (Warde et al. 2007, 161).

Ausgangspunkt der Omnivore-Forschung war die Beobachtung eines breitgefächerten Geschmacks, der sich durch kulturelle Vorlieben in den

Bereichen der Hochkultur ebenso wie der Popularkultur auszeichnet. Die Fokussierung auf die Überschreitung der Grenze zwischen „high culture" und „low culture" läuft allerdings Gefahr, jene Grenzüberschreitungen zu vernachlässigen, die jenseits dieser Dichotomie stattfinden. Zahlreiche Befunde insbesondere qualitativer Studien sprechen dafür, dass sich auch innerhalb der Popularkultur das Phänomen der Allesfresserei finden lässt (Carrabine/Longhurst 1999) und auch dort Grenzüberschreitungen stattfinden (Parzer 2009; 2010a; 2010b, Berli 2010). Wie diese popularkulturinternen Grenzüberschreitungen funktionieren und mit welchen Implikationen sie einhergehen, wird im empirischen Teil der vorliegenden Studie einer ausführlichen Betrachtung unterzogen.

1.4 Zwischenresümee

Für Pierre Bourdieu ist der Nachweis über die Interdependenzen zwischen Sozialstruktur und Lebensstil die Basis seiner Theorie kulturellen Geschmacks. Den Ausgangspunkt seiner Überlegungen bildet die Kritik an der eng mit dem Aufstieg des Bürgertums verbundenen Unterscheidung zwischen einem „sublimen" und einem „primitiven" Geschmack. Bourdieus Ziel ist es, diese Hierarchie, die etwas zeitgemäßer in den Begriffspaaren Hoch- versus Trivialkultur oder Hoch- versus Popularkultur zum Ausdruck kommt, als ideologisches Konstrukt zu entlarven und hinsichtlich ihrer Bedeutung für soziale Ungleichheit zu analysieren. Am Beispiel alltäglicher Geschmacksurteile veranschaulicht Bourdieu, wie insbesondere die Vorliebe für klassische Musik den privilegierten Gesellschaftsmitgliedern dazu dient, soziale Superiorität zu demonstrieren.

Weitreichende Transformationen im letzten Drittel des 20. Jahrhunderts stellen allerdings die Auffassung einer klassenspezifisch hierarchisierten Sozialstruktur sowie die Vorstellung einer ästhetischen Rangfolge in Frage. Angesichts voranschreitender Pluralisierungs- und Individualisierungsprozesse werden ein gravierender Bedeutungsverlust klassenspezifischer Handlungsschemata sowie die zunehmende Auflösung traditioneller kultureller Grenzziehungen diagnostiziert.

Der Befund einer zunehmenden Erosion der Grenze zwischen Hoch- und Popularkultur findet sich auch in der neueren US-amerikanischen Kultursoziologie. In zahlreichen Studien konnte nachgewiesen werden, dass vor allem Personen in hohen sozialen Positionen neben klassischer Musik auch populäre Genres in ihr Geschmacksrepertoire integrieren. Diese KonsumentInnen, die sich durch einen breitgefächerten Musikgeschmack auszeichnen, werden als „Allesfresser" bzw. „Omnivores" bezeichnet – in Abgrenzung zu den sogenannten „Univores", also jenen vorwiegend aus bildungsfernen Milieus stammenden Gesellschaftsmitgliedern, die lediglich an einem Genre Gefallen finden. Eine Reihe von SoziologInnen sehen darin eine neue Logik sozialer Distinktion, die den Umfang kultureller Vorlieben zum Maßstab soziokultureller Inklusions- und Exklusionsprozesse macht. Die zentrale These lautet, dass sich gesellschaftliche Gruppen nicht so sehr dadurch unterscheiden, an welchen, sondern an wie vielen unterschiedlichen Genres sie Gefallen finden.

Obwohl Theorien sozialer Exklusion sehr gut erklären, welche Bedeutung der Konsum von Musik für Angehörige sozioökonomisch privilegierter Gesellschaftsgruppen hat, geben sie kaum Auskunft darüber, welche Rolle Musik und Musikgeschmack im Leben von weniger Privilegierten, Bildungsfernen und Angehörigen von Rand- und Subkulturen spielen. Bourdieu negiert jegliche populäre Ästhetik; für ihn ist der Geschmack der Unterprivilegierten lediglich negativer Referenzpunkt klassenspezifischer Distinktion der Eliten. Auch in den Omnivore-Studien wird dem Musikgeschmack der weniger gebildeten Univores kaum Aufmerksamkeit geschenkt. Dem zugrunde liegt die weit verbreitete Annahme einer grundsätzlichen Passivität von (Musik)KonsumentInnen, die ihren „Notwendigkeitsgeschmack" mehr oder weniger fraglos akzeptieren würden. Dieses Bild wurde vor dem Hintergrund zunehmender Kommerzialisierung populärkultureller Formen noch verstärkt und führte zu einer Reihe kulturpessimistischer Interpretationen von Popularkultur, die in der Vorliebe für trivialmusikalische Formen die zunehmende Durchdringung des Alltags durch eine kapitalistische Ideologie sehen (Adorno 1941, Horkheimer/Adorno 1975). In Opposition dazu entstand in den 1960er-Jahren ein Forschungsansatz, der die Annahme eines passiven Musikkonsums zu widerlegen versuchte. Die RezipientInnen populär- und trivialkultureller Produkte der Kulturindustrie seien aktiv an der Produktion von Bedeutungen beteiligt und demnach keineswegs die „Gelackmeierten" der modernen Gesellschaft. Diese Theorie aktiver Mediennutzung führte zu einer Neubewertung populärer Musik – und damit auch der Rolle, die Musikgeschmack in der Popularkultur spielt. Diese Neubewertung steht im Mittelpunkt des folgenden Kapitels.

2. Musikgeschmack als kulturelle Repräsentation

> *Tastes are fought over precisely because people define themselves and others through what they like and dislike. Taste in music, for youth in particular, is often seen as the key to one's distinct sense of self.*
> (Sarah Thornton: Club Cultures, 1996, S. 164)

Pierre Bourdieus Feststellung, dass Musikgeschmack unterschiedliche soziale Positionen widerspiegle und somit nicht losgelöst von Fragen nach den Machtstrukturen in einer sozial differenzierten Gesellschaft behandelt werden könne, ist von zentraler Bedeutung für ein Forschungsprogramm, das später unter dem Namen „Cultural Studies" einen besonderen Stellenwert in der kulturwissenschaftlichen Forschungslandschaft einnehmen sollte. Im Gegensatz zu Bourdieu, dessen Analyse sich in erster Linie den Distinktionsbestrebungen der sogenannten „herrschenden Klasse" widmet, fokussieren die Cultural Studies die alltäglichen kulturellen Verhaltensweisen (insbesondere der unterprivilegierten und subordinierten) Menschen. Deren Kulturkonsum wird keineswegs, wie bei Bourdieu, als unausweichlicher „Notwendigkeitsgeschmack", sondern als aktive Produktion von mitunter der dominanten Ideologie zuwiderlaufenden Bedeutungen interpretiert. In theoretischer Hinsicht wird damit der Aktivität der Akteure ein besonderer Stellenwert beigemessen. Zwar richten auch die Cultural Studies ihren Fokus auf die sozialstrukturelle Einbettung kulturellen Konsums, allerdings seien die Subjekte den Strukturen nicht völlig ausgeliefert, sondern fähig, sich abseits der hegemonialen Kontrolle Handlungsspielräume zu kreieren. Die Konsumgüter der Popularkultur fungieren in diesem Konzept als Rohmaterial für identitätsstiftende Praktiken, die zum zentralen Gegenstand der Forschung werden.

Vor dem Hintergrund jugendkultureller Strömungen in den 1960er- und 1970er-Jahren interessierten sich die Cultural Studies insbesondere für neue Formen populärer Musik, die als Mittel zur Auflehnung gegenüber hochkulturellen (bürgerlichen) Kunstformen gesehen wurden. Die Rezeption von Musik und im weitesten Sinne auch die Artikulation von Musikgeschmack fungieren in dieser Perspektive als eine Art „bedeutungsgenerierende" Waffe im Kampf um kulturelle Hegemonie. Neben einer materialistisch-kulturalistisch inspirierten Ideologiekritik dient das aus dem Strukturalismus stammende Konzept der „Polysemie" als Bezugsrahmen für die Analyse kultureller – und auch musikalischer – Verhaltensweisen. Ausgehend von der Annahme, dass die Bedeutung eines bestimmten kulturellen Produkts, z.B. eines Songs, nicht endgültig vorgegeben ist, sondern im jeweiligen Rezeptionskontext erst hergestellt wird, begründen die Cultural Studies eine neue Rezeptionstheorie (populär)kultureller Produkte, welche die im wissenschaftlichen Diskurs weit verbreitete Vorstellung von passiven KulturkonsumentInnen für obsolet erklärt. Von zentraler Bedeutung für die Analyse musikalischen Geschmacks sind die Mechanismen kultureller Repräsentation, verstanden als die Art und Weise, wie Angehörige einer bestimmten sozialen Gruppe einer Musik Bedeutung verleihen. Besondere Aufmerksamkeit gilt jenen Menschen, die aufgrund ihrer sozialen Herkunft, ihrer ethnischen Zugehörigkeit oder ihres Geschlechts benachteiligt und/oder diskriminiert werden. Die zentrale Frage lautet, wie die Aneignung eines bestimmten Musikgeschmacks zu einer identitätsstiftenden Praxis wird und welche Effekte diese Praxis hinsichtlich ihres gesellschaftlichen Transformationspotentials zeitigt.

Im Folgenden wird zunächst die Entwicklung der für die Cultural Studies charakteristischen kulturalistischen Perspektive nachgezeichnet (Kap. 2.1). Zu den wichtigsten theoretischen und epistemologischen Eckpfeilern zählen die an strukturalistischen Modellen orientierte Rezeptionstheorie (Kap. 2.2) sowie die Re-Lektüre marxistischer Ideologiekritik (Kap. 2.3). Danach werden anhand zweier für die Untersuchung von Musikgeschmack besonders relevanter Beispiele – der Jugend(sub)kulturforschung am Centre for Contemporary Cultural Studies sowie den Studien zur Rezeption von populärer Musik von John Fiske – die empirische Anwendung der theoretischen Grundüberlegungen dargestellt. Zuletzt sollen einige der zentralen Einwände gegen die Forschungsperspektive der Cultural Studies diskutiert werden (Kap. 2.4).

2.1 Popularkultur als Gegenstand der Cultural Studies

Cultural Studies ist die Bezeichnung für eine spezifische Art interdisziplinärer Kulturwissenschaft, die sich mit dem Zusammenspiel von (Popular)Kultur, Alltag und Macht beschäftigt.[44] Die ursprünglich in

---

44 Bei den „Cultural Studies" handelt es sich – und darauf wird in dieser Forschungstradition besonders Wert gelegt – (noch) nicht um eine etablierte und

Großbritannien entstandene Forschungsperspektive entwickelte sich im letzten Drittel des 20. Jahrhunderts zu einem umfangreichen inter- und transdisziplinären Forschungsprogramm; mittlerweile zählen die Cultural Studies zu den meist rezipierten Ansätzen der Kulturforschung quer durch die unterschiedlichsten Disziplinen.[45]

Zentrales Charakteristikum der Cultural Studies ist eine kulturalistische Perspektive, die gegen Ende der 1950er-Jahre als Antwort auf die in England vorherrschende konservative Kulturkritik entwickelt wurde. Der bis dahin im kulturwissenschaftlichen Diskurs dominierenden Kunstauffassung lag die Annahme zugrunde, dass Kultur die Sache einer moralisch überlegenen Minderheit sei und vor einem zunehmenden Verfall durch die Massenkultur bewahrt werden müsse.[46] Als Opposition gegenüber dieser elitären Kulturkonzeption wurde unter Einfluss marxistischer Ideen eine Perspektive entwickelt, in der die gesellschaftliche Bestimmung von Kultur im Mittelpunkt steht.

Von entscheidender Bedeutung für die Theoriebildung der Cultural Studies waren die Texte von Richard Hoggart („The Uses of Literacy", 1957), Raymond Williams („Culture and Society", 1958 und „The Long Revolution", 1961) und Edward P. Thompson („The Making of the English Working Class", 1963). Inhalt dieser Schriften ist die Aus-

---

institutionalisierte Wissenschaftsdisziplin mit klar abgesteckten Grenzen. Für Lawrence Grossberg, einen der prominentesten US-amerikanischen Vertreter, sind die Cultural Studies weder durch einen bestimmten Gegenstand noch durch bestimmte methodische Vorgangsweisen definiert, viel eher ließen sich Cultural Studies als „Verpflichtung zu einem bestimmten Stil intellektueller Arbeit" (Grossberg 1994, 12) charakterisieren. Worin dieser Stil besteht, soll in diesem Kapitel zum Ausdruck kommen. Für einen Überblick siehe u.a. Turner (1990), Hepp (1999), Winter (2001), Lutter/Reisenleitner (2002), Storey (2003), Hepp et al. (2009); eine selbstreflexive und kritische Auseinandersetzung findet sich bei Grossberg (1994).

45 Zur Rezeption der Cultural Studies im deutschsprachigen Raum siehe u.a. Mikos (1999) und Horak (1999). Es wird unter anderem die Dominanz der Kritischen Theorie im deutschsprachigen Raum dafür verantwortlich gemacht, dass die Cultural Studies erst recht spät und lange Zeit nur zögerlich Beachtung gefunden haben.

46 Vor allem der Kulturkritiker Matthew Arnold sowie der Literaturwissenschaftler Frank R. Leavis warnten vor einem sich abzeichnenden Kulturverfall im Zuge zunehmender Kommerzialisierung und riefen dazu auf, den bedenklichen Einflüssen der Massenkultur entgegenzusteuern (vgl. Lutter/Reisenleitner 2002, 18f.).

einandersetzung mit Fragen zu Gesellschaft und Kultur im Hinblick auf die Arbeiterklasse. Kritisiert wird vor allem die elitäre Vorstellung einer „Minoritätskultur" und deren Implikationen für Kunst- und Kulturwissenschaft, Kulturpolitik und Alltagsleben. Ziel war es, die Stigmatisierung der Arbeiterklasse als „kulturlos" zu überwinden (vgl. Hepp 1999, 80).[47]

Als theoretischer Pionier der Cultural Studies gilt der aus der Arbeiterklasse stammende Literaturwissenschaftler Raymond Williams, der in seinen Werken „Culture and Society" und „The Long Revolution" eine neue Betrachtungsweise von Kultur postuliert: „Yet a culture is not only a body of intellectual and imaginative work; it is also and essentially a whole way of life" (Williams 1958, 325). Williams will Kultur als Gesamtheit einer Lebensweise („culture as a whole way of life") verstanden wissen. Der Kulturbegriff soll nicht lediglich jene als „Kunst" oder „Hochkultur" bezeichneten (Kunst)Werke, sondern die Gesamtheit kultureller Erfahrungen und Praktiken umfassen. Damit löst Williams jene in der elitären Kunstauffassung verankerte Gleichsetzung von Kunst = Kultur auf, um in der Folge diese beiden Begriffe neu zu schlichten: Kultur ist aus dieser Perspektive nicht mehr der Überbegriff für die verschiedenen „hohen Künste", sondern die Kunst in ihrer Gesamtheit wird der „Kultur" untergeordnet. Sie wird zu einem Bestandteil einer Kultur, zu einer von vielen Ausdrucksformen einer Kultur, an der alle Gesellschaftsmitglieder gleichermaßen beteiligt sind. Williams will „Kultur" in der Gewöhnlichkeit des alltäglichen Lebens der Menschen verankert wissen. Die oft zitierte Phrase „culture is ordinary" (Williams 1993) richtet sich gegen eine übertriebene Ästhetisierung künstlerischer Ausdrucksweisen[48] und rückt die alltäglichen Verhaltensweisen der Menschen in den Vordergrund.

---

47 Nicht zu übersehen ist der politische und pädagogische Charakter dieser Frühtexte (vgl. Bromley 1999). Die Pioniere der Cultural Studies, von denen viele im Bereich der Erwachsenenbildung tätig waren, sahen sich als Reformer und Erneuerer der festgefahrenen britischen Gesellschaft; ihre wissenschaftlichen Bemühungen richteten sich gegen kulturelle Privilegien und vor allem gegen die politische Macht „derjenigen Klasse, die der Nation bis zum Zweiten Weltkrieg ihren Stempel aufgedrückt hatte" (Bromley 1999, 12).

48 Paul Willis bezeichnet diese übertriebene Ästhetisierung als „hyperinstitutionalization of art": „This is where the merely formal features of art can become the guarantee of its ‚aesthetic', rather than its relevance and relation to real-life processes and concerns" (Willis 1990, 2f.).

Williams' Begriff der „common culture" („Gemeinschaft einer Kultur") sollte als Opposition gegenüber dem elitären Konzept der „minority culture" verstanden werden und die „Idee einer demokratisch-partizipativen Kommunikationsgemeinschaft" (Göttlich 1996, 180) betonen. Mit „gemeinsamer Kultur" meint Williams gerade nicht „the general extension of what a minority mean and believe, but the creation of a condition in which the people as a whole participate in the articulation of meanings and values [...]" (Williams 1989, 36).

Diese Neubewertung der alltäglichen Kulturproduktion geht mit Kritik an dem Terminus „Massenkultur" einher. Williams lehnt diesen Begriff ab: zum einen, weil er pejorativ verwendet wird, zum anderen, weil es sich bei der sogenannten „Masse" nicht, wie suggeriert wird, um eine homogene Einheit, sondern um unterschiedlichste Gruppen von Menschen handelt (Williams 1958, 297f.).

Im Blickfeld der Cultural Studies stehen demnach jene Praktiken, die sich durch einen besonderen Bezug zum alltäglichen Leben der Menschen auszeichnen. Dazu zählt insbesondere die Konsumption all jener kultureller Formen, die unter dem Terminus „Populärkultur" subsumiert werden. Während der Großteil der sozialwissenschaftlichen Forschung zwar die moralische, allerdings keineswegs die ästhetische Überlegenheit hochkultureller Formen in Frage stellt (u.a. Gans 1974), besteht die Besonderheit der kulturwissenschaftlichen Argumentation der Cultural Studies darin, in den populärkulturellen Formen eine Art populärkulturelle Ästhetik zu identifizieren, dessen politisches Potential die traditionelle Konzeption von Hoch- versus Populärkultur für obsolet erklärt: Radio, Kino, Fernsehen, Computer, Zeitschriften, Kleidung und vor allem populäre Musik werden als Elemente eines Lebensstils gesehen, der den Wertvorstellungen traditioneller Lebensführung nicht nur zuwider läuft, sondern der auch das Potential zu Kritik, Widerstand und Opposition beinhaltet. Diese „Kunst des Eigensinns" (Winter 2001) zeitige, so der Grundtenor der Cultural Studies, eine Ermächtigung der Subjekte, die auf eine Transformation bestehender Machtverhältnisse abzielt. Radikal zu Ende gedacht wird damit Bourdieus Distinktionstheorem auf den Kopf gestellt: Im Vordergrund stehen nicht die Distinktionsmechanismen der herrschenden Klasse, sondern die Abgrenzungsbedürfnisse der Marginalisierten und Ausgeschlossenen, die sich mit der Populärkultur, die das nötige Rohmaterial zur Verfügung stellt, gegen ihre Unterdrückung zu wehren wissen.

Wie aber funktioniert diese „Distinktion von unten"? Wie kann der besondere Status der Popularkultur theoretisch legitimiert, wie die erwarteten Effekte „populärkulturellen Kapitals" (Fiske 1992) empirisch erfasst werden?

2.2 Medienrezeptionstheorie revisited

Die Nutzbarmachung der linguistisch-strukturalistischen Semiologie für die Analyse kultureller Phänomene bildet die Basis für eine Medienrezeptionstheorie, die der klassischen Massenkulturkritik den Wind aus den Segeln nehmen sollte. Theoretischer Ausgangspunkt ist Ferdinand de Saussures (1967) Unterscheidung zwischen „Signifikat" und Signifikant": „Signifikat" meint das Bezeichnete, die Sache; während „Signifikant" für das Bezeichnende, das heißt ein Lautbild, eine phonologische Sequenz oder ähnliches steht. Jedes Phonem (d.h. die kleinste Bedeutung tragende Lauteinheit in einem Sprachsystem) erhalte seine Identität durch seine Differenz zu anderen Phonemen. Bedeutung entstehe, so Saussure, durch Unterschiede. Dass wir z.B. „Sonne" von „Tonne" unterscheiden können, hat nichts mit irgendwelchen Qualitäten dieser Wörter zu tun, sondern beruht lediglich auf der Unterscheidung zwischen den Buchstaben „S" und „T". Wesentliche Erkenntnis ist, dass die Beziehung zwischen Signifikat und Signifikant keine natürliche, sondern letztendlich durch Konventionen geregelt ist. Aus dieser Perspektive ist Sprache nicht, wie oft angenommen, eine Widerspiegelung der Wirklichkeit, vielmehr ist Sprache selbst für die Konstruktion von Realität verantwortlich.

Auf den Gegenstandsbereich der Cultural Studies übertragen ergibt sich aus diesen Überlegungen ein semiotisches Verständnis von Kultur. Elemente von Kultur sind ähnlich relational wie die Sprache. Auch sie erhalten Bedeutung, indem sie sich von anderen Elementen im kulturellen System unterscheiden. Aufgabe einer semiotisch-strukturalistischen Herangehensweise ist es, kulturelle Texte und Praktiken analog zur Sprache zu untersuchen: „The task of the semiologist in dealing with clothing, commercial objects, pastimes, and all these other social entities, is to make explicit the implicit meanings they seem to bear and to reconstruct the system of connotations on which these meanings are based" (Culler 1981, 137).

Weiterentwickelt wurde der strukturalistische Ansatz zunächst von Roland Barthes (1964), der in seinem Buch „Mythen des Alltags" die Funktionsweise sozialer Symbole im alltäglichen Leben einer semiotischen Betrachtung unterzieht. Sein Konzept der Polysemie kultureller Texte ist für die Entwicklung einer neuen Rezeptionstheorie von bahnbrechender Bedeutung. Im Gegensatz zur Annahme, wonach KonsumentInnen populärer kommerzieller Waren als passive und manipulierte Opfer der kapitalistischen Kulturindustrie gelten (Horkheimer/ Adorno 1975) betonen die Cultural Studies die Kreativität der PopularkulturrezipientInnen. Die zentrale Prämisse lautet, dass kommerziell verbreitete und medial vermittelte kulturelle Artefakte keine fixierten Bedeutungen aufweisen, sondern dass diese im Rahmen interpretativer Praxis während der jeweiligen Rezeption durch die RezipientenInnen hergestellt werden. Für die Konsumption von populärer Musik findet sich eine Andeutung dieser Konzeption erstmals bei Stuart Hall und Paddy Whannel in ihrem 1964 erschienen Buch „The popular arts":

> „It [the commercial pop-music-culture, M.P.] mirrors attitudes and sentiments which are already there, and at the same time provides an expressive field and a set of symbols through which these attitudes can be projected. [...] Teenage culture is a contradictory mixture of the authentic and manufactured: it is an area of self-expression for the young and a lush grazing pasture for the commercial providers" (Hall/Whannel 1964, 276).

Diese positive und optimistische Sichtweise auf populäre Musik wird auch zum grundlegenden Forschungsprogramm der Subkulturforschung am Centre for Contemporary Cultural Studies:

> „Zwar wird [...] Popmusik unter kapitalistischen Verhältnissen als Ware produziert, doch gesellschaftliche Minoritäten und unterdrückte Gruppen haben die ‚profane' Energie, sich manchmal spezielle Artefakte zu eigen zu machen, sie auszuwählen und kreativ weiterzuentwickeln, um so ihre eigenen Bedeutungsgehalte zum Ausdruck zu bringen" (Willis 1981, 208).

Ausgangspunkt ist die Annahme, dass ein bestimmter kultureller Text, also zum Beispiel ein Song, auf unterschiedliche Art und Weise konsumiert und auch interpretiert wird. Daraus resultieren unterschiedliche „Lesarten" bzw. verschiedene Möglichkeiten der Decodierung populärer Texte. Diese Decodierungsprozesse finden allerdings nicht in einem Vakuum statt, sondern sind eingebettet in spezifische Machtstrukturen. Es gibt einen Interpretationsspielraum, der zwar maßgeblich durch die dominante Ideologie in der kapitalistischen Gesellschaft eingeschränkt ist, aber auch Freiräume für oppositionelle Lesarten lässt. Von zentraler Bedeutung für eine so verstandene Rezeptionstheorie war das in den 1970er-Jahren in Umlauf gebrachte Manuskript „Encoding/Decoding" von Stuart Hall, einem der Hauptvertreter der Cultural Studies. Darin kritisiert Hall (1999) die zu dieser Zeit in der Medienforschung vertretene Annahme eines linearen Kommunikationsprozesses (Sender – Botschaft – Empfänger) und plädiert für eine Betrachtungsweise, die der prinzipiellen Offenheit medialer Texte gerecht wird. Am Beispiel der Rezeption von Radionachrichten zeigt Hall, dass in keiner Weise vorab feststehe, wie die transportierten Medieninhalte von den KonsumentInnen rezipiert werden. Zwar könne auf der Produktionsseite (Kodieren) eine bestimmte Lesart angestrebt werden, die Dekodierung auf der RezipientInnenseite entziehe sich jedoch der Kontrolle. Hall unterscheidet in diesem Zusammenhang drei idealtypisch konstruierte Arten, einen medialen Text zu dekodieren: Wenn die/der RezipientIn die konnotierte Bedeutung der Nachricht vollständig übernimmt, gilt dies als „dominant-hegemoniale" Dekodierung, dem „idealtypischen Fall der ‚vollkommen transparenten Kommunikation'" (Hall 1999, 77f.). Die zweite Möglichkeit, einen medialen Text zu dekodieren, bezeichnet Hall als „ausgehandelte Position", die durch eine Mischung aus adaptiven und oppositionellen Elementen gekennzeichnet ist. Als dritte Lesart eines medialen Textes nennt Hall die sogenannte „oppositionelle Lesart", bei der es zu einer oppositionellen Wendung der dominanten Bedeutung kommt: „Er/sie enttotalisiert die Nachricht mittels des bevorzugten Kodes, um sie daraufhin innerhalb eines alternativen Bezugsrahmens zu re-totalisieren" (ebd., 80).[49]

Diese Überlegung ist von zentraler Bedeutung für die Analyse von Musikgeschmack, zumal sie die Annahme unterstützt, dass die (sub)kulturelle Aneignung von marktförmig verbreiteter Musik (unter bestimmten Rahmenbedingungen) subversive und oppositionelle (bzw.

---

49 Eine Bestätigung der Hall'schen Medienrezeptionstheorie findet sich in der Ende der 1970er-Jahre von David Morleys durchgeführten Studie „Nationwide", in der klassenspezifische Lesarten der TV-Magazinsendung „Nationwide" untersucht wurden (Morley 1980). Ebenso in dieser Tradition steht Ien Angs Untersuchung der kulturellen Bedeutung der Seifenoper „Dallas" (Ang 1986). Für eine ausführliche und kritische Diskussion der Medienrezeptionsforschung der Cultural Studies siehe Winter (2001, 126–158).

den hegemonialen Interessen entgegengesetzte) Momente beinhalten kann. Die Vorliebe für triviale und populäre musikalische Formen, die Bourdieu noch als „Notwendigkeitsgeschmack" und darüber hinaus als den dominanten Ideologien unterworfen betrachtet, werden aus Sicht der Cultural Studies zu einer gewichtigen Ressource im Kampf um Bedeutungen. Die Aufmerksamkeit kulturwissenschaftlicher Forschung im Stil der Cultural Studies richtet sich demnach insbesondere auf oppositionelle Interpretationen kultureller Texte; die „politics of signification" bzw. die „Politik des Bezeichnens" wird zum Hauptgegenstand der Forschung.

2.3 Politics of Signification: Der Kampf um Bedeutung

Neben der Rezeption strukturalistischer Ansätze erfährt die Forschungsperspektive der Cultural Studies durch die Integration marxistischer Ideologiekritik eine weitere theoretische Fundierung. Insbesondere Louis Althussers Weiterentwicklung des marxistischen Ideologiebegriffes sowie Antonio Gramscis Hegemoniekonzept bilden die Basis für die dem Forschungsprogramm der Cultural Studies zugrundeliegenden epistemologischen Prämissen.

Während für Marx die Funktion von Ideologie darin bestand, ein falsches Bewusstsein zu erzeugen, um die politischen und ökonomischen Interessen der herrschenden Klasse zu verschleiern, versteht Louis Althusser Ideologie als „das gelebte Verhältnis der Menschen zu ihrer Welt" (Althusser 1968, 184), d.h. als die Art und Weise, wie Menschen ihre materiellen Existenzbedingungen wahrnehmen, interpretieren und gestalten: „Tatsächlich drücken die Menschen in der Ideologie nicht ihre Verhältnisse zu ihren Existenzbedingungen aus, sondern die Art, wie sie ihr Verhältnis zu ihren Existenzbedingungen leben" (ebd.). Althusser wendet sich damit gegen die Annahme einer herrschenden Klasse, die mittels Ideologie die Unterprivilegierten unterdrückt. Vielmehr seien die herrschenden Gruppen selbst bestimmten Ideologien ausgeliefert. Die zentrale Frage lautet allerdings, warum sich bestimmte Bedeutungen mehr durchsetzen als andere. Die Beschäftigung mit dieser „politics of signification", verstanden als „the ways in which the social practice of meanings is controlled and determined" (Turner 1990, 184), verleiht dieser Form von Ideologiekritik eine politische Dimension.

Es geht darum, jene als natürlich und selbstverständlich erscheinenden Bedeutungen als soziale Konstruktionen zu betrachten und deren Reproduktions- aber auch Transformationspotential im Kontext bestehender Machtstrukturen zu analysieren.[50]

Kritik richtet sich allerdings gegen Althussers deterministische Konzeption von Ideologie. Indem diese als dauerhafte, festgelegte Entität verstanden wird, bleiben in dieser Theorie kultureller Wandel und gesellschaftliche Veränderung ausgeblendet: Das Subjekt ist den determinierenden Strukturen der Ideologie passiv ausgeliefert, es gibt kaum Spielraum für Devianz oder Subversion (vgl. Storey 1993, 118).

Antonio Gramsci (1971) wendet sich bereits Anfang der 1930er-Jahre gegen eine orthodoxe Auslegung marxistischer Gesellschaftstheorie und entwickelt ein dynamisches Modell von Herrschaft und Ideologie. Seine für die Kulturtheorie zentrale These lautet, dass die politische, moralische und/oder intellektuelle Vormachtstellung einer bestimmten sozialen Gruppe nicht durch (polizeilichen oder militärischen) Zwang hergestellt wird, sondern durch die Fähigkeit dieser Gruppe, die Interessen anderer Gruppen mit ihren eigenen zu verbinden. Dies kann nur gelingen, wenn ein möglichst breiter Konsens in einer widersprüchlich und hierarchisch strukturierten Gesellschaftsordnung etabliert und aufrechterhalten wird.[51] Allerdings ist dieser Konsens keine ausgemachte Sache und damit die ideologische Hegemonie der Herrschenden nicht vor Widersprüchen und Brüchen gefeit. Kultur wird in diesem Konzept zum Schauplatz des Kampfes um Ideologie. Gramsci betont den dynamischen Charakter von Machtstrukturen in der gegenwärtigen Gesellschaft. Der Begriff „Hegemonie" bezeichnet nicht einen abgeschlossenen, unveränderlichen Zustand, sondern eine Vielzahl von komplexen Praktiken und Prozessen, in denen es permanent um die Aufrechterhaltung der etablierten Vorherrschaft geht (vgl. Turner 1990, 196).

---

50 Als besonders prominentes Beispiel ideologiekritischer Forschung gilt Paul Willis' 1977 erschienene Studie „How working class kids get a working class job" (1979), in der die Reproduktionsmechanismen der Arbeiterklasse in der kapitalistischen Gesellschaft analysiert werden.

51 Für die Aufrechterhaltung dieses Konsenses, so Gramsci, seien die „ideologischen Staatsapparate" maßgeblich verantwortlich. Institutionen wie Schule, Kirche, Bürokratie oder auch Kunst fungierten als Stabilisatoren der gesellschaftlichen Ordnung, indem sie daran arbeiten, alle Deutungen und Interpretationen der Welt in einem bestimmten (kontrollierbaren) Rahmen zu halten.

Eine besondere Rolle im Kampf um diese Aufrechterhaltung spielt – jedenfalls aus der Sicht der Cultural Studies – die Popularkultur: Sie wird als jener Ort verstanden, wo einerseits Konsens als selbstverständlich und offensichtlich erscheint, andererseits aber auch Widerstand geleistet wird und der Konsens permanent gefährdet ist. Für die Cultural Studies besteht die Attraktivität dieses Hegemoniekonzepts im Potential einer differenziert-kritischen Betrachtungsweise von Popularkultur: Differenziert im Sinne einer Abwendung der weit verbreiteten Vorstellung von Popularkultur als manipulierter Massenkultur; kritisch im Sinne der „Entdeckung" eines politischen Potentials vieler populärkultureller Praktiken. Diese „bottom-up"-Version von Ideologie dient als wichtige Anregung für die weitere Theorieentwicklung der Cultural Studies. Sowohl für die Subkulturforschung als auch für einen Großteil der Rezeptionsforschung wird die Analyse des Widerstands- und Kreativitätspotentials der subordinierten und marginalisierten Subjekte zu einem Hauptanliegen der wissenschaftlichen Beschäftigung mit Popularkultur.[52]

Auf einer empirischen Ebene findet diese Interpretation marxistischer Hegemonietheorie ihre bekannteste Anwendung in den Jugendkulturstudien des CCCS[53] sowie den Rezeptionsstudien von John Fiske.

---

52 Sowohl das Theorieprogramm als auch die empirischen Untersuchungen im Stil der Cultural Studies sind gekennzeichnet durch das übergeordnete Ziel gesellschaftspolitischer Veränderung. Es gehe um die Produktion von Wissen, „welches helfen soll zu verstehen, dass man die Welt verändern kann, und das Hinweise darauf gibt, wie sie zu verändern ist" (Grossberg 1994, 30), schreibt Lawrence Grossberg, einer der US-amerikanischen Hauptvertreter der Cultural Studies, in einem grundlegenden Text über das Wesen der Cultural Studies. Aufgabe der Cultural Studies sei die Beschreibung der Art und Weise, „wie die alltäglichen Leben der Leute mit und durch Kultur artikuliert werden, wie sie ermächtigt und entmachtet werden von bestimmten Strukturen und Kräften, die ihr Leben organisieren, immer auf widersprüchliche Weise, und wie ihre alltäglichen Leben selbst an und durch die Bahnungen ökonomischer und politischer Macht artikuliert werden" (Grossberg 2000, 17). Im Vergleich zu den kulturpessimistischen Tönen der Kritischen Theorie plädiert Grossberg für Optimismus. Ausgangspunkt ist die Annahme, dass es immer eine Möglichkeit gibt, etwas zu verändern und zu verbessern.
53 Ein erster Schritt in Richtung Akademisierung der Cultural Studies war die Gründung des Centre for Contemporary Cultural Studies (CCCS) an der Universität Birmingham durch Richard Hoggart im Jahr 1964. Ehemalige Mitglieder und SchülerInnen zählen heute zu den bekanntesten VertreterInnen der Cultural Studies (u.a. Stuart Hall, Angela McRobbie, Paul Willis, Lawrence Grossberg).

Beide sollen im Folgenden, nicht zuletzt wegen ihrer Relevanz für die Untersuchung musikalischer Geschmacksurteile, exemplarisch vorgestellt werden.

Jugend(sub)kulturen und populäre Musik

Bis heute haben die frühen Jugendkulturstudien der Cultural Studies kaum an Bedeutung verloren. Vor allem der von Stuart Hall und Tony Jefferson 1976 herausgegebene Sammelband „Resistance Through Rituals. Youth subcultures in post-war Britain"[54], Paul Willis' „Profane Culture" (1981) und Dick Hebdiges „Subculture. The Meaning of Style" (1979) gelten als zentrale Referenzpunkte in der gegenwärtigen Auseinandersetzung mit jugendkulturellen Phänomenen.

Im Gegensatz zur traditionellen Jugendforschung, die das Phänomen Jugendkultur entweder alters- bzw. generationenspezifisch zu erklären versuchte (wie etwa der Strukturfunktionalismus, siehe u.a. Eisenstadt 1965) oder aber Subkulturen mittels soziologischer Theorien der Devianz erschließen wollte (so etwa die Chicagoer Schule, siehe u.a. Cohen 1961) war für die CCCS-ForscherInnen die „soziale Klasse" von größerer Bedeutung. Die wesentliche Frage einer Subkulturanalyse im Sinne der Cultural Studies lautete, wie gemeinsame gesellschaftliche Erfahrungen von Jugendlichen bestimmter Klassen kollektiv als Freizeitstile zum Ausdruck gebracht werden (vgl. McCron/Murdock 1979, 25).[55]

---

54 Dieser Sammelband gilt als *der* Klassiker der CCCS-Jugendkulturforschung schlechthin. Die wichtigsten Beiträge (u.a. von John Clarke, Stuart Hall, Tony Jefferson, Dick Hebdige und Angela McRobbie) finden sich in deutscher Übersetzung in Honneth (1979).

55 Die Konzentration auf das Klassenbewusstsein als zentrale Kategorie zur Erklärung subkultureller Phänomene ist vor dem Hintergrund der sozialen Bedingungen der englischen Gesellschaft in den 50er-Jahren des 20. Jahrhunderts zu verstehen: Zum einen existierten in England wesentlich ausgeprägtere Klassenfraktionen als z.B. im kontinental-europäischen Raum, zum anderen waren die Jugendkulturen der späten 1950er bzw. der frühen 1960er-Jahre tatsächlich ein Phänomen der Arbeiterklassejugend (vgl. Mods, Teds, Rocker etc.). Erst ab den 1960er-Jahren bildeten sich Jugendkulturen, deren AnhängerInnen aus anderen Gesellschaftsgruppen stammten (z.B. Hippies) bzw. in denen das Herkunftsmilieu überhaupt keine Rolle mehr spielt (vgl. z.B. gegenwärtige Funsport-Szenen).

Im Vordergrund standen alltägliche, bisher von der Forschung weitgehend marginalisierte Praktiken von Jugendlichen, die es in ihrer sozialstrukturellen Einbettung zu analysieren und schließlich in ihrem kulturellen Kontext zu verstehen galt. Dabei wurden die Jugendlichen nicht als passive, von der Kulturindustrie manipulierte KonsumentInnen betrachtet, sondern als aktive, produktive und kreative RezipientInnen von Kulturprodukten. In Anlehnung an die Ideen von Antonio Gramsci wurde besonderes Augenmerk auf das politische Widerstandspotential der jeweiligen Jugendsubkulturen gelegt. Subkulturelle Vergemeinschaftungen wurden nicht bloß als Ausdruck von Widersprüchen und Spannungen in der modernen Gesellschaft, sondern als innovative und direkte Kritik an der Gesellschaft interpretiert (v.a. Willis 1979, Willis 1981, Hebdige 1979). Von besonderer Bedeutung ist in diesem Zusammenhang das am CCCS entwickelte Stilkonzept, mithilfe dessen u.a. die Rolle von Musik in Jugendkulturen untersucht wurde.

Auffällig an Jugendkulturen war ihr von jeglichen Konventionen abweichendes Ensemble von Stilelementen und Aktivitäten, Geschmäckern und Vorlieben, das den jeweiligen subkulturellen Stil ausmachte – und letztendlich Auslöser für Empörung, Verunsicherung und heftige Kontroversen war (und ist). Während sich viele Forschungen darauf beschränk(t)en, den jeweiligen Stil lediglich deskriptiv zu erfassen, versuchten John Clarke (1979) und Dick Hebdige (1979) der Bedeutung expressiver Jugendstile auf den Grund zu gehen. Im Vordergrund stand der Prozess der Stilschöpfung: Wie wird ein jugendkultureller Stil kreiert und was soll damit ausgedrückt werden?

Entgegen der Annahme kulturpessimistischer GesellschaftskritikerInnen, die der Meinung sind, die Industrie produziere die verschiedenen Stile und manipuliere damit die Jugendlichen, betonen Clarke et al. die Eigenkreativität der Jugendkulturen im Umgang mit Musik, Kleidung und anderen Kulturwaren. Unter „Stil" verstehen sie die „aktive Selektion und Konstruktion der Waren und Gegenstände zu einem Stil" (Clarke et al. 1979, 105f.). In Anlehnung an Lévi-Strauss verwendet John Clarke den aus der Anthropologie stammenden Begriff „Bricolage". Dieser Terminus bezeichnet die Neuordnung und Rekontextualisierung von Objekten, um neue Bedeutungen zu kommunizieren (Clarke 1979, 136). Der Terminus Bricolage hat mit Clarke und in weiterer Folge mit Hebdige Einzug in die Jugendkulturforschung gefunden.

Übersetzt könnte er zunächst mit „Bastelei" werden. Die Jugendlichen kreieren einen Stil aus unterschiedlichsten Elementen, dabei entsteht etwas Neues. Die JugendkulturforscherInnen des CCCS sehen in diesem „Basteln" jedoch mehr als das bloße Zusammenfügen unterschiedlicher Bausteine zu einem bestimmten Stil. Sie verstehen Stil(isierung) als Ausdruck einer Opposition gegenüber den Werten der Gesamtgesellschaft. Ausgangspunkt ist die Annahme, dass kulturelle Produkte grundsätzlich keine naturgegebene Bedeutung aufweisen. Allerdings werden sie durch die dominante Kultur mit Bedeutungen ausgestattet, die dann als natürlich und selbstverständlich erscheinen. Erst dadurch, dass Bedeutungen von Waren sozial vorgegeben sind, ist es möglich, ihre Bedeutung zu verändern – und genau das geschieht bei der aktiven Stilisierung in Jugend(sub)kulturen: Die dominanten Werte der hegemonialen Kultur werden subversiv gewendet, um Opposition auszudrücken (vgl. Clarke 1979, 137).

Berühmt für die Bricolage-Technik waren die Mods (vgl. im Folgenden Hebdige 1979, 103f.). Jugendliche dieser Jugendkultur beschlagnahmten diverse Gebrauchsgüter und stellten sie in einen völlig anderen Kontext, der ihre ursprünglichen Bedeutungen auslöschte. Sie nahmen zum Beispiel Pillen, die eigentlich gegen neurotische Erkrankungen verschrieben wurden. Sie verwandelten den Motorroller, ursprünglich reines Transportmittel, in ein Symbol ihrer Gruppensolidarität. Die übertriebene Verwendung von Kleidung aus der Geschäftswelt wie Anzug, Hemd und Krawatte sowie kurze Haare, die für Effektivität und Ehrgeiz standen, wurden sinnentleert bzw. ihrer eigentlichen Konnotation beraubt. In „The Meaning of Style" widmet sich Hebdige sehr ausführlich der Anwendung von Bricolage-Techniken im Punk-Stil. Ziel der Punks war es, so Hebdige, Bedeutungen völlig zu zerstören, um neue zu bilden. Typisch für die Punk-Mode waren Sicherheitsnadeln, die, dem häuslichen Kontext entnommen, als Körperschmuck neue Verwendung fanden, Kleidungsstücke aus Ramschtextilien, geschminkte Männer sowie wasserstoffblond, blauschwarz oder leuchtorange gefärbte Haare. Bricolage betrifft alle Stilelemente einer jugendkulturellen Ausdrucksform. So zeigt Hebdige, wie auch im Bereich der Musik Punk die herkömmlichen Kategorien und Konventionen der bisherigen populären Musik zu sprengen versuchte. Im Vordergrund der Punkmusik standen Amateurhaftigkeit und Chaos bzw. Anarchie. Aus Nicht-Können wurde eine Tugend gemacht, jeder und jede sollte

Punk spielen können und dürfen. An Stelle akribisch durchgestylter und artifizieller Rockkompositionen mit virtuosen Gitarrensoli ging es genau um das Gegenteil: „Typically, a barrage of guitars with the volume and treble turned to maximum accompanied by the occasional saxophone would pursue relentless (un)melodic lines against a turbulent background of cacophonus drumming and screamed vocals" (Hebdige 1979, 109).

In Hebdiges Studie finden sich mehrere Kapitel zur Entstehungsgeschichte des Punk. Als Mischung aus Glam Rock, amerikanischem Proto-Punk, Londoner Pub Rock, Northern Soul und Reggae bildet Punk einen zusammengebastelten Musikstil, an dem die Idee der Bricolage sehr gut nachvollzogen werden kann. Trotz dieser sozialhistorisch angelegten Stilgeschichte geht es Hebdige weniger um die konkrete musikalische Praxis im Punk als vielmehr um die generelle Frage, welche Bedeutung(en) Musik (jedweder Art) in einer bestimmten Jugendkultur haben kann. Offen bleibt allerdings, wie eine bestimmte Musik Bestandteil eines Stils werden kann, und in welchem Zusammenhang diese Musik mit den Dispositionen der Jugendkultur bzw. mit anderen Elementen eines Ausdrucksstils steht.

Eine Antwort darauf versucht Paul Willis' Theorie der Homologie zu geben: „Der entscheidende Punkt ist hier, daß die Gruppe sich selbst in den mehr oder minder verdrängten potentiellen Bedeutungen bestimmter symbolischer Objekte wiedererkennen muß" (Clarke 1979, 139). In anderen Worten: Die potentiellen Bedeutungen ausgewählter kultureller Gegenstände müssen den Wertvorstellungen und Interessen der sozialen Gruppe entsprechen. Demnach soll Stil nicht als bloße Anhäufung einzelner Stilelemente, sondern als kohärentes Ganzes verstanden werden. Paul Willis (1981) prägt schließlich den (ebenso von Lévi-Strauss entlehnten) Begriff „Homologie", um zu zeigen, wie verschiedene Elemente eines Stils in Beziehung zu den Interessen und Werten der Gruppe stehen. In seiner bereits erwähnten Studie „Profane Culture" führt Willis anschaulich vor, dass die Unterschiede zwischen Motorrad-Kultur und Hippies keineswegs zufällig oder willkürlich sind. Im Vordergrund seiner ethnografischen Studie steht der unterschiedliche Umgang mit Musik.[56] Willis stellt fest, dass dieses Stilele-

---

56 Paul Willis entwickelte das Homologiekonzept hauptsächlich im Rahmen seiner Forschungen zu Jugendkulturen und Musik. Der Studie „Profane Culture"

ment „Musik" nicht getrennt von anderen Elementen, Wertvorstellungen und Eigenschaften eines jugendkulturellen Stils betrachtet werden darf. Er entdeckt Homologien zwischen der Betonung der Körperlichkeit und Maskulinität der Motorrad-Jungs und der von dieser Gruppe bevorzugten Rock'n'Roll-Musik. Eine ebenso homologe Beziehung bildeten die präferierte Musik der Hippies (Psychedelic Rock) und die für die Hippie-Kultur typische Absage an alles Konventionelle sowie ihr Interesse an Spiritualität und Transzendenz. Weiter findet Willis heraus, dass Hippies eher LPs horchten, währenddessen die Motorrad-Jungs Singles bevorzugten; dass den Hippies die Texte wichtiger waren als den Rockern und dass das Tanzen zur Musik zwei unterschiedliche Bedeutungen hatte. Den Hippies ging es um Erfahrung, um konzentriertes, ruhiges Zuhören und Selbsterkenntnis, demzufolge hörten sie am liebsten Konzeptalben. Im Gegensatz dazu sahen die Rocker Musik eher als Zerstreuung und momentanen Zeitvertreib. Diese Präferenzen, so Willis, entsprachen den grundsätzlichen Einstellungen dieser beiden Vergleichsgruppen. Für die Jugendlichen enthielt die Musik auf symbolische Weise alle wichtigen Werte der jeweiligen Kultur.

Musik ist wesentliches Element jugendkultureller Stilbildung.[57] Das am CCCS entwickelte Stilkonzept kann Aufschluss über die jeweilige Positionierung musikalischer Ausdrucksmittel im jugendkulturellen Feld geben: Warum wird von einer bestimmten Gruppe diese oder jene Musik bevorzugt, warum eine andere vielleicht vehement abgelehnt? Wie werden durch unterschiedliche Musikpräferenzen Mechanismen jugendkultureller Distinktion wirksam, sowohl gegenüber der Elterngeneration als auch gegenüber anderen jugendkulturellen Gruppierungen? Auf welche Art und Weise wird mit Bedeutungen einer bestimmten Musik umgegangen? Für die Analyse der Aneignung von Musik steht damit die Frage im Vordergrund, wie eine bestimmte (bereits mehr oder weniger mit Bedeutung versehene) Musik von einer bestimmten sozialen Gruppe mit einer (neuen) Bedeutung versehen wird und damit der Identität dieser Gruppe Konturen verliehen werden. Für die wissenschaftliche Analyse werden damit musikalische

---

liegt Willis' unveröffentlichte Dissertation „Pop music and youth culture" aus dem Jahr 1972 zugrunde, in der die Verknüpfung von Musikgeschmack und jugendkulturellem Stil im Vordergrund steht.
57 Auch in Jugendkulturen, deren zentrales Stilelement nicht die Musik ist (z.B. Skateboarder-Szene), spielt Musik eine wesentliche Rolle (Parzer 2003; 2005).

Vorlieben auch als Mittel der Artikulation bestimmter (politischer) Bedürfnisse einer Gruppe bedeutsam.

Allerdings sind der Jugendkulturforschung in der Tradition der Cultural Studies auch Grenzen gesetzt. Sarah Thornton (1996) kritisiert die den frühen Jugendkulturstudien zugrunde liegende Idealisierung und Romantisierung politischer Widerstandspotentiale von Jugendkulturen. Dick Hebdige und Paul Willis sahen in deren Distinktionsbestrebungen eine ausschließlich positive und progressive Kraft; jugendkulturelle Vergemeinschaftungsformen wurden als Auflehnung gegenüber einer repressiven Hegemonie interpretiert. Im Gegensatz dazu interpretiert Thornton jugendkulturelle Distinktionspraktiken weniger als wünschenswerte Systemkritik, sondern als potentielle Produktion neuer Diskriminierungen innerhalb der Popularkultur: „Each cultural difference as a potential distinction, a suggestion of superiority, an assertion of hierarchy, a possible alibi for subordination. In many circmumstances, then, the politics of difference is more appropriately cast as discrimination and distinction" (Thornton 1996, 166).

Darüber hinaus werden die Herangehensweisen der ersten CCCS-ForscherInnen an Jugendkulturen als „elitär" kritisiert. Indem ausschließlich bestimmte, meist besonders spektakuläre Jugendkulturen untersucht wurden, blieb die Mehrheit der Jugend und deren Verhaltensweisen völlig vernachlässigt (vgl. Clarke 1990). Ebenso problematisch wie die Unterteilung „Jugendsubkultur" versus „gewöhnliche Jugendliche" ist die Differenzierung zwischen „Mainstream" und „Subkultur". Kritisiert wird Hebdiges Sichtweise von Punk als eine von jeglichen kommerziellen Interessen entkoppelte Subkultur. Denn auch bei Punk handelt es sich letztendlich um ein „Mainstream"-Genre, das neben vielen anderen Stilen existiert(e) – wie der kommerzielle Erfolg von z.B. The Clash zeigte (vgl. Negus 1996, 20). Generell ist das Konzept eines undifferenzierten „Mainstreams" ungeeignet: „Der Mainstream" ist nicht, wie suggeriert wird, ein homogener Einheitsbrei, sondern ein bunter Mix von unterschiedlichen Gruppierungen mit eigenen Interessen, Stilen und Aktivitäten. In neueren Studien wird versucht, den Umgang mit Musik nicht mehr entlang binärer Oppositionen (authentisch versus kommerziell, Subkultur versus Mainstream etc.), sondern innerhalb eines breiteren Rahmens zu lokalisieren. Dazu zählen auch die Arbeiten von John Fiske, der sich vor allem mit der Rezeption kommerziell besonders erfolgreicher Musik beschäftigt.

Madonna-Rezeption als Kritik an der etablierten Kultur

Um eine radikale Weiterentwicklung medientheoretischer Überlegungen im Sinne der Cultural Studies bemüht sich seit Anfang der 1980er-Jahre der Kulturwissenschaftler John Fiske. Ausgehend von einer postmarxistischen Perspektive plädiert Fiske (1989) für eine Verknüpfung kulturalistischer Herangehensweisen mit Konzepten des Poststrukturalismus. Er wendet sich gegen kulturpessimistische Varianten der Popularkulturforschung (wie zum Beispiel die Kritische Theorie) und entwirft eine optimistische und positive, allerdings nicht weniger politisch bedeutsame Sichtweise populärkultureller Phänomene. Ausgangspunkt ist die Definition von (Popular)Kultur als „the active process of generating and circulation of meanings and pleasures within a social system" (Fiske 1989, 23). In Anlehnung an Jacques Derridas Programm des Dekonstruktivismus betont Fiske die Instabilität von Bedeutungen. Demnach können Texte, verstanden als Überbegriff für kulturelle Artefakte, keine bestehende und endgültige Bedeutung aufweisen. Lediglich im Zusammentreffen von Text und LeserIn innerhalb eines spezifischen soziokulturellen Kontexts könne eine momentane Bedeutung hergestellt werden. Fiske verleiht damit der für die Cultural Studies charakteristischen Betonung der Produktivität der RezipientInnen eine theoretische Grundlage, die es möglich macht, den Zusammenhang von ökonomischer und kultureller Sphäre neu zu thematisieren: Während es in der finanziellen Ökonomie um Geldzirkulation gehe, würden in der kulturellen Ökonomie die Produktion und Zirkulation von Bedeutungen im Vordergrund stehen. KonsumentInnen von Kulturwaren werden zu ProduzentInnen von Bedeutungen, die sich der Sphäre der finanziellen Ökonomie und damit der Kontrolle durch die hegemonialen Ansprüche der kapitalistischen und patriarchalen Gesellschaft entziehen. Waren werden nicht als fertige, fixe oder endgültige Produkte gekauft, sondern fungieren als Rohstoffe, aus denen Popularkultur, verstanden als die Kultur der Unterdrückten und Subordinierten, hergestellt wird: „Popular culture is made by the people, not produced by the culture industry. All the culture industries can do is produce a repertoire of texts or cultural resources for the various formations of the people to use or reject in the ongoing process of producing their popular culture" (ebd., 24).

Die Aneigung von kommerziellen Waren wird demnach nicht als Affirmation des ökonomischen Systems betrachtet; vielmehr sieht Fiske gerade im Akt der Konsumption subversives politisches Potential. Denn die Produktion von Bedeutungen und Vergnügen auf der RezipientInnenseite könne im Widerspruch zur dominanten Ideologie stehen. Damit wird die Popularkultur zur Arena des Kampfes um Bedeutungen, zum Raum potentieller Ermächtigung und Freiheit der subordinierten Menschen im Kapitalismus. Als „productive pleasures" bezeichnet Fiske jene Vergnügungen, die bei der Produktion von (oppositionellen) Bedeutungen eines kulturellen Textes entstehen. Voraussetzung dafür, dass populärkulturelle Texte Vergnügen bereiten können, sei ihre Polysemie. Darin würden sich populärkulturelle Texte von hochkulturellen Texten unterscheiden, deren Rezeptionsmodi von der dominanten Ideologie vorbestimmt seien und kaum interpretatorischen Spielraum aufweisen würden.

Fiske geht es um das jeweilige politische Potential der Popularkultur.[58] Dabei handle es sich um keine revolutionäre, sondern um eine langsam fortschreitende, zum Großteil im Mikrobereich stattfindende Politik. Fiskes Ansatz fokussiert jene Momente subtilen Widerstands in der kapitalistischen Gesellschaft, die seiner Ansicht nach dazu beitragen, die unterdrückten Menschen zu ermächtigen: „Popular change […] is an ongoing process, aimed at maintaining or increasing the bottom-up power of the people within the system. It results in the softenting of the harsh extremities of power, it produces small gains for the weak, it maintains their esteem and identity" (ebd., 188).

Zu Fiskes nicht unumstrittenen Studien zählt seine Analyse[59] des „Pop-Phänomens" Madonna (Fiske 2000). Objekt seiner Forschung ist die Pop-Ikone Madonna als kultureller Text: Dazu zählen Images, Videos,

---

58 In einem späteren Text verwendet Fiske in Anlehnung an Bourdieu den Begriff „populärkulturelles Kapital", „which can serve, in the subordinate, similar functions to those of official cultural capital in the dominant context" (Fiske 1992, 33).
59 Methodisch plädiert Fiske für eine Kombination von semiotischer Textanalyse und Ethnografie: Ziel der Textanalyse ist es, die potentiellen Lesarten bzw. das politische Potential des jeweiligen Textes zu identifizieren; die Ethnografie hingegen soll Aufschluss darüber geben, unter welchen Bedingungen welche Lesart bevorzugt wird. Die zentrale Frage lautet nicht *was*, sondern *wie* die Menschen „lesen".

Songtexte, Medienpräsenz etc. Fiske weigert sich, Madonna als Repräsentantin patriarchalischer und sexistischer Verhältnisse im Kapitalismus zu interpretieren und betont Alternativen zu dieser insbesondere im akademischen Diskurs dominanten Lesart. Fiske zeigt, dass es

> „Freiräume innerhalb ihres [Madonnas, M.P.] Images [gibt, M.P.], die der ideologischen Kontrolle entkommen und ihrem Publikum erlauben, Bedeutungen herzustellen, die mit seiner sozialen Erfahrung zusammenhängen. [...] Ihr Image wird dann nicht zu einer Modellbedeutung für junge Mädchen im Patriarchat, sondern zu einem Ort des semiotischen Ringens zwischen den Kräften der patriarchalischen Kontrolle und des weiblichen Widerstands, des Kapitalismus und der Beherrschten, der Erwachsenen und der Jugendlichen" (Fiske 2000, 115).

Als Beispiel erwähnt Fiske u.a. Madonnas Video „Like a virgin", in dem auf widersprüchliche Art und Weise mit Feminität, Sexualität und Religion gespielt und so die vorherrschende Definition von Weiblichkeit herausgefordert werde. „Zu viel Lippenstift hinterfragt den geschmackvoll geschminkten Mund, zu viel Schmuck hinterfragt die Rolle des weiblichen Aufputzes im Patriarchat. Exzeß überbordet die ideologische Kontrolle und bietet Raum für Widerstand" (ebd., 123).

Im Gegensatz zur Jugendkulturforschung der Cultural Studies interessiert sich John Fiske nicht für besonders auffällige und spektakuläre (sub)kulturelle Umgangsformen mit populärkulturellen Gegenständen, sondern für jedwede Art kultureller Praxis im Alltagsleben der Menschen. Gerade bisher im akademischen Diskurs unbeachtete musikalische Formen wie Songs von Madonna oder Videos der Pop-Gruppe A-Ha sind für Fiske von besonderem Interesse. Dabei geht es nie um eine Beurteilung der ästhetischen Qualität von Musik, vielmehr wird der kulturelle Wert einer Musik ausschließlich am politischen Potential der jeweiligen Musikaneignung gemessen.

Allerdings birgt Fiskes Ansatz auch Probleme. Rainer Winter (2001) kritisiert Fiskes Annahme, dass jeder populäre Text potentiell widerständisch sei. Dies gehe auf Kosten einer Beachtung affirmativer Aneignungsweisen populärer kultureller Gegenstände (vgl. Winter 2001, 218). Indem jedweder populärer Musik potentielles Empowerment zugesprochen wird, werden die Gründe, warum sich Menschen für eine bestimmte Musik entscheiden, völlig vernachlässigt. Bei Fiske wird jede Popmusik undifferenziert in einen Topf geworfen; für die

Analyse werden lediglich jene Beispiele herausgesucht, an denen sich semiotische Interpretationen sehr gut veranschaulichen lassen. Gerade die Frage nach dem spezifischen Musikgeschmack von bestimmten gesellschaftlichen Gruppen könnte sehr viel mehr Aufschluss über die politischen Mechanismen kulturellen Konsums geben. Indem Fiske in jeder populären Musik politisches Potential ortet, wird den Menschen erst recht jegliche kulturelle Autonomie abgesprochen. Denn was sie hören, ist völlig egal; ob sie das politische Potential tatsächlich verwirklichen, ist nicht gewiss; und ob sie sich ihrer subkulturellen Strategie bewusst sind, spielt keine Rolle. Fiskes Radikalisierung der Medienrezeptionstheorie gibt Anlass, einige Probleme der Cultural Studies einer näheren Betrachtung zu unterziehen.

2.4 Desiderate und Kritik

Das Forschungsprogramm der Cultural Studies weist eine Reihe von ungeklärten Fragen sowie zahlreiche theoretische, epistemologische und methodische Unzulänglichkeiten auf. Kritik kommt – entsprechend dem Anspruch einer selbstreflexiven Forschungsperspektive (Grossberg 1994, 129) – auch aus den eigenen Reihen (u.a. Morris 1990, Morley 1993, Grossberg 1994). Drei Problemfelder sollen im Folgenden unter besonderer Berücksichtigung der in dieser Arbeit verfolgten Fragestellung diskutiert werden: Die Überpolitisierung populärer Phänomene (die ihren Ausdruck in der unreflektierten Romantisierung subkultureller Praxis findet), die der Vernachlässigung der Produktionsebene geschuldete Annahme einer aktiven Medienrezeption sowie die Ausblendung jeglicher ästhetischer Fragen.

Überpolitisierung populärkultureller Praktiken

Kritik richtet sich gegen die euphemistische Überpolitisierung populärer Phänomene. Vor allem in den Jugendkulturstudien, aber auch in der neueren Rezeptionsforschung, besteht die Tendenz einer Romantisierung und Verherrlichung (subversiver) kultureller Praktiken. Es mag schon sein, dass die Aneignung von Rockmusik Vergnügen bereitet sowie Empowerment und „Eigensinn" stärkt, und es ist auch wahrscheinlich, dass Madonnas Video-Clips vielen jungen Mädchen als Vorbild für ein selbstbewusstes Auftreten dienen und maßgeblich an deren Identitätsstiftung beteiligt sind. Unklar bleibt aber – und das nicht nur auf theoretischer Ebene, sondern auch in den empirischen Studien – welche Bedingungen gegeben sein müssen, damit überhaupt ermächtigende Lesarten stattfinden:

> „Natürlich lässt sich Eigensinn im Umgang mit Medieninhalten identifizieren. Spannender wäre es zu erfahren, warum er sich manchmal behauptet und manchmal nicht. [...] Medienrezeption wäre dann unter bestimmten Umständen nicht nur als eine Quelle der Selbstbehauptung und Ermächtigung, sondern auch des Selbstausschlusses und der Erniedrigung zu interpretieren. Da aber in der kulturalistischen Medienforschung die Tatsache, dass die Rezipienten Medieninhalte zur Ausbildung ihrer Identität verwenden, schon als Zeichen der Ermächtigung gewertet wird, bleibt die andere, dunklere Seite der Medienrezeption systematisch ausgeklammert" (Gebesmair 2008, 29f.).

Oft wird das subversive Potential populärkultureller Praktiken schlicht und einfach überschätzt. Nicht jede Musikrezeption zeitigt politische Effekte, nicht jedes Anhimmeln eines Popstars kann als Kritik an bestehenden Herrschaftsverhältnissen, nicht jede Aneignung von Musik als symbolischer Kampf um Machtpositionen interpretiert werden.

Aus den eigenen Reihen kritisiert in diesem Zusammenhang Grossberg (1986; 2000) die Überwertung der „signifying practices" in den Studien der Cultural Studies, insbesondere in Bezug auf die Aneignung von Musik. Grossberg fragt danach, wie die von populärer Musik produzierten Affekte wie Lust, Vergnügen, Spaß etc. im Zusammenhang mit Ermächtigung im Alltagsleben stehen können, welche politischen Möglichkeiten diese Ermächtigung impliziert, aber auch welche Grenzen ihr gesetzt sind. Im Vergleich zu den Subkultur-TheoretikerInnen des CCCS setzt Grossberg dem oppositionellen Potential populärer Musik sehr enge Grenzen. Populäre Musik, so Grossberg, fordere die politischen und ökonomischen Institutionen der Gesellschaft nur selten heraus, sie verbleibe zumeist innerhalb des Raumes des Alltagslebens und damit innerhalb der dominanten Kultur. Die Musik produziere lediglich eine Art Außenseite; einen Raum, innerhalb dessen jene für Empowerment bedeutsamen Netzwerke affektiver Ermächtigung aufgebaut werden können. Damit wendet sich Grossberg gegen jene romantische Vorstellung, populäre Musik (bzw. Subkultur) sei inhärent oppositionell und stehe außerhalb der Hegemonie und in Opposition zu den Interessen der dominanten Kultur. Die subversive Macht sei nicht abhängig von potentiellen, den hegemonialen Interessen entgegen gesetzten Bedeutungen, sondern von den Möglichkeiten, Lust und Vergnügen zu bereiten. Entsprechend vorsichtig resümiert Grossberg:

> „So ist alles, was Rock [gemeint ist populäre Musik im Allgemeinen, M.P.] tun kann, die Veränderung der Rhythmen des Alltagslebens. [...] Wenn er keinen Widerstand definieren kann, so kann er zumindest eine Art Ermächtigung anbieten, die es den Leuten erlaubt, ihren gelebten Kontext zu finden. Er ist eine Möglichkeit, sich durch den Tag zu bringen" (Grossberg 2000, 245).

Annahme einer aktiven Medienrezeption

Jim McGuigan (1992) problematisiert die für den Kulturalismus typische Zelebrierung populärkulturellen Konsums als „new revisionism". Damit meint er eine wissenschaftliche Position „which vastly overestimate[s] consumer power, falling into an uncritical populism not entirely different from right-wing political economy" (McGuigan 1992, 76). Die für die Medienforschung bahnbrechende – allerdings mittlerweile über Stuart Halls ursprüngliche Intention hinausgehende und in zahlreichen Studien überstrapazierte – Erkenntnis der aktiven RezipientInnen verdrängt den Blick auf Formen der affirmativen Aneignung medialer Inhalte. Aus Sicht der Cultural Studies liegt die Macht der Bedeutungsproduktion weitgehend bei den KonsumentInnen. Damit entziehen sich allerdings die Inhalte der konsumierten Medien selbst der Kritik: „Die Gefahr an der Zelebrierung der Subversivität im Konsum von Popularkultur ist, daß die Möglichkeit politischer Kritik verschwindet, wenn die Inhalte und Formen nicht mehr kritisierbar sind, da ohnehin nur ihre Aneignung durch die Konsumenten ausschlaggebend ist" (Lutter/Reisenleitner 2002, 69).

Kritik richtet sich in diesem Zusammenhang gegen die einseitige Betrachtung des kulturellen Kommunikationsprozesses, wodurch der Eindruck entsteht, die Sphäre der „Konsumption" bilde eine mehr oder weniger autonome Realität abseits der Produktionsebene. Indem die Bedeutung z.B. von Popsongs primär auf der Rezeptionsebene untersucht wird, werden die spezifischen Produktionsbedingungen von Musik in der Kulturtheorie der Cultural Studies vernachlässigt.

Die zentrale Frage lautet letztendlich: Wie frei und autonom sind wir wirklich, wenn es um Konsumentscheidungen, um die Auswahl unserer Lieblingsmusik oder die Interpretation spezifischer Star-Attitüden geht? KritikerInnen äußern sich insbesondere hinsichtlich der attestierten machttheoretischen Dimension aktiver Medienrezeption skeptisch. So meint Ien Ang: „audiences may be active in myriad ways in using and interpreting media, but it would be utterly out of perspective to cheerfully equate ‚active' with ‚powerful', in the sense of ‚taking control' at an enduring, structural or institutional level" (Ang 1996, 243).

Vernachlässigung ästhetischer Fragen

Zentrales Charakteristikum der Beschäftigung mit Musik und Musikgeschmack im Rahmen der Cultural Studies ist die Betonung der Kontextgebundenheit jeglicher kultureller Praxis. Um die Bedeutung zu verstehen, die einer bestimmten Musik beigemessen wird, ist es erforderlich, die Präferenz für bzw. die Aversion gegen bestimmte Genres, Stile oder Songs unter Berücksichtigung ihrer politischen, ökonomischen und alltagskulturellen Zusammenhänge zu analysieren. Diese „radikale Kontextualisierung" (Grossberg 1994) führt allerdings dazu, dass die Musik in der wissenschaftlichen Analyse völlig ausgeblendet wird. Aus musikwissenschaftlicher Perspektive richtet sich Kritik gegen die für die Cultural Studies charakteristische Annahme, die Bedeutung von Musik könne lediglich außermusikalisch erklärt werden:

> „A common omission with such views is a failure to entertain the possibility that the articulation of affect and meaning through music cannot be explained solely by reference to ‚the cultural', and that characteristics of music's signifying practices specific to itself constitute an important and inescapable part of social and cultural processes. [...] There are aspects of affect and meaning in culture that can only be accessed through an understanding of the specific qualities of the signifying practices of music as a cultural form: that is: its sounds" (Shepherd/Wicke 1997, 34).

Aus soziologischer Sicht steht allerdings weniger die Bedeutung des „Sound" (verstanden als Ergebnis bestimmter musikalischer Strukturen bzw. spezifischer psychoakustischer Parameter) im Vordergrund, sondern ganz allgemein die Frage nach der Ästhetik populärer Musik: Als „value problem in Cultural Studies" bezeichnet Simon Frith (1987; 1991; 1996) die Vernachlässigung von Geschmacksurteilen. Indem die

Qualität einer bestimmten Musik lediglich nach deren sozialem Gebrauch beurteilt wird, bleibe die Frage nach den ästhetischen Kriterien unbeantwortet. Friths Grundannahme lautet, dass Werturteile ein wesentlicher Bestandteil von populärkultureller Praxis seien und daher zum Objekt wissenschaftlicher Analyse gemacht werden müssten. „Even if pop tastes are the effects of social conditioning and commercial manipulation, people still explain them to themselves in terms of value judgment. Where, in pop and rock, do these values come from?" (Frith 1987, 135). Es reiche nicht aus, so Frith, musikalische Präferenzen als Resultat sozialer Rahmenbedingungen zu betrachten; nicht erklärt werden könne nämlich damit, warum z.B. Madonna besser gefällt als Janet Jackson; der eine Song von Sting weniger als ein anderer. Frith kritisiert die für die Cultural Studies typische Gleichsetzung aller kulturellen Erfahrungen innerhalb der Popularkultur:

> „the populist assumption is that all popular cultural goods and services are somehow the same in their empowering value […]; the populist suggestion is that we equate romance reading and Star Trek viewing, Madonna and metal fans, shoppers and surfers, each having their own form of ‚resistance'. The aesthetic discrimination essential to cultural consumption and the considered judgments it involves are ignored" (Frith 1991, 105).

2.5 Zwischenresümee

Die Frage nach der Herstellung und Transformation von Bedeutungen kultureller Produkte als Mittel identitätsstiftender Praxis steht im Mittelpunkt der Rezeptionstheorie der Cultural Studies. Deren Konzepte von kultureller Repräsentation und Identität nehmen dabei einen wichtigen Stellenwert in der Analyse musikalischen Geschmacks ein. Identifikation wird als kontextabhängiger und kontingenter Prozess verstanden, der niemals abgeschlossen ist und permanente „Diskursarbeit" erfordert. Darunter versteht Stuart Hall „das Ziehen und Markieren symbolischer Grenzen, die Produktion von ‚Grenz-Effekten'" (Hall 2004, 169). Demnach handelt es sich bei Identitäten um relativ instabile Phänomene: „In der Spätmoderne erscheinen sie zunehmend fragmentiert und zerstreut, jedoch niemals eindeutig. Identitäten sind konstruiert aus unterschiedlichen, ineinandergreifenden, auch antagonistischen Diskursen, Praktiken und Positionen" (ebd., 170), die in spezifische Machtformen eingebettet sind. Aufgabe einer Soziologie des

Musikgeschmacks ist es, diese – den Geschmacksurteilen zugrundeliegenden – Diskurse, Praktiken und Positionen aufzuspüren und deren politisches (Widerstands-)Potential zu untersuchen.

Zu fragen gilt allerdings, inwiefern eine Geschmacksforschung, die ihren Gegenstand ausschließlich vor dem Hintergrund machtsoziologischer Überlegungen betrachtet, zu einer problematischen Verengung der Perspektive führt. Insbesondere die Überpolitisierung populärkultureller Praktiken, die häufig mit einer Romantisierung und Idealisierung der KonsumentInnensouveränität einhergeht, täuscht darüber hinweg, dass die Produktion von Bedeutungen auch im Rahmen institutionalisierter und auf Konventionen beruhender Prozesse stattfindet, die nicht per se politischer Natur sein müssen. Das „Rohmaterial" der Bedeutungsproduktion bilden nicht lediglich die Artefakte der Popularkultur, sondern auch die Diskurse der jeweiligen „Art World", die dem einzelnen Produkt erst den für die Identitätsstiftung nötigen symbolischen Mehrwert verleihen. Ansätze in der Denktradition des Symbolischen Interaktionismus richten demnach ihre Aufmerksamkeit auf die kollektiven Aushandlungsprozesse, in denen Bedeutungen entstehen. Was dies für die Analyse musikalischen Geschmacks heißt, soll im folgenden Kapitel dargelegt werden.

3. Musikgeschmack als kollektives Handeln

> *In fact a musical aesthetic – what sounds good – can be defined as a set of social conventions for listening to and interpreting a sound producing medium.*
> (Edward R. Kealy: Conventions and the Production of the Popular Music Aesthetic, 1982, S. 100f.)

Die Frage nach der Art und Weise, wie ein bestimmter Musikgeschmack zum Ausdruck gebracht wird, ist von zentraler Bedeutung für eine Analyse musikalischer Präferenzen in der gegenwärtigen Gesellschaft. Dafür bedarf es eines analytischen Rahmens, der im besonderen Maße jenen Prozessen Rechnung trägt, die einem ästhetischen Geschmacksurteil seine Konturen verleihen. Ausgehend von der Tradition des Symbolischen Interaktionismus entstanden im letzten Drittel des 20. Jahrhunderts eine Reihe von kultursoziologischen Ansätzen, die ästhetische Entscheidungen im Rahmen kontextspezifischer Aushandlungsprozesse verorten und damit dem Wechselspiel zwischen individueller Geschmacksäußerung und institutionalisierten ästhetischen Systemen einen besonderen Stellenwert beimessen.

Grundlegend für diese Forschungsperspektive ist die Vorstellung von Geschmack als „collective interpretive activity that unfolds in distinct institutional contexts and is shaped by culturally available rhetorics of aesthetic judgement" (Meyer 2000, 33).

Musikspezifische Ästhetiken, die ihren Ausdruck in verbalisierten Geschmacksurteilen finden, werden demnach als Produkt sozialer Interaktionen begriffen. Im Vordergrund stehen weder klassenspezifische Dispositionen noch soziale Strategien von Individuen oder sozialen Gruppen, sondern die Prozesse der Herstellung, Reproduktion und Transformation von Bedeutungen unter besonderer Berücksichtigung spezifischer institutioneller Kontexte. Dabei geht es weniger um die Frage, welche Musik wem und warum gefällt, sondern auf welche Art und Weise musikalische Präferenzen und Aversionen zum Ausdruck gebracht werden.

Dieses Kapitel besteht aus drei Teilen: Es beginnt mit einer kurzen Skizzierung des Symbolischen Interaktionismus hinsichtlich seiner Bedeutung für die Untersuchung von Musikgeschmack (Kap. 3.1).

Insbesondere dessen anti-essentialistische Herangehensweise an kulturelle Produkte bildet die methodologische Grundlage für eine Forschungsperspektive, die mittlerweile unter dem Namen „Production-of-Culture-Perspektive" Eingang in den kultursoziologischen Diskurs gefunden hat – und die im Zentrum dieses Kapitels steht (Kap. 3.2). Nach einer kurzen Darstellung des wissenschaftshistorischen Hintergrunds der Production-of-Culture-Perspektive werden die aus dieser Forschungstradition hervorgegangenen Konzepte der „Art World" sowie der „Music Scenes" erläutert. Die Production-of-Culture-Perspektive blieb nicht ohne Widerspruch. Insbesondere VertreterInnen des Circuit-of-Culture-Ansatzes plädieren für eine stärkere Akzentuierung der Rezeptionsebene (Kap. 3.3).

3.1 Das Erbe des Symbolischen Interaktionismus

Menschen handeln in Bezug auf eine bestimmte Musik auf der Grundlage der Bedeutungen, die diese Musik für sie besitzt. So lautet die für den hier interessierenden Gegenstandsbereich modifizierte erste Prämisse des Symbolischen Interaktionismus.[60] Diese trivial anmutende Annahme ist die Basis für eine neuartige soziologische Betrachtung von (musikalischer) Ästhetik, die versucht, der sozialen Konstruiertheit von Musik und Musikwahrnehmung Rechnung zur tragen. Zunächst stellt sich aber die Frage, wo Bedeutung (z.B. einer bestimmten Musik) überhaupt entsteht. Hier weiß die zweite Prämisse eine Antwort: Sie besagt, „dass die Bedeutung solcher Dinge aus der sozialen Interaktion, die man mit seinen Mitmenschen eingeht, abgeleitet ist oder aus ihr entsteht" (Blumer 1973, 81). Im Vordergrund steht nicht die Musik selbst, sondern der Interaktionsprozess, der als Ursprung jeglicher Bedeutungsgenese gesehen wird. Damit grenzt sich der Symbolische Interaktionismus von zwei im soziologischen Diskurs verbreiteten

---

60 Herbert Blumer (1973) formulierte in seinem 1969 erschienenen Buch „Symbolic Interactionism: Perspective and Method" die drei Prämissen des Symbolischen Interaktionismus. Die erste besagt, „dass Menschen ‚Dingen' gegenüber auf der Grundlage der Bedeutungen handeln, die diese Dinge für sie besitzen" (Blumer 1973, 81), wobei unter „Dingen" alles subsumiert wird, was in den Wahrnehmungsbereich des Menschen fällt, also physische Gegenstände ebenso wie Menschen, Institutionen, Wertvorstellungen, Theorien, geistige Produkte etc.

theoretischen Annahmen ab: Zum einen richtet sich diese Perspektive gegen die Vorstellungen von Bedeutung als etwas, das dem jeweiligen Gegenstand zu eigen ist bzw. gegen die Theorie, es gäbe eine „natürliche" oder musikimmanente Bedeutung von Musik. Stattdessen rückt der soziale Charakter von Bedeutung in den Vordergrund:

> „Musical meaning cannot be reduced to the textual level of structural association, comparisons of musemes in one piece with phrases, motifs, or patterns from others. While such associations may be part of the microstructure of listening experience, they do not necessarily fix any or much of a piece's meaning" (Feld 2005, 82).

Zum anderen wird aber auch die Annahme von Bedeutung als Ausdruck gegebener psychologischer Elemente abgelehnt, wonach die Bedeutung von Musik unter Bezugnahme auf Empfindungen, Gefühle, Ideen, Erinnerungen, Motive oder Einstellungen zu erklären versucht wird. Für die soziologische Analyse von Musik heißt das, dass die nicht selten anzutreffende Gleichsetzung von emotionalem Potential einer musikalischen Struktur und deren Bedeutungsgehalt (bzw. im weitesten Sinne auch „Wertigkeit") aus dieser Sicht verworfen wird. Blumer resümiert diese Position des Symbolischen Interaktionismus folgendermaßen:

> „Weder betrachtet er [der Symbolische Interaktionismus, M.P.] die Bedeutung als den Ausfluss der inneren Beschaffenheit des Dinges, das diese Bedeutung hat, noch ist für ihn die Bedeutung das Ergebnis einer Vereinigung psychologischer Elemente im Individuum. Vielmehr geht für ihn die Bedeutung aus dem Interaktionsprozess zwischen verschiedenen Personen hervor" (Blumer 1973, 83).

Indem der Ursprung von Bedeutung in der Interaktion lokalisiert wird, wird auch der Kontingenz von Bedeutung Rechnung getragen. So besagt die dritte Prämisse des Symbolischen Interaktionismus, dass die im interaktiven Prozess entstehenden Bedeutungen nicht endgültig, sondern wandelbar und veränderbar sind (vgl. ebd., 81).

Das Wort „Bedeutung" avanciert in dieser Theorietradition interpretativer Provenienz zu einem sowohl epistemologischen als auch methodisch relevanten Schlüsselbegriff mit weitreichenden Konsequenzen. Für die Frage des Musikgeschmacks von besonderer Relevanz sind die Konsequenzen für die Konzeptionalisierung des Zusammenhangs von Geschmack und Sozialstruktur. Folgt man den oben skizzierten

Prämissen, so beziehen sich in Blumers mikrosoziologischem Entwurf auch soziale Strukturen auf Beziehungen, „die aus der Art der Interaktion zwischen verschiedenen Personen abgeleitet sind" (ebd., 86). Die daraus resultierende Ablehnung klassenspezifischer Erklärungen kultureller Phänomene ist ein zentrales Merkmal des Symbolischen Interaktionismus. Geschmack ist weder ein Resultat der Sozialstruktur noch ein Mittel kultureller Repräsentation, sondern ein Produkt spezifischer sozialer Interaktionen:

> „They [tastes, M.P.] are formed in the context of social interaction, responding to the definitions and affirmations given by others. People thrown into areas of common interaction and having similar runs of experience develop common tastes. [...] Collective taste is an active force in the ensuing process of selection, setting limits and providing guidance [...]" (Blumer 1968, 342).

Besonders deutlich kommt diese interaktionistische Perspektive in Herbert Blumers (1969) Studie zur Pariser Mode aus den 1960er-Jahren zum Ausdruck – wenngleich es hier weniger um individuelle Präferenzbildung als um kollektive Geschmacksbildungsprozesse geht. Theoretischer Ausgangspunkt ist Georg Simmels sechzig Jahre zuvor erschienene Theorie der Mode, in der Simmel (1983) einen Zusammenhang zwischen Mode und Klassendifferenzierung feststellt: Mode entstehe, indem die Elite zum Zweck klassenspezifischer Abgrenzung distinktive Symbole auswähle, um ihr Prestige zu bekräftigen. Diese Symbole würden schließlich von Menschen aus in der Gesellschaftshierarchie weiter unten angesiedelten Milieus imitiert werden, was dazu führe, dass sich die Elite neue Symbole suchen müsse – und damit den „fashion process" vorantreibe. Im Gegensatz dazu kommt Blumer anhand seiner Beobachtung der Pariser Modeszene zu dem Schluss, dass Simmels Modell an Gültigkeit verloren habe – und plädiert für folgende Sichtweise:

> „It is not the prestige of the elite which makes the design fashionable but, instead, it is the suitability or potential fashionableness of the design which allows the prestige of the elite to be attached to it. [...] The efforts of an elite class to set itself apart in appearance takes place inside of the movement of fashion instead of being its cause" (Blumer 1969, 280).

Blumers Beitrag zur soziologischen Geschmacksforschung blieb in der (deutschsprachigen) Kultursoziologie lange Zeit weitgehend unbeachtet. Einen für die vorliegende Arbeit bedeutenden Versuch einer Revitalisierung unternimmt Heinz-Dieter Meyer (2000). In Anlehnung an Blumers Modestudie kritisiert Meyer jene soziologischen Theorien, die Geschmack ausschließlich auf seine Funktion als exklusive Ressource im Kontext klassenspezifischer Distinktionsmechanismen reduzieren und damit der Heterogenität von Geschmacksbildungsprozessen in einer modernen pluralistischen Gesellschaft nicht ausreichend Rechnung tragen würden:

> „Standard sociological theories of ‚taste-as-refinement', which view taste as a means to maintain social distance among different social classes, conflict with tastemaking practice in pluralistic societies where taste standards are no longer exclusively defined by a society's elite strata" (Meyer 2000, 33).

Der Hauptvorwurf richtet sich gegen die Vorstellung einer omnipotenten Elite, welche die alleinige Definitionsmacht über den gesellschaftlichen Wert von bestimmten kulturellen Produkten bzw. Praktiken besitze. Die zunehmende Brüchigkeit der Dichotomie von „Hoch- und Popularkultur" sowie die zunehmende Bedeutung eines auf Omnivorousness beruhenden Geschmacks würden zeigen, dass die Festlegung von ästhetischen Standards keineswegs jenen in der gesellschaftlichen Hierarchie weiter oben angesiedelten Gesellschaftsgruppen vorbehalten ist. Um der Komplexität von Geschmacksbildungsprozessen gerecht zu werden, verwirft Meyer eine klassenspezifische Erklärung von Geschmack und plädiert für einen Analyserahmen, der den Aushandlungsprozessen („negotiations") der Akteure eine größere Bedeutung beimisst. Meyer unterscheidet dabei zwei Analyseebenen. Auf der einen Seite richtet sich die Aufmerksamkeit auf die institutionellen Kontexte, in denen Geschmacksbildungsprozesse stattfinden. Je nach zu untersuchendem künstlerischen Feld stellt sich die Frage, wo bestimmte (ästhetische) Standards ausgehandelt werden – und welche Akteure mit welchen Ressourcen daran beteiligt sind. In Blumers Modestudie ist es in erster Linie die Pariser „haute couture", die als institutionelles Setting eine zentrale Rolle spielt. Als Beispiel für die Aushandlung von kulinarischen Vorlieben nennt Meyer den aristokratischen Haushalt und das bürgerliche Restaurant (ebd., 36).

Auf der anderen Seite rücken die Legitimationsrhethoriken der Akteure ins Zentrum des Interesses: „taste formation as a collective interpretation of a symbol or artifact which results in a collectively shared evaluation (as beautiful, cool, hip, tasty or ugly, awful, tasteless) requires a ‚schema' or shared frame of reference" (ebd., 36). Meyer versteht unter dem Begriff „rhetoric" „a recognizable, coherent and relatively stable figure of thought and discourse which serves individuals as a shared frame of reference to negotiate the meaning of aesthetic symbols" (ebd.).

In seiner Analyse von Geschmacksbildungsprozessen in westlichen Gesellschaften identifiziert Meyer unter Berücksichtigung ihres historischen Entstehungskontextes zwei widersprüchliche aber sich ergänzende Rhetoriken: Die Rhetorik des „Refinement" und die Rhetorik der „Authentizität". Während erstere ihren Ursprung im 17./18. Jahrhundert hat und die Ideologie der Aristokratie widerspiegelt, bildet zweitere den Kern eines an den Idealen der Aufklärung orientierten bürgerlichen Kunstverständnisses. Als musikhistorisches Beispiel nennt Meyer die Emanzipation des Komponisten von seiner Abhängigkeit von der Aristokratie, die den Übergang von „Refinement" zur „Authentizität" widerspiegle.

Meyer beschränkt sich in seinen Ausführungen auf Beispiele aus der Kunst- und Musikgeschichte; populärkulturelle Phänomene – mit Ausnahme des Fernsehens – bleiben weitgehend unberücksichtigt. Trotzdem eignet sich der Terminus „rhetoric" auch für die Fragestellungen der vorliegenden Arbeit.

> „By selectively directing attention to certain features of an aesthetic symbol, they organize and structure reality. For this reason rhetorics matter. Simply put, different rhetorics (‚pure-impure', ‚clean-dirty', ‚vulgar-refined', ‚profane-sacred') produce different taste judgements. The rhetorics that come to be culturally dominant influence tastemaking by steering the collective imagination and interpretation of new symbols one way or another" (Meyer 2000, 51).

3.2 Die Production-of-Culture-Perspektive

Unter dem Terminus „Production-of-Culture-Perspektive" werden eine Reihe von Herangehensweisen an kulturelle Phänomene subsumiert, die dem Produktionsprozessen von Kultur einen besonderen Stellenwert einräumen. Ausgangspunkt dieser aus der US-amerikanischen Kultursoziologie stammenden und mittlerweile seit drei Jahrzehnten bestehenden Forschungstradition ist die Erkenntnis, „that the social arrangements used in making symbolic elements of culture affect the nature and content of the elements of culture produced" (Peterson 1994, 163). Vor dem Hintergrund eines sehr weit gefassten Kulturbegriffes, der das Feld künstlerischer Produktion ebenso einschließt wie die Bereiche Wissenschaft oder Religion, lautet die zentrale Forschungsfrage, „how the content of symbolic elements of culture is shaped by the systems within which they are created, distributed, evaluated, taught and preserved" (Peterson/Anand 2004, 311).

Im folgenden Abschnitt soll die Production-of-Culture-Perspektive in ihren Grundzügen[61] dargestellt und hinsichtlich ihrer Relevanz für die Analyse von Geschmacksurteilen erläutert werden. Dies soll geschehen unter besonderer Berücksichtigung des aus dem kultur- und kunstsoziologischen Diskurs stammenden Konzepts der „Art World" sowie dessen Weiterentwicklung im Rahmen der Music-Scenes-Perspektive.

Entstanden ist die Production-of-Culture-Perspektive in den 1970er-Jahren im Zuge einer Erneuerung der vorherrschenden amerikanischen Kultursoziologie. Die spezifische Herangehensweise an kulturelle Phänomene, die sich erst später zu einem eigenständigen Forschungsansatz entwickelt hat, ist weniger das Ergebnis einer komplexen, bewusst konzipierten Kulturtheorie; vielmehr hat sie sich aus einer Reihe unterschiedlicher Forschungsarbeiten[62] im Laufe der Zeit herauskristallisiert. Die Gemeinsamkeit dieser Arbeiten bestand zunächst in einer neuartigen Betrachtungsweise von Kultur, die durch das Infragestellen zweier bislang den kultur- und kunstwissenschaftlichen Diskurs prägenden Grundannahmen gekennzeichnet war. Erstens richtete sich die Kritik gegen die unbefriedigenden soziologischen Erklärungsversuche des Zusammenhangs von Kultur und Gesellschaft. Zweitens forderten die VertreterInnen des Production-of-Culture-Ansatzes die Anwendung einer „nominalistischen" Perspektive, die eine Loslösung

---

61 Da es sich bei der Production-of-Culture-Perspektive nicht um eine klar abgesteckte Theorie, sondern um einen relativ offenen theoretischen Rahmen handelt, ist angesichts der Vielzahl an unterschiedlichsten Forschungsarbeiten eine auch nur annähernd vollständige Bestandsaufnahme unmöglich. Die folgenden Ausführungen beschränken sich auf jene Studien, die für die vorliegende Untersuchung von besonderer Relevanz sind.

62 Für einen Überblick siehe Peterson (1976; 1979; 1994), Peterson/Anand (2004), Dowd (2004), Smudits (2006) und Santoro (2008).

von der in den Kunstwissenschaften vorherrschenden Orientierung an einem (sozial konstruierten) Sonderstatus „der Kunst" gegenüber anderen Feldern kultureller Produktion impliziert.

„Kultur" versus „Gesellschaft": Ausgangspunkt der Production-of-Culture-Perspektive ist die Überwindung der Frage nach dem Zusammenhang von Kultur und Gesellschaft. Weder eine materialistische Auffassung, der zufolge die Kultur die Gesellschaft widerspiegele, noch eine idealistische Annahme, wonach die kulturelle Sphäre für die Produktion von Sozialstruktur verantwortlich sei, aber auch nicht die Vorstellung von Kultur und Gesellschaft als jeweils autonome Sphären könnten letztendlich Aufschluss über die Verwobenheit von Kultur und Gesellschaft geben (vgl. Peterson 1976, 670f.). Anstatt vage Spekulationen über diesen Zusammenhang anzustellen, betont Peterson die Unlösbarkeit dieser Frage[63] mit dem Ziel „to focus [...] even more explicitly [...] on the special environments where symbols are deliberately produced" (Peterson 1979, 139). Diese „special environments", verstanden als relativ autonome Produktionsmilieus, bilden die vermittelnde Instanz zwischen Kultur und Gesellschaft. In den Vordergrund rücken damit jene empirisch beobachtbaren Faktoren, die im Produktionsprozess von Kultur eine zentrale Rolle spielen. Gegenstand der Forschung sind „the processes by which elements of culture are fabricated in those milieux where symbol-system production is most self-consciously the center of activity" (Peterson 1976, 672). Der Begriff „Produktion" beschränkt sich dabei nicht auf den Akt der Herstellung („creation") kultureller Produkte, sondern umfasst sämtliche Handlungen, die an der Produktion und Reproduktion von kulturell-expressiven Phänomenen beteiligt sind: Dazu zählen die Produktion und Distribution ebenso wie die Evaluierung, Rezeption und Konsumption von Kultur. Was aber wird unter „Kultur" im Rahmen der Production-of-Culture-Perspektive überhaupt verstanden?

Nominalistische Perspektive: Peterson verzichtet auf die Formulierung einer eigenen Definition von Kultur; sein Konzept orientiert sich an einer Definition des englischen Anthropologen Edward Burnett Tylor, dessen Begriff von Kultur nicht nur Kunst, sondern auch Wissen, Glauben, Moral, Gesetz, Brauchtum etc. umfasst (vgl. Peterson 1976, 670). Für die Pro-

---

63 „[...] culture and social structure are so entwined that it is meaningless to ask whether society causes culture or vice versa" (Peterson 1994, 185).

duction-of-Culture-Perspektive verlieren damit diese unter dem Begriff der Kultur subsumierten „realms"[64] ihre jeweilige „Einzigartigkeit":

> „The production perspective underscores that, for the purposes of the inquiry at hand, there is nothing unique about any specific symbol system that prevents it being studied with standard social scientific and humanist methods, and there is, therefore, nothing sacrosanct about either nuclear physics or scientology, classical music or rap music, constitutional law or street-level law or about established church doctrine or cult worship" (Peterson 1994, 177).

Der Production-of-Culture-Ansatz unterstellt nicht, dass in jedem Symbolsystem dieselben Prozesse stattfinden, es wird allerdings davon ausgegangen, dass jedes Symbolsystem nach dem gleichen Muster untersucht werden kann; zum Beispiel die englischsprachige Romanliteratur des 19. Jahrhunderts (z.B. Griswold 1981) ebenso wie die Organisationsstrukturen in Restaurantküchen (z.B. Fine 1992). Abgelehnt wird die Vorstellung, die Beschaffenheit eines bestimmten soziokulturellen Feldes, z.B. des Kunstfeldes, ließe sich anhand der „Natur" der jeweiligen Kunst ableiten, sei also quasi der Kunstwelt inhärent. Stattdessen werden die spezifischen Produktionsbedingungen im jeweiligen soziokulturellen Feld dafür verantwortlich gemacht (vgl. Peterson 1994, 178). Ziel dieser „nominalistischen" Perspektive ist es, sowohl Gemeinsamkeiten als auch Kontingenzen in den unterschiedlichen Feldern der Kulturproduktion sichtbar zu machen und somit zu einem umfangreicheren Verständnis von Kultur zu gelangen. Diese Überlegungen entspringen dem für die amerikanische Kultursoziologie charakteristischen Bekenntnis zur Wertfreiheit sozialwissenschaftlicher Erkenntnis: Angestrebt wird eine unvoreingenommene, von Ideologien sowie persönlichen Präferenzen unabhängige Betrachtung aller kultureller Ausdrucksweisen.

Hinsichtlich der inhaltlichen Schwerpunktsetzung können zwei unterschiedliche Forschungsstränge im Rahmen der Production-of-Culture-Perspektive unterschieden werden. Insbesondere mit dem Namen Richard Peterson ist ein Forschungsprogramm verbunden, das sich der Untersuchung von strukturellen Bedingungen kreativen Handelns widmet (Peterson 1994, Peterson/Anand 2004). Dazu zählen die Ana-

---

64 Peterson verwendet für die unterschiedlichen kulturellen Bereiche wie Kunst, Wissenschaft, Religion etc. den Begriff „realms", der in Anlehnung an Pierre Bourdieu (1987) als „(soziokulturelle) Felder" übersetzt werden könnte.

lyse von Markt- und Industriestrukturen der Kulturindustrien ebenso wie von Entscheidungsprozessen in Organisationen des Kunst- und Kulturbetriebs; die Beschreibung von Berufslaufbahnen in bestimmten für die Produktion von Kunst und Popularkultur relevanten Feldern, die Untersuchung des Einflusses gesetzlicher Bestimmungen auf die kunst- und kulturindustrielle Produktion sowie die Analyse des Zusammenhangs von technologischer Entwicklung und Kunst.[65] Methodologisch orientiert sich Peterson an Modellen aus der Wirtschafts- und Organisationssoziologie, methodisch wird zumeist auf quantitative Methoden zurückgegriffen.

Eine andere Schwerpunktsetzung nehmen jene Studien vor, die sich an einer interpretativen bzw. interaktionistischen Herangehensweise orientieren und sich mit den spezifischen Aushandlungsprozessen auf der Akteursebene beschäftigen (u.a. Becker 1982, Jensen 1984). Diese Studien stehen in der Tradition des Symbolischen Interaktionismus (z.B. Becker 1982) bzw. der Wissenssoziologie (z.B. Bennett 1980) und wenden bevorzugt qualitative Methoden der Sozialforschung an. Von besonderer Bedeutung ist das von Howard Becker formulierte „Art World"-Konzept sowie dessen Weiterentwicklung im Rahmen der „Music-Scenes-Perspektive".

---

65 Sehr häufig kommt in diesen Studien das von Richard Peterson entwickelte „six-facet model of the production nexus" zur Anwendung, das der systematischen Erforschung der strukturellen Rahmenbedingungen kultureller Produktion dient (Peterson 1990, Peterson/Anand 2004). Peterson identifiziert sechs Faktoren, die – einzeln oder auch in Kombination – die Produktionsprozesse von Kultur maßgeblich beeinflussen. Zu diesen Faktoren zählen rechtliche Rahmenbedingungen („law and regulation"), der Wandel der Technologien („technology"), die Industriestruktur („industry structure"), die Organisationsstruktur („organizational structure"), Nachfrage- und Marketing-Konzepte („market") und institutionelle Berufsrollen („occupational roles"). Ziel der Analyse ist es, anhand empirischer Befunde die jeweiligen „Produktionskonventionen" (Sanders 1982), verstanden als Einflussfaktoren, zu explizieren und daraufhin zu untersuchen, auf welche Art und Weise eine Veränderung dieser Konventionen eine Veränderung der kulturellen Produkte zur Folge hat. Damit soll vor allem dem Wandel kultureller Praktiken Rechnung getragen werden.

Art Worlds

Einen wesentlichen Beitrag zur Entwicklung der Production-of-Culture-Perspektive leistete der Soziologe Howard Becker (1974; 1982). In seinem mittlerweile zum kunstsoziologischen Klassiker avancierten Buch „Art Worlds" beschreibt er seine Herangehensweise als „treating art as not so very different from other kinds of work, and treating people defined as artists as not so very different from other kinds of workers, especially the other workers who participate in the making of art works" (Becker 1982, ix f.). Eine zentrale Konsequenz der nominalistischen Perspektive im Bereich der Kunstsoziologie ist die Kritik an der Ideologie des kreativen Künstler-Individuums. Kunstwerke seien demnach nicht alleiniges Produkt eines kreativen Individuums, sondern das Resultat der Tätigkeiten zahlreicher mehr oder weniger unmittelbar am Kunstwerk beteiligter Akteure. Becker prägt den Begriff „Art World", worunter er ein „established network of cooperative links among participants" (ebd., 34f.) in einem bestimmten Feld künstlerischer Produktion versteht. Damit richtet er den Fokus auf die unterschiedlichen Akteure, die – neben und mit dem/der „KünstlerIn" – an der Herstellung eines künstlerischen Produkts beteiligt sind:

> „Art worlds consist of all the people whose activities are necessary to the production of the characteristic works which that world […] define as art. Members of art worlds coordinate the activities by which work is produced by referring to a body of conventional understandings embodied in common practice and in frequently used artefacts. […] Works of art, from this point of view, are not the products of individual makers, ‚artists' who possess a rare and special gift. They are, rather, joint products of all the people who cooperate via an art world's characteristic conventions to bring works like that into existence" (ebd., 34f.).

Becker versucht eine soziologische Perspektive zu entwickeln, in der das Feld künstlerischer Produktion als komplexes Gefüge mit einer spezifischen sozialen Organisation in den Vordergrund rückt. Er interessiert sich für die im jeweiligen Feld etablierten, oft unhinterfragten und als selbstverständlich geltenden Konventionen, die für das Funktionieren dieser sozialen Organisation verantwortlich sind: „conventions provide the basis on which art world participants can act together efficiently to produce works characteristic of those worlds" (ebd., 42). Zu diesen Konventionen zählen insbesondere auch kunstweltspezifische Ästhetiken: „Aesthetic principles, arguments, and judgements make up an important part of the body of conventions by means of which members of art worlds act together" (ebd., 131). Vor allem komplexe und hoch entwickelte Kunstwelten seien durch logisch organisierte und philosophisch untermauerte ästhetische Systeme gekennzeichnet. Ein ästhetisches System diene, so Becker, der Rechtfertigung von Werturteilen und somit auch der Legitimation bestimmter Vorlieben bzw. eines bestimmten Geschmacks. Darüber hinaus fungiere es als Anleitung für die Produktion von Kunstwerken sowie der Stabilisierung von kunstweltspezifischen Wertvorstellungen (vgl. Becker 1982, 131–134).[66]

Darüber hinaus betont Becker, dass bestimmte kunstweltspezifische Ästhetiken einer permanenten Modifizierung unterworfen seien. „An existing aesthetic needs to be kept up to date so that it continues to validate logically what audiences experience as important art work and thus to keep alive and consistent the connection between what has already been validated and what is now being proposed" (ebd., 138). Insbesondere vor dem Hintergrund permanenter (z.B. technologischer) Veränderungen ist es notwendig, ästhetische Prinzipien an die Rahmenbedingungen anzupassen.

Letztendlich würden ästhetische Konventionen auf dem Konsens aller in einer Art World beteiligten Akteure beruhen – funktionieren könne ein ästhetisches System nur, wenn die ästhetischen Werte tatsächlich von mehreren geteilt werden: „Work becomes good, therefore valuable, through the achievement of consensus about the basis on which it is to be judged and through the application of the agreed-on aesthetic principles to particular cases" (ebd. 134).

Beckers Vorstellung von art-world-spezifischen Konventionen wurde allerdings zum Gegenstand scharfer Kritik aus den eigenen Reihen. Joli Jensen (1984) sieht darin ein mechanistisches Modell, das Konventionen (verstanden als mehr oder weniger gegebene Strukturen) auf deren Einfluss auf den Produktionsprozesse reduziere. Unbeantwortet bleibe die Frage, wie denn diese Konventionen überhaupt ausgehandelt werden:

---

66 Im Gegensatz zu Kunstwelten der „Hochkultur" findet sich in der Popularkultur nur selten ein explizites ästhetisches System. Allerdings existiert auch dort eine Vielzahl u.a. genrespezifischer Konventionen, die für ästhetische Bewertungs- und Entscheidungsprozesse von zentraler Bedeutung sind.

„But what are the conventions? How are they negotiated? How do they articulate, and how are they articulated by, cultural material? To be taken seriously within an interpretative framework, artistic conventions must be seen as values that define and express a world, not merely invoked as expeditors of collective behaviour" (Jensen 1984, 112).

Im Vordergrund eines interpretativen Zugangs stehe demnach die Untersuchung der Aushandlungsprozesse bzw. in Jensens Worten: „a close and careful reading of what is being negotiated, how that negotiation develops and changes over time, what is taken as given, what is up for grabs" (ebd., 114).

Music Scenes

Seit den späten 1980er-Jahren entstanden zahlreiche Versuche, Beckers Art-World-Konzept für die Musikforschung nutzbar zu machen (u.a. Finnegan 1989, Crane 1992, Diaz-Bone 2002, Lopes 2002). Eine Weiterentwicklung stellt die im Umfeld der Production-of-Culture-Perspektive vorgeschlagene „Music-Scenes-Perspektive" (Peterson/Bennett 2004, Bennett 2004) dar. Vorrangiges Ziel ist es, dem ursprünglich aus dem journalistischen Kontext stammenden Terminus „Musikszene" eine theoretische Fundierung zu verleihen und für die Analyse musikalischer Verhaltensweisen zu adaptieren. Im alltäglichen Sprachgebrauch wird unter „Musikszene" ein geografisch definiertes Gebiet (z.B. Liverpool) verstanden, in dem ein bestimmter Musikstil entstanden bzw. lokal adaptiert wurde (vgl. Bennett 2004, 233). Diese Vorstellung einer lokal begrenzten Szene wird weder der Produktion noch der Distribution und wohl schon gar nicht den Aneignungsprozessen von Musik im Zeitalter der Globalisierung gerecht. Pionierarbeit hinsichtlich einer Revitalisierung des Szenebegriffes leistete Will Straw (1991), der den Begriff „music scene" als kulturellen Raum verstanden wissen will, „in which a range of musical practices coexist, interacting with each other within a variety of processes of differentiation, and according to widely varying trajectories of change and cross-fertilization" (Straw 1991, 368). Um eine Präzisierung des Musikszene-Begriffes bemühen sich schließlich Andy Bennett und Richard Peterson (2004), die diesen Terminus verwenden, „to designate the contexts in which clusters of producers, musicians, and fans collectively share their common musical tastes and collectively distinguish themselves from others" (Peterson/Bennett 2004, 1). In dieser Definition wird der Akteursebene ein besonderer Stellenwert eingeräumt: Eine der zentralen Fragen lautet, wie Musikszenen überhaupt konstruiert bzw. „ausgehandelt" werden. Wo aber sind die Orte, an denen in der gegenwärtigen Musiklandschaft Szenen entstehen und transformiert werden?

Peterson und Bennett unterscheiden drei Typen von Szenen. Unter „lokalen Szenen" verstehen sie alle mehr oder weniger lokalen Szenen, die sich durch geografische Grenzen bestimmen lassen. Diese Definition entspricht dem bereits erläuterten alltäglichen Verständnis von Musikszene. Als Beispiel nennen Peterson und Bennett die lokale Musikszene der Stadt Liverpool (Cohen 1991). Als „translokale Szenen" werden alle medial vermittelten und kommerziell verwerteten überregionalen Szenen bezeichnet. Dazu zählen z.B. die Alternative-Rockszene oder auch die „Dance-Music-Culture", die zwar aus zahlreichen lokalen Szenen bestehen, aber letztendlich überregional existieren. Besondere Aufmerksamkeit widmen Peterson und Bennett der „virtuellen Szene", deren Zusammenhalt völlig losgelöst von geografischen Räumen in erster Linie durch technische Medien hergestellt wird. Es handelt sich dabei um „a newly emergent formation in which people scattered across great physical spaces create the sense of scene via fanzines and, increasingly, through the Internet" (Peterson/Bennett 2004, 6f.). Dazu zählen insbesondere jene Vergemeinschaftungsformen, die via Online-Kommunikation hergestellt werden.

Peterson und Bennett sind sich der Unschärfe ihrer Typologie bewusst: „Consequently it is not useful to try to draw a hard line between scenes and nonscenes and between members and nonmembers" (ebd., 12). Klar ist, dass es Überlappungen gibt: Beinahe jedes musikalische Genre findet sich sowohl auf lokaler als auch auf translokaler und virtueller Ebene. Auf all diesen Ebenen finden sich Orte und Räume, in denen szenespezifische Ästhetiken ausgehandelt – und Geschmacksurteile zum Ausdruck gebracht werden. Zu diesen Orten und Räumen zählen letztendlich auch die im Rahmen dieser Forschungsarbeit untersuchten Online-Foren.

3.3 Auf dem Weg zu einer rezipientenorientierten Ästhetik

Die zentrale Kritik an der Production-of-Culture-Perspektive bezieht sich auf die weitgehende Ausblendung der Rezeptionsebene und die damit einhergehende Vernachlässigung der Rolle, die MusikkonsumentInnen als KonstrukteurInnen einer „Ästhetik der populären Musik" einnehmen.

Kulturindustrie ohne KonsumentInnen

Obwohl der Produktionsbegriff der Production-of-Culture-Perspektive sowohl Produktion als auch Distribution und Konsumption umfasst (Peterson 1994), liegt das Hauptaugenmerk der in dieser Tradition stehenden Untersuchungen auf der Herstellung von kulturellen Produkten. Dem Anspruch, den Kulturproduktionsprozess vollständig zu erfassen, wird damit kaum Rechnung getragen. Neuere Ansätze bemühen sich, die Interdependenzen zwischen Produktion und Konsumption stärker zu berücksichtigen. So untersuchen Keith Negus und Paul du Gay in ihrer Studie zum Musikhandel die Rolle von Vermarktungsstrategien im Kontext von Musikproduktion und Musikkonsumption (du Gay/Negus 1994). Methodologische Grundlage dieser Untersuchung bildet die Zusammenführung von Production-of-Culture-Perspektive und Cultural Studies. Während der Cultural-Studies-Ansatz den Fokus auf die Ebene der Konsumption und Rezeption von kulturellen Gütern richtet (und dafür die Produktionssphäre außer Acht lässt), stehen in der Production-of-Culture-Perspektive die Prozesse der Produktion im Vordergrund (Harrington/Bielby 2001). Ziel ist es, aus den beiden Ansätzen ein neues Modell zu entwickeln. Aus diesen Überlegungen entstand schließlich der sogenannte Circuit-of-Culture-Ansatz (du Gay 1997), der sich durch eine vielschichtige Betrachtungsweise der gegenwärtigen Kultur auszeichnet. Identifiziert werden fünf Prozesse, deren Zusammenwirken für die Produktion von Kultur von Bedeutung ist. Dazu zählen: Produktion, Konsumption, Regulation, Repräsentation und Identität. Dieses Konzept soll nicht nur über den Produktionsprozess hinausgehenden Facetten von Kultur gerecht werden, sondern auch über die Prozesse der Bedeutungsproduktion Aufschluss geben:

> „Our ‚circuit of culture' suggests that, in fact, meanings are produced at several different sites and circulated through several different processes and practices (the cultural circuit). [...] This suggests that meaning-making processes operating in any one site are always partially dependent upon the meaning-making processes and practices operating in other sites for their effect. In other words, meaning is not simply sent from one autonomous sphere – production, say – and received in another autonomous sphere – consumption. Meaning-making functions less in terms of such a ‚transmission' flow model, and more like the model of a dialogue. It is an ongoing process" (du Gay 1997, 10).

Für die vorliegende Arbeit ist der Circuit-of-Culture-Ansatz insofern von Bedeutung, als er den ästhetischen Aushandlungsprozessen auf der Rezeptionsseite einen besonderen Stellenwert einräumt. Kritisiert wird die Production-of-Culture-Perspektive nämlich auch hinsichtlich ihrer Vernachlässigung von ästhetischen Fragen – insbesondere im Zusammenhang mit populärkulturellen Formen. „This reluctance", schreiben Harrington und Bielby, „is based on sociologists' erroneous belief that aesthetic judgment within popular culture is not empirically accessible" (Harrington/Bielby 2001, 10). Wie die Erforschung einer populärkulturellen Ästhetik aus Sicht der Circuit-of-Culture-Perspektive zum Gegenstand empirischer Forschung gemacht werden kann, soll im Folgenden näher erläutert werden.

„Audience Aesthetics" als Gegenstand der Forschung

In ihrem Aufsatz „Audience aesthetics and popular culture" kritisieren Bielby/Bielby (2004) die Ausblendung ästhetischer Fragen in der soziologischen Kulturforschung. Insbesondere die Production-of-Culture-Perspektive versuche zwar herauszufinden, wie ästhetische Konventionen die soziale Organisation kultureller Produktion beeinflussen, die „Ästhetik" selbst werde aber kaum zum Gegenstand der Forschung gemacht.

> „In sum, sociologists who favor analysis of the social structural and institutional determinants of cultural production typically forego altogether any consideration of the qualities of cultural products that make them interesting or appealing to those who engage, utilize, or otherwise appreciate them and create demand for them in the first place. [...] Thus, the constitutive role of aesthetics, culture, and representation in the social relations that comprise everyday interaction and social institutions cannot be overlooked" (Bielby/Bielby 2004, 299).

Was aber wird unter „Ästhetik" verstanden? „Aesthetics are systems through which attributions of value are made regarding cultural objects" (ebd., 295). Diese ästhetischen Systeme stellen Kriterien für die Klassifikation von Kunstwerken bereit und bestimmen, was als „schön", was als „gute" oder „schlechte" Kunst oder ob etwas überhaupt als „Kunst" gilt.

In hochentwickelten Kunstwelten sei die (Re)Produktion von ästhetischen Systemen durch eine starke Institutionalisierung gekennzeichnet: KünstlerInnen, ProduzentInnen, professionelle (akademische) KritikerInnen würden eine etablierte Rolle im Produktionsprozess ästhetischer Standards einnehmen. Im Gegensatz dazu finde in der Popularkultur die Etablierung von ästhetischen Konventionen weitgehend abseits institutionalisierter Praktiken statt. RezipientInnen berufen sich auf ihr eigenes ExpertInnenwissen, wenn es um die Bewertung von Kunstwerken geht. Aufgrund ihrer Familiarität seien Narrative in der Popularkultur „offen" für unterschiedliche Interpretationen und durch mediale Vermittlung relativ einfach verfügbar.

> „As a result, popular art forms elicit audience-based critical insight about the worth or value of cultural products which competes with expert authority in popular art worlds. ‚World-of-mouth' and other personal endorsements are potentially as influential as the evaluations of professional critics on a cultural products's reception [...]. Thus, consideration of audience-based criticism is a key element of a sociological analysis of popular culture aesthetics" (ebd., 301).

Für die Analyse der Ästhetik populärkultureller Formen rückt damit die soziale Interaktion der RezipientInnen ins Zentrum der Untersuchung. Ausgangspunkt der empirischen Analyse sind die Interaktionen der Angehörigen eines bestimmten Publikums: „Doing so will reveal where claims about quality and value are being made, who is making them, the criteria that are being applied, and the basis for the legitimacy of those claims" (ebd., 311).

Ähnliche Überlegungen finden sich auch in der jüngeren Popularmusikforschung – insbesondere im deutschsprachigen Raum lässt sich seit einigen Jahren eine Tendenz hin zu einer rezipientenorientierten Ästhetik beobachten: Das „Musikalisch-Schöne" wird nicht mehr länger im Gegenstand, also den musikalischen Strukturen, zu bestimmen versucht, vielmehr richtet sich der Blick auf die (alltäglichen)

Geschmacksurteile der KonsumentInnen, um etwas über den (ästhetischen) Wert einer Musik zu erfahren (u.a. von Appen 2007, Rolle 2008, Pfleiderer 2009, siehe auch Parzer/Brunner 2010).

3.4 Zwischenresümee

Kultursoziologische Ansätze, die sich auf die Tradition des Symbolischen Interaktionismus berufen, zeichnen sich durch ihre Fokussierung kollektiver Aushandlungsprozesse aus. Weder Zusammenhänge mit sozialen Strukturen noch diskursiv verankerte Machtverhältnisse, sondern die konkreten sozialen Interaktionen bilden den Ausgangspunkt der Analyse. Aufzuspüren gilt, wo und vor allem wie diese Interaktionen ablaufen. Für die Untersuchung von Musikgeschmack lauten demnach die zentralen Fragen: Wie wird Musikgeschmack überhaupt zum Ausdruck gebracht? Auf welche verfügbaren Rhetoriken wird dabei zurückgegriffen? Welche neuen Rhetoriken werden kreiert und in Umlauf gebracht? „To study a cultural world is to gain access to the means through which we make and remake worlds, worlds that both express, and are shaped by, patterns of collective action defined as political, social, economic, and institutional" (Jensen 1984, 111). In methodologischer Hinsicht bedeutet dies, dass eine Annäherung an diese Fragen in erster Linie durch qualitative Methoden gewährleistet werden kann: „Such analysis requires qualitative methods designed to sensitively articulate the assumptions and expressions of others" (ebd., 115). Es geht nicht darum, herauszufinden, welche Musik wem gefällt (um z.B. einen Zusammenhang zwischen Musikgeschmack und Bildung zu überprüfen), sondern um das „wie": Wie werden musikalische Vorlieben und Aversionen verbalisiert, Urteile gefällt und ästhetische Maßstäbe ausgehandelt?

Neben Pierre Bourdieus Theorie kulturellen Geschmacks, in der soziale Exklusionsmechanismen im Vordergrund stehen, sowie dem Forschungsprogramm der Cultural Studies, das sich mit Fragen der kulturellen Repräsentation und Identitätsstiftung auseinandersetzt, stellt der hier beschriebene interaktionistische Ansatz eine bedeutsame komplementäre Sichtweise auf das Phänomen musikalischen Geschmacks dar. Im folgenden resümierenden Kapitel soll die Zusammenführung dieser drei Forschungsperspektiven die Relevanz für eine Analyse musikalischer Vorlieben in der Popularkultur verdeutlichen.

4. Zur kultursoziologischen Untersuchung von Musikgeschmack in der Popularkultur

Pierre Bourdieus Analyse kulturellen Geschmacks, die Repräsentationstheorien der Cultural Studies sowie die Herangehensweise des Symbolischen Interaktionismus an Geschmacksbildungsprozesse stellen die drei zentralen Anknüpfungspunkte der vorliegenden Forschungsarbeit dar: „Musikgeschmack als Mittel sozialer Exklusion", „Musikgeschmack als kulturelle Repräsentation" sowie „Musikgeschmack als kollektives Handeln" bilden als Schlüsselkonzepte die Grundlage für die hier angestrebte kultursoziologische Untersuchung von Musikgeschmack in der Popularkultur.

Bourdieu betrachtet Musikgeschmack als Mittel sozialer Exklusion: Im Rahmen seiner Distinktionstheorie fungieren Vorlieben und Aversionen als bedeutsame Ressourcen im symbolischen Machtkampf um kulturelle und soziale Superiorität. Ausgehend von der Annahme einer ästhetischen Hierarchie, die ihren Ausdruck in der Grenzziehung zwischen Hoch- und Popularkultur findet, entwickelt Bourdieu eine Gesellschaftstheorie, die eine unterschiedliche Verteilung von Geschmäckern für die Reproduktion sozialer Ungleichheit (mit)verantwortlich macht.

Auch aus der Perspektive der Cultural Studies werden Musik und Musikgeschmack an der Schnittstelle von Alltagskultur und Herrschaftsstrukturen verortet, allerdings sind die MusikrezipientInnen den Machtstrukturen nicht völlig ausgeliefert: Als Rohmaterial für die Kreation und Transformation von Bedeutungen dienen insbesondere die Artefakte der Popularkultur, die aufgrund ihrer Deutungsoffenheit Identitätsstiftungsprozesse begünstigen. Von besonderem Interesse für die Analyse musikalischen Geschmacks in der Popularkultur sind demnach die Mechanismen kultureller Repräsentation, verstanden als die Art und Weise, wie Angehörige einer bestimmten sozialen Gruppe einer Musik Bedeutung verleihen.

Eine weitere Sichtweise auf musikalischen Geschmack liefern Ansätze, die in der Tradition des Symbolischen Interaktionismus stehen: Sie begreifen ästhetische Entscheidungen als Resultat gesellschaftlicher Aushandlungsprozesse und messen dem Wechselspiel zwischen individueller Geschmacksäußerung und institutionalisierten ästhetischen

Systemen einen besonderen Stellenwert bei. Besondere Aufmerksamkeit gilt in diesem Zusammenhang der Frage, wie MusikrezipientInnen ihre musikalischen Vorlieben und Aversionen zum Ausdruck bringen.

Die zum Teil komplementären Blickwinkel dieser drei Forschungsansätze erweisen sich als fruchtbarer Ausgangspunkt für eine soziologische Analyse musikalischen Geschmacks in der Popularkultur. Trotz ihrer unterschiedlichen Schwerpunktsetzung weisen sie in Hinblick auf den gesellschaftlichen Charakter musikalischer Geschmacksurteile drei zentrale Gemeinsamkeiten auf, die im Folgenden erläutert werden.

4.1 Anti-essentialistische Perspektive

Sowohl Distinktionstheorien als auch Cultural Studies und Ansätze in der Tradition des Symbolischen Interaktionismus verpflichten sich einer anti-essentialistischen Sichtweise auf kulturelle Phänomene. Im Vordergrund steht die Frage, was in einer bestimmten Gesellschaft als Kunst gilt bzw. von bestimmten sozialen Gruppen als Kunst wahrgenommen oder als solche definiert wird. Auch Musik wird als soziales Produkt begriffen. Die zentrale Annahme lautet, dass Musik keine „natürliche" bzw. musikimmanente Bedeutung aufweist, sondern erst durch Zuschreibungen von bestimmten Akteuren Bedeutung erlangt. Allerdings existieren große Unterschiede, wenn es um die Rolle des Individuums in diesen Prozessen geht. Während Bourdieu den handelnden Subjekten einen relativ kleinen Handlungsspielraum beimisst, gehen die Cultural Studies von der Souveränität der RezipientInnen aus, die dieser Ansicht zufolge aktiv an der Bedeutungsproduktion von kommerziell hergestellter und medial verbreiteter Musik beteiligt sind. Eine Kompromisslösung bieten die Ansätze in der Tradition des Symbolischen Interaktionismus. Weder die einzelnen handelnden Akteure noch die vorgegebenen sozialen Strukturen, sondern die Wechselwirkung zwischen institutionell geprägten Konventionen und Akteuren – verstanden als kollektive Aushandlungsprozesse – werden für die Produktion von Bedeutung verantwortlich gemacht.

4.2 „Entmystifizierung" künstlerischen Schaffens

Eine zweite Gemeinsamkeit bezieht sich auf die „Entmystifizierung" künstlerischen Schaffens, die in der zum Teil recht radikalen Ablehnung zentraler kunst- und musiktheoretischer Begrifflichkeiten wie „Kunst", „KünstlerIn", „Genie", „Autonomie" etc. zum Ausdruck kommt. Im Gegensatz zu spezifisch kunstwissenschaftlichen Ansätzen wird nicht von dem konkreten Kunstwerk ausgegangen, sondern musikalisches als soziales Handeln begriffen. Pierre Bourdieus Entlarvung des „legitimen" und „natürlichen" Geschmacks als Produkte sozialer Reproduktionsbestrebungen der Eliten, Paul Willis' Entdeckung der „symbolischen Kreativität" in populärkulturellen Praktiken sowie Howard Beckers Absage an die Ideologie des kreativen Künstler-Individuums rauben der Kunst ihren autonomen Status, der häufig jenseits des Sozialen verortet wird.

Weitreichende Konsequenzen hat eine solche Auffassung für die Betrachtung der Dichotomie von Hoch- und Populärkultur, die in jedem der drei Ansätze zum Gegenstand der Forschung gemacht und – wenngleich mit unterschiedlichen Konsequenzen – als soziale Konstruktion betrachtet wird.

Unterschiede gibt es allerdings in der Wahl der untersuchten Genres: Während Bourdieu insbesondere Formen sogenannter hochkultureller Produktion behandelt, richten die Cultural Studies ihren Fokus fast ausschließlich auf populäre Musik. Dagegen zeigen sich in Ansätzen in der Tradition des Symbolischen Interaktionismus keine Festlegungen auf eine bestimmte Art künstlerischen Schaffens.

4.3 Gesellschaftliche Bedeutung von Geschmack

Auch hinsichtlich der gesellschaftlichen Bedeutung von Musikgeschmack zeigt sich eine Gemeinsamkeit in den drei unterschiedlichen Perspektiven. Sowohl Bourdieu als auch die Cultural Studies und die Ansätze in der Tradition des Symbolischen Interaktionismus sehen ihre Aufgabe in der Untersuchung der gesellschaftlichen Bedeutung von Musikgeschmack. Dabei geht es nicht nur darum, Geschmack als soziales Produkt zu betrachten, sondern darüber hinaus auch um die Frage nach den gesellschaftlichen (unbeabsichtigten) Funktionen, Wirkungen und Konsequenzen musikalischer Vorlieben und Aversionen. Bourdieu erteilt in seiner als „Sozio-Analyse" bezeichneten Untersuchung der Vorstellung eines „natürlichen" Musikgeschmacks eine klare Absage. Anhand empirischer Daten zeigt Bourdieu, dass Musikgeschmack nicht bloß ein Resultat klassenspezifischer Strukturen ist, sondern maßgeblich an der Aufrechterhaltung bestehender sozialer Ungleichheit beteiligt ist. Im Vordergrund steht demnach die Rolle, die Musikgeschmack in sozialen Exklusionsprozessen spielt. Auf einer empirischen Ebene richtet sich das Hauptaugenmerk auf die Strukturen, die für die Perpetuierung der bestehenden Verhältnisse verantwortlich gemacht werden.

Auch für die Cultural Studies bilden unterschiedliche soziokulturelle Kontexte (wobei neben Klassenzugehörigkeit die Kategorien Geschlecht, Alter und Ethnizität berücksichtigt werden) den Ausgangspunkt der Untersuchung musikalischer Vorlieben. Konträr zu Bourdieus Auffassung sehen sie allerdings in den Artikulationen insbesondere benachteiligter Menschen die Chance kultureller Ermächtigung und damit auch das Potential der Transformation bestehender Verhältnisse. Der Fokus richtet sich auf kulturelle Repräsentationen, verstanden als die Art und Weise, wie RezipientInnen einer Musik eine bestimmte Bedeutung verleihen und damit Identitätsstiftungsprozesse initiieren.

Ansätze in der Tradition des Symbolischen Interaktionismus lehnen rein sozialstrukturelle Erklärungen musikalischer Vorlieben ab und lokalisieren Geschmacksbildung im Rahmen kollektiver Aushandlungsprozesse, die unter bestimmten sozialen, politischen und ökonomischen Bedingungen stattfinden. Die Bedeutung von Musik wird dabei als Produkt der Interaktion zwischen kunstweltspezifischen Institutionen und MusikrezipientInnen verstanden.

Unterschiedliche Akzentuierung findet sich hinsichtlich der epistemologischen Grundausrichtung der einzelnen Perspektiven. Den VertreterInnen der Cultural Studies, die sich an den Prämissen der Frankfurter Schule orientieren, geht es um die Produktion „engagierten Wissens", das für eine Verbesserung der Lebensbedingungen der Menschen nutzbar gemacht werden kann. Pierre Bourdieu, ebenso Vertreter einer kritischen Wissenschaft, verfolgt mit seiner „Sozio-Analyse" das Ziel, jene subtilen Mechanismen offenzulegen, die für soziale Ungleichheit in der gegenwärtigen Gesellschaft verantwortlich sind. Dagegen orientieren sich interaktionistische Ansätze tendenziell am Postulat der Wertfreiheit, was mitunter zur Ausblendung von machttheoretischen Fragestellungen führt (vgl. Denzin 1992).

Tabelle 1: Soziale Exklusion, kulturelle Repräsentation und kollektives Handeln als Schlüsselkonzepte einer kultursoziologischen Untersuchung musikalischen Geschmacks in der Popularkultur

Schlüsselkonzepte	Zentrale Begriffe	Fokus auf	Theoriebausteine	Vertreter/Schulen
Soziale Exklusion	Distinktion	Grenzziehungen	Theorie der feinen Unterschiede; Allesfresser-These	Pierre Bourdieu, Richard Peterson
Kulturelle Repräsentation	Identität	Identitätsstiftungsprozesse	aktive Medienrezeptionstheorie, Politics of Signification	Cultural Studies
Kollektives Handeln	Interaktion	Aushandlungsprozesse	Rhetorics of Judgement, Art Worlds, Audience Based Aesthetics	Symbolischer Interaktionismus, Production of Culture, Circuit of Culture

Ausgehend von diesen Überlegungen stellen die im ersten Teil dieser Arbeit diskutierten Theoriebausteine „soziale Exklusion", „kulturelle Repräsentation" und „kollektives Handeln" die Schlüsselkonzepte einer empirischen Untersuchung musikalischen Geschmacks in der Popularkultur dar. Musikgeschmack wird vor dem Hintergrund sozialer Distinktionsmechanismen, Identitätsstiftungs- und Aushandlungsprozesse betrachtet. Hinsichtlich der Aushandlungsprozesse gilt zu fragen, welche Rolle die Interaktionen zwischen MusikrezipientInnen und institutionalisierten Kontexten für die Artikulation von Musikgeschmack haben. In Hinblick auf Identitätsstiftungsprozesse geht es darum, herauszufinden, wie Musikgeschmack sowohl als Mittel lebensstilistischer Positionierung als auch zur Identitätsstiftung (und womöglich auch Ermächtigung) zum Einsatz kommt. Mechanismen sozialer Distinktion und Exklusion werden schließlich relevant, wenn Musikgeschmack als Mittel zur Produktion, Reproduktion und Transformation von kulturellen und sozialen Grenzziehungen genutzt wird und womöglich als Ressource im Streben nach moralischer und/oder sozialer Superiorität fungiert.

5. Online-Foren als Datenquelle qualitativer Sozialforschung

Das Internet als junge, sich rasant ausbreitende Informations- und Kommunikationstechnologie bildet den Gegenstand zahlreicher sozial- und kulturwissenschaftlicher Untersuchungen. Spätestens seit der Erfindung des World Wide Webs Anfang der 1990er-Jahre beobachten WissenschaftlerInnen verschiedenster Disziplinen die Verbreitung und Nutzung des Internets (u.a. Wellman/Haythornthwaite 2002, Hunsinger et al. 2010, van Eimeren/Frees 2010), erkunden die neu entstehenden Interaktionsräume (u.a. Star 1995, Smith/Kollock 1999, Thimm 2000, Thiedeke 2000, Burgess et al. 2009, Kneidinger 2010), erforschen die sich wandelnden Kommunikationsformen (u.a. Jones 1995, 1997, Strate et al. 1996, Herring 1996a, Baym 2010) und entwickeln Theorien über die Veränderung sozialer Beziehungen und Identitäten in der „virtuellen" Welt (u.a. Lea 1992, Rheingold 1994, Turkle 1998, Döring 1999, Rauchfuß 2003, Thiedeke 2007). Während sich die Beschäftigung mit dem Internet sehr rasch als wichtiges Forschungsfeld etablieren konnte, dauerte es relativ lange, bis das Internet als Instrument und Datenquelle der Sozialforschung erkannt wurde. Mittlerweile werden potentielle Nutzungsmöglichkeiten des Internets sowohl in der quantitativen (u.a. Batinic et al. 2002; Welker et al. 2005, Jackob et al. 2009) als auch in der qualitativen Forschung (u.a. Jones 1999, Früh 2000, Mann/Stewart 2000, O'Connor/Madge 2004, Hine 2005, Ehlers 2005, Schuegraf/Meier 2005, Murthy 2008, Fielding et al. 2008) diskutiert.

Das Internet eignet sich nicht nur für die Durchführung klassischer Datenerhebungsverfahren wie Befragung (u.a. Batinic 2003, Couper/Coutts 2006), Interview (u.a. Kivits 2005) oder Gruppendiskussion (u.a. Volst 2003), vielmehr bieten netzspezifische Kommunikationsräume eine Vielzahl natürlicher Daten, die eine non-reaktive Verfahrensweise nahe legen. Zu diesen Kommunikationsräumen zählen insbesondere Online-Foren, die quer über den Globus zunehmend an Popularität gewinnen. „Online-Forum" ist die Bezeichnung für einen internetbasierten Kommunikationsraum, in dem sich Menschen mehr oder weniger anonym treffen, um zu plaudern, zu diskutieren oder Informationen auszutauschen. Diese Foren, die sich fast überall im World Wide Web finden, gewähren soziologisch bedeutsame Einblicke in die

Alltagstheorien der Gesellschaftsmitglieder. Offen bleibt jedoch die Frage nach der Qualität dieses Datenmaterials. Um welche Art der Interaktion handelt es sich in internetbasierten Diskussionsgruppen? Welche linguistischen und sozialpsychologischen Charakteristika weisen Konversationen in Foren auf? Wer sind die typischen Foren-UserInnen? Und welche ethischen Probleme ergeben sich, wenn Diskussionen der ForenteilnehmerInnen ohne deren Zustimmung analysiert und veröffentlicht werden?

Ziel dieses Kapitels ist die Auseinandersetzung mit der Eigenart des aus Foren gewonnenen Datenmaterials und deren Implikationen für Datenerhebung, -auswertung und -verwertung. Ausgehend von dem Begriff „computervermittelte Kommunikation" (CMC)[67] (Kap. 5.1) werden zunächst Online-Foren als virtuelle Kommunikationsräume beschrieben (Kap. 5.2). Im Anschluss werden anhand der zentralen Charakteristika computervermittelter Kommunikation das Potential, aber auch die Schwierigkeiten non-reaktiver Sozialforschung in Online-Foren diskutiert (Kap. 5.3) sowie einige Fragen zur Verwendung von Online-Foren in der Forschungspraxis aufgeworfen (Kap. 5.4).

5.1 Computervermittelte Kommunikation

Der Begriff „computervermittelte Kommunikation" bezeichnet „jegliche Art des Datenaustausches und der Kommunikation, in denen Computer als technisch vermittelnde Medien die Verbindung zwischen den Kommunikationspartnern herstellen und den Transport der Kommunikationsinhalte gewährleisten" (Früh 2000, 42).[68] Die technische Voraussetzung für computervermittelte Kommunikation bildet die Vernetzung verschiedener geografisch getrennter Rechner bzw. Rechnernetzwerke, für die sich die Bezeichnung „Internet" eingebürgert hat. Als weltweites, dezentral verwaltetes System aus Netzwerken und Computern bietet dieses „Netz der Netze" nicht nur ein vielfältiges Angebot an Informationen, sondern auch eine Reihe von Kommunikationsdiensten. Zu den populärsten zählen Electronic Mail, Mailing-

---

67 Die englische Bezeichnung lautet computer-mediated communication (CMC).
68 Zur Abgrenzung von ähnlichen Begrifflichkeiten wie „Netzkommunikation", „digitale Kommunikation" oder „Computer-Kommunikation" u.ä. siehe Beck (2006, 29–31).

listen, Chats, MUDs[69] und Newsgroups. Letztere gelten als die älteste Form virtueller Diskussionsgruppen und können als Vorläufer der Online-Foren betrachtet werden. Im Unterschied zu Newsgroups, die auf dem sogenannten Usenet basieren und für deren Nutzung lange Zeit eine spezielle Clientsoftware (Newsreader) benötigt wurde, handelt es sich bei Online-Foren um einen WWW-basierten[70] Internetdienst, der sich durch besonders einfache Handhabe auszeichnet.[71] Im Laufe der letzten Jahre sind eine Reihe weiterer Kommunikationsmöglichkeiten im Internet aufgetaucht, die sich durch vielfältige Möglichkeiten der Partizipation charakterisieren lassen und unter dem Terminus „Web 2.0" bzw. „Mitmachnetz" subsumiert werden.[72]

Jeder dieser Dienste findet unter unterschiedlichen technischen und sozialen Bedingungen statt.[73] Gemeinsam ist allen Formen computervermittelter Kommunikation lediglich die Textform des Kommunika-

---

69 MUDs (= Multi-User-Dungeons) sind virtuelle Fantasy-Rollenspiele, in denen die Beteiligten aktiv an der Interaktion und Gestaltung der simulierten Umgebung mitwirken.
70 Die landläufig eingebürgerte synonyme Verwendung von Internet und WWW ist irreführend: Während der Begriff Internet streng genommen nichts anderes als die Vernetzung von Netzwerken bezeichnet, steht das Anfang der 1990er-Jahre entwickelte WWW für einen hypertextbasierten Dienst im Internet zur Darstellung von Text und Multimedia-Inhalten.
71 Eine ausführliche Beschreibung der unterschiedlichen Internetdienste findet sich in Beck (2006, 57–146).
72 Die ARD/ZDF-Onlinestudie 2008 unterscheidet sechs Angebotsformen des Web 2.0. Dazu zählen 1. virtuelle Spielwelten, 2. Weblogs, 3. die Onlineenzyklopädie Wikipedia, 4. Bilder- und Videocommunities (z.B. YouTube), 5. Soziale Netzwerke/Communitys (z.B. MySpace, StudiVZ) und 6. Soziale Lesezeichensammlungen (Social Bookmarking) (vgl. Fisch/Gscheidle 2008, 357). Allerdings zeigen die aktuellen Daten der seit 1997 in Deutschland durchgeführten Online-Studie, dass trotz der aufkommenden Konkurrenz durch diese Angebote die klassischen Internetdienste wie E-Mail, Chat oder die Teilnahme an Foren zu den mit Abstand meistgenutzten Internetanwendungen zählen (vgl. ebd., 356).
73 Während Chat und MUDs als typisch synchrone Formen computervermittelter Kommunikation gelten, zählen E-Mail, Newsgroups und Online-Foren zu Kommunikationsräumen asynchroner Natur. Darüber hinaus können die unterschiedlichen Kommunikationsformen nach TeilnehmerInnenzahl (one-to-one, one-to-many, many-to-many), Identifikation (bekannt, anonym, Pseudonym), Intensität (einmalig, mehrmalig, dauerhaft) und Anlass (formell, informell) unterschieden werden (vgl. Früh 2000, 57).

tionsinhaltes, dessen Eingabe über die Computertastatur sowie seine Rezeption via Bildschirm (vgl. Döring 1999, 347).[74] Im Vergleich zur Face-to-Face-Kommunikation (FtF) rückt damit das Moment der Alokalität in den Vordergrund. Während die FtF-Interaktion am selben Ort stattfindet, kommt es bei computervermittelter Kommunikation zu einer Aufhebung geografischer bzw. lokaler Grenzen. Allerdings funktioniert auch CMC nicht „ohne Ort". Unterschiedliche Technologien schaffen den Rahmen für virtuelle Kommunikationsräume, die als zentrale Bezugspunkte computervermittelter Kommunikation die Voraussetzung für soziale Interaktion im Cyberspace bilden.

5.2 Online-Foren als Kommunikationsräume im Netz

Der Terminus „Online-Forum" fungiert als Überbegriff für eine Vielzahl unterschiedlicher WWW-basierter Diskussionsplattformen. Zu den „klassischen" Foren zählen jene sowohl kommerziellen als auch privaten Angebote, die speziell zum Zweck der virtuellen Kommunikation zwischen UserInnen eingerichtet wurden. Die Einträge werden über längere Zeiträume archiviert, dadurch kann sich jede/jeder UserIn zu jeder Zeit an einer bereits laufenden Diskussion beteiligen. Generell werden themenspezifische von allgemeinen Foren unterschieden. Während in ersteren bestimmte (Diskussions)Schwerpunkte festgelegt sind bzw. das jeweilige Forum einem bestimmten Thema gewidmet ist (z.B. Musik, Computer, Esoterik, Sport, Politik, Philosophie etc.), handelt es sich bei letzteren um mehr oder weniger offene Plauderforen, in denen über alles Mögliche kommuniziert wird.

Während „lurking"[75], d.h. das Lesen von geposteten Botschaften, in fast allen Foren ohne Anmeldung möglich ist, erfordert das Verfassen eigener Beiträge zumeist eine Registrierung als UserIn. Je nach Forum werden unterschiedliche Daten für das öffentlich zugängliche UserInnenprofil von den ForenbetreiberInnen verlangt. Dazu zählen Name, Wohnort, Alter oder Geburtsdatum, Ausbildung, Beruf, Familienstand

---

74 Nicola Döring (1999) weist darauf hin, dass es auch im Internet nicht-textbasierte Kommunikationsmöglichkeiten wie Internet-Telefonie und Internet-Videokonferenzen gibt; der Großteil der zwischenmenschlichen Kommunikation im Netz findet jedoch textbasiert statt (vgl. Döring 1999, 35).
75 Ausführlich zum Phänomen des „Lurking" siehe Stegbauer/Rausch (2001).

und E-Mail-Adresse. Allerdings variiert die Verbindlichkeit dieser Angaben von Forum zu Forum beträchtlich. Die Verlässlichkeit der persönlichen Daten ist nicht zuletzt von der jeweiligen „Netiquette" abhängig. Darunter werden spezifische Verhaltensregeln und Normen verstanden, die in jedem Forum – explizit oder implizit – festgelegt und auch sanktioniert werden.

Foren unterscheiden sich in ihrer Größe – sowohl was die Anzahl der registrierten UserInnen als auch die Anzahl der gesamten Einträge betrifft. Differenzen gibt es auch hinsichtlich der geografischen Reichweite des jeweiligen Forums. Wenngleich jede WWW-basierte Diskussionsplattform theoretisch weltweit verfügbar ist, haben die meisten Foren, insbesondere solche mit lokalem Schwerpunkt (z.B. Stadtforum, Schulforum etc.), eine beschränkte Reichweite. Wichtige Unterschiede existieren hinsichtlich der Homogenität der Mitglieder: Je größer das Forum, desto größer ist die Variation hinsichtlich soziodemografischer Merkmale (v.a. Alter und Bildung). Es existieren aber auch viele homogene Foren, dazu zählen bestimmte themenspezifische Foren bzw. Foren mit klar definierten Zielgruppen (z.B. Universitätsforum, Senioren-Forum, Frauenforum etc.).

Gemeinsam ist allen Foren das grundlegende Dialogprinzip: Ein/e UserIn gibt ein Thema vor, die anderen TeilnehmerInnen „posten" dazu ihre Meinung bzw. kommentieren jeweils vorausgegangene Statements. Dadurch entstehen häufig Diskussionen, sogenannte „Threads". Ein Thread kann je nach Forum, Thema und Laufzeit lediglich zwei oder auch mehrere hundert Beiträge umfassen. Manche Threads bleiben mehrere Jahre aktiv, andere sind bereits nach einem einzigen Tag (zumindest vorläufig) beendet. Das folgende Beispiel soll einen typischen Thread auszugsweise illustrieren:[76]

A: Servus Leute, hört ihr nur eine einzige Musikrichtung und lebt dafür oder seid ihr Allrounder die sich alles durcheinander reinziehen? Ich bin letzteres denn ich liebe Abwechslung. Wie steht's mit euch?
B: Ich war früher mit leib und seele raver, bei mir in der Gegend sinds aber irgendwie immer weniger geworden, bzw. die die noch übriggeblieben sind haben entweder nicht viel im hirn bzw. ich mag sie nicht besonders [...]

---

76 Es handelt sich dabei um den leicht gekürzten, allerdings orthografisch unveränderten Anfang eines Threads zum Thema Musikgeschmack in einem Studierenden-Forum.

> Die Musik (vor allem Schranz) hör ich immer noch sehr gerne und laut, allerdings bin ich auch nicht abgeneigt mir was aus anderen richtungen anzuhören, sofern es sich gut anhört. Dabei verabscheue ich solche „super-retorten-bands" sowie alles was nichts mit Musik als Kunstform zu tun hat... [...]

C: Ich bin zu 90% Prozent Gabber.
Höre aber auch abendzu mal was anderes,
zb: House,Techno,Hardstyle,Punk,Pop.
Aber dafür kein RNB , Hip Hop, Volksmusik usw wa würrgg

B: Hip Hob kann ich ebenfalls nicht ab, ich find des total ätzend, wenn se dastehen und nur den arm auf und abbewegen
Gabber und Hardcore kann ich mir schon anhören, allerdings nicht länger als a paar stunden, dann dreh ich nämlich durch... [...]

D: joa festelgen muss man sich net ich hör alles quer durch nur punk und metal sind meine favoriten aber gegen guten hardcore oder techno is nix zu sagen!
hip hop suckt total scheiß bullshit!!

E: HipHop/Rap, House, Rock...sind so die hauptrichtungen die ich höre!
Und mir ises scheißegal was ihr darüber sagt denn jeder hat seinen eigenen geschmack...!
Und der sollte respektiert werden!

Neben den klassischen Gesprächsforen existieren weitere Online-Foren im World Wide Web: Dazu zählen Gästebücher, die als Zusatzdienste auf verschiedenen Websites den UserInnen die Möglichkeit bieten, Lob, Anregungen oder Kritik zu äußern (vgl. Diekmannshenke 2000). Aus soziologischer Sicht besonders aufschlussreich sind Newsforen: Auf den Web-Seiten fast jeder Zeitung, Zeitschrift oder jedes Radiosenders ist mittlerweile ein Forum eingerichtet, in dem die LeserInnen bzw. HörerInnen ihre Meinung zu bestimmten aktuellen Geschehnissen „posten" können. Daraus entstehen oft Diskussionen, die für eine sozialwissenschaftliche (und vor allem diskursanalytische) Betrachtung von großem Interesse sind (u.a. Robinson 2005, Knünz 2007).

5.3 Non-reaktive Sozialforschung in Online-Foren: Herausforderungen eines neuen Datenmaterials

Online-Foren bieten die Möglichkeit einer non-reaktiven Datenerhebung: Zur Verfügung stehen „natürliche" Daten, die unabhängig von der Forschungsintention produziert werden. Dadurch beschränkt sich der Eingriff der Forscherin bzw. des Forschers auf ein Minimum.⁷⁷ Darüber hinaus begünstigt non-reaktiv erhobenes Datenmaterial eine unvoreingenommene Interpretation:

> „Da diese sogenannten ‚natürlichen' Daten von den Interaktanten nicht in Anbetracht einer forschungsleitenden Fragestellung produziert und die Erhebung selbst nicht von subjektiven Wahrnehmungsschemata geprägt wurden, ist die Wahrscheinlichkeit recht groß, daß sie nicht von vornherein mit den abgelagerten Überzeugungen zur Deckung zu bringen sind. Als quasi authentische alltagsweltliche Lebensvollzugsspuren sind sie geradezu prädestiniert dafür, Widerstand zu leisten" (Schröer 1997, 117).

Weiters liegt die Attraktivität, Texte aus Online-Foren als Datenressource für die Sozialforschung zu verwenden sowohl in der Quantität der Daten als auch in deren relativ einfacher Verfügbarkeit. Die Erhebung kann unabhängig vom Zeitpunkt der tatsächlichen Diskussion stattfinden; ebenso wenig spielen lokale Grenzen eine Rolle. Insgesamt handelt es sich bei der Erhebung in Online-Foren um ein relativ kostengünstiges und zeitsparendes Verfahren. Allerdings bedarf es einer ausführlichen methodischen Reflexion des aus Foren gewonnenen Datenmaterials.

In den letzten zwei Jahrzehnten entstanden zahlreiche Arbeiten, die das Phänomen „computervermittelte Kommunikation" aus soziologischer (u.a. Turkle 1998, Thimm 2000, Schelske 2007), sozialpsychologischer (u.a. Döring 1999, Lea 1992), linguistischer bzw. konversationsanalytischer (u.a. Herring 1996a, Cherny 1999, St. Amant 2007) und kommunikationswissenschaftlicher (u.a. Jones 1995, Strate et al. 1996, Rössler 1998, Thurlow et al. 2007) Perspektive beleuchten. Unter Berücksichtigung dieser Literatur sollen im Folgenden die zentralen für die Sozialforschung relevanten Merkmale computervermittelter Kommunikation in Online-Foren beschrieben und vor dem Hintergrund methodologischer Überlegungen diskutiert werden.

---

77 Im konkreten Fall betätigt sich die/der ForscherIn lediglich als nichtteilnehmende/r BeobachterIn bzw. als LurkerIn, die/der bestimmte Einträge in den Foren verfolgt.

Oraliteralität

Unvollständige Sätze, grammatikalische Ungenauigkeiten sowie informelle und dialektgefärbte Sprache sind in Online-Foren keine Seltenheit. Dabei werden die einzelnen Postings mittels Computertastatur getippt. Handelt es sich bei dieser Form computervermittelter Kommunikation um eine neue Art der Schriftlichkeit (Wehner 1997) oder ähnelt dieser Kommunikationsstil eher mündlicher Konversation? Zumeist wird textbasierte Kommunikation im Internet als eine hybride Kommunikationsform charakterisiert, da sie sowohl Elemente der Schriftlichkeit als auch der Mündlichkeit beinhaltet. Dies soll in dem Begriff „Oraliteralität" zum Ausdruck kommen (vgl. Mann/Stewart 2000, 182f.).

Zu den Vorteilen des mündlichen Charakters computervermittelter Kommunikation zählen vor allem Spontaneität und Authentizität der produzierten Erzählungen. Die/der typische Internetforen-UserIn verfolgt mehrere Diskussionen gleichzeitig – und agiert entsprechend rasch und spontan. Oft unterhalten sich KommunikationspartnerInnen in ihrem Dialekt; dies erschwert zwar die Datenauswertung, kann allerdings wichtige Aufschlüsse über ihre Identität und ihre Rolle im jeweiligen Forum sowie die Intimität und Vertrautheit innerhalb einer Diskussionsgruppe geben. Dagegen lautet ein Vorwurf, Konversationen in Foren seien oberflächlich und flüchtig und damit als Datenmaterial ungeeignet. Allerdings trifft dies nur auf einen Teil internetbasierter Diskussionsforen zu. Die meisten TeilnehmerInnen in Online-Foren sind daran interessiert, längerfristige Diskussionen zu führen bzw. sich ernsthaft über bestimmte Themen zu unterhalten. Sehr kurze oder nicht themengerechte Beiträge werden häufig sanktioniert.

Der Vorzug der Schriftlichkeit wiederum liegt in der reflexiven Auseinandersetzung mit dem Geschriebenen. Ein Posting kann mehrmals korrigiert, modifiziert oder auch gelöscht werden. Durch diesen asynchronen Charakter entsteht aber eine im Vergleich zur Face-to-Face-Kommunikation „unnatürliche" Gesprächssituation, da die interagierenden Personen vom unmittelbaren Handlungsdruck befreit sind. Darüber hinaus ist schriftliche Konversation sehr anfällig für Missverständnisse. Für die konkrete Forschungspraxis liegt der größte Vorteil der Schriftlichkeit computervermittelter Kommunikation in der relativ einfachen Verfügbarkeit der Daten: Durch einfache Copy- und Paste-Verfahrensweisen können Daten sehr einfach erhoben, aufbereitet und (digital) archiviert werden. Es entstehen keine Kosten für aufwendige Transkriptionen, ebenso besteht keine Gefahr etwaiger Transkriptionsfehler.

Physische Distanz und Asynchronität

Die Aufhebung lokaler und temporaler Beschränkungen zählt zu den typischen Charakteristika computervermittelter Kommunikation. Aus forschungsökonomischer Sicht ist dies ein großer Vorteil. Die Datenerhebung kann sowohl räumlich als auch zeitlich unabhängig von der aktuellen Diskussion stattfinden. Allerdings entstehen dadurch auch Schwierigkeiten. Während in Face-to-Face-Gesprächen mehrere Sinneseindrücke in der Kommunikationssituation eine Rolle spielen, bleiben bei computervermittelter Kommunikation non- und paraverbale Begleitinformationen ausgeschlossen. Botschaften wie Stimmhöhe, Lautstärke und Tempo sowie extralinguistische Äußerungen wie Mimik und Gestik, die dazu dienen, emotionale Bedürfnisse auszudrücken, können medial nicht wiedergegeben werden (vgl. Döring 1999, 41). Diese Kanalreduktion auf der physikalischen Reizebene kann zu einer Verarmung der Kommunikation bzw. zu einer Abnahme von Ausdrucks- und damit Handlungsmöglichkeiten führen (vgl. ebd., 210). Aus Sicht der Sozialforschung kommt es dadurch zu einem gravierenden Datenverlust. Gerade para- und nonverbale Elemente zwischen den Forschungssubjekten (bzw. bei reaktiven Verfahren zwischen ForscherInnen und Beforschten) bilden wertvolle Informationsquellen, die im Rahmen computervermittelter Kommunikation verloren gehen (vgl. Früh 2000, 99). Dieser Annahme lässt sich allerdings entgegenhalten, dass im Rahmen computervermittelter Kommunikation Strategien entwickelt werden, die das Fehlen vor allem optischer und akustischer Ausdrucksmittel zu kompensieren versuchen (vgl. Döring 1999, 212). Sogenannte „Emoticons" sowie Sound- und Aktionswörter sind Mittel, um paraverbale Äußerungen via Bildschirm zum Ausdruck zu bringen. Emoticons (= emotional icons) sind ikonische Zeichen, die meist aus Interpunktionszeichen gebildet werden und Emotionen und Stimmungen ausdrücken sollen (vgl. ebd., 42). Die häufigste Verwendung findet der sogenannte „Smiley". Dabei handelt es sich um die Darstellung eines lachenden oder lächelnden Gesichts (um 90 Grad gewendet), das aus Doppelpunkt, Bindestrich und geschlossener Klammer gebildet wird: :-) . Pendant dazu ist der traurig gestimmte „Frowny" :-(. Daneben gibt es das augenzwinkernde Gesicht ;-) (Ironie), den offenen Mund :-0 (Erstaunen) und die verzogenen Mundwinkel :-/ (Unsicherheit, Unentschlossenheit). In den meisten Online-Foren stehen vorgefertigte Smileys zur Verfügung, die durch Mausklick in eine Textbotschaft integriert werden können. Als Soundwörter werden künstlich erfundene Wörter bezeichnet, die auditiv wahrnehmbare Ereignisse nachahmen oder Emotionen andeuten (vgl. ebd., 44). Beispiele dafür sind „hmm", „argh", „huch", „tsts". Ähnlich funktionieren sogenannte Aktionswörter wie *zwinker*, *würg*, *staun*, *lach*, *knuddel*, die durch verkürzte Infinitive gebildet werden und der Darstellung situativer Vorgänge dienen (vgl. ebd., 45). Während Sound- und Aktionswörter ursprünglich in Chat-Konversationen entstanden sind, finden sie mittlerweile auch in Diskussionsforen rege Anwendung.

Die Ambitionen der UserInnen, ihre virtuelle Kommunikation an „reale" zwischenmenschliche Kommunikation anzunähern, legen den Schluss nahe, dass es sich bei computervermittelter Kommunikation nicht zwangsläufig um eine defizitäre Interaktionsform handeln muss. Nicola Döring geht sogar so weit, diese netzspezifischen Konventionen nicht bloß als Kompensation unzureichender medial vermittelter Kommunikation zu interpretieren, sondern vielmehr als „genuin neue expressive Meta-Botschaften", die sich u.a. durch einen stärkeren Grad an (Selbst)Reflexivität auszeichnen (vgl. ebd., 212). Für die/den SozialforscherIn besteht die Herausforderung darin, diese Kommunikationsmuster und Verhaltensweisen richtig zu deuten, zu dekodieren und in die Auswertung einfließen zu lassen. Dazu bedarf es einer Vertrautheit mit den jeweiligen Kommunikationsräumen, in denen die Untersuchung durchgeführt wird. Bevor mit der Analyse begonnen wird, ist es von Vorteil, eine längere (teilnehmende) Beobachtung in Diskussionsforen vorzunehmen, um sich den Jargon sowie die Forumsregeln und -konventionen anzueignen.

Anonymität und Identität

Als weiteres Merkmal der Kommunikation in Online-Foren gilt die Anonymität der DiskussionsteilnehmerInnen. In den Foren „treffen" sich fast ausschließlich Menschen, die einander zuvor noch nie begegnet sind. Zur Identifizierung der KommunikationspartnerInnen stehen lediglich deren User- oder Nicknames und – falls im Forum vorhanden – kurze UserInnenprofile zur Verfügung. In manchen Foren ist es üblich, die E-mail-Adresse anzugeben, wodurch zumindest theoretisch eine Kontaktmöglichkeit abseits der öffentlichen Forendiskussion möglich ist. Der Großteil der Diskussionen findet allerdings anonym statt. Nicht umsonst gilt die Frage nach der Identität in internetbasierten Kommunikationsräumen als eines der brisantesten Themen der Internetforschung (Turkle 1998, Döring 1999).

Eine weit verbreitete Annahme lautet, dass die Anonymität im Netz die TeilnehmerInnen dazu verleite, ihre Selbstdarstellung zu manipulieren bzw. imaginäre Identitäten zu kreieren. Für die Sozialforschung stellen sich zwei Fragen: 1. Inwiefern beeinträchtigen „gefälschte" Identitäten die Authentizität der Daten? 2. Wie soll damit umgegangen werden, dass es keine verlässlichen Informationen über die „wahren" Identitäten der Beforschten gibt?

Zunächst muss festgehalten werden, dass es sich bei anonymer Kommunikation keineswegs um eine neuartige Erscheinung der Online-Medien handelt. Auch in der Face-to-Face-Kommunikation finden die meisten Begegnungen anonym statt (vgl. Beck 2006, 150). Genau genommen trifft der Begriff „Anonymität" insofern ins Leere, als dass die verwendeten Pseudonyme als Mittel zur Selbstpräsentation sehr wohl Aufschluss über die Identität der DiskussionsteilnehmerInnen geben können. Über Nicknames schreibt Döring:

> „Wenn Phantasienamen [...] Verwendung finden, dienen sie häufig der Selbstdarstellung und nicht der Tarnung; sie sind im Netz eine Möglichkeit, sich selbst zu inszenieren und werden oft [...] mit den realen Namen und sonstigen Identitätsmerkmalen verbunden. Somit stellen sie dann Ergänzungen (nicht Substitute) gängiger Identitätsrequisiten dar" (Döring 1999, 311).

Aber nicht nur die Nicknames geben Aufschluss über die Identität der KommunikationspartnerInnen. Mehrere Studien haben nachgewiesen, dass sich auch in den geposteten Texten bestimmte Hinweise auf identitätsrelevante Merkmale wie Ethnizität (Burkhalter 1999) oder Geschlecht (Herring 1996a, O'Brien 1999) finden. Auf der Rezeptionsebene sind die TeilnehmerInnen eines Forums aufgrund fehlender akustischer und optischer Sinneseindrücke umso mehr auf solche „versteckten" Zusatzinformationen angewiesen. Für die VerfasserInnen von Einträgen bedeutet dies, keine vollständige Kontrolle über ihre Selbstdarstellung im Netz zu haben (vgl. Beck 2006, 156).

Mehrere AutorInnen kritisieren, dass das Ausmaß der „Identitätsspiele" im Netz überschätzt werde (vgl. Mann/Stewart 2000, 208; Döring 1999, Früh 2000). Zu unterscheiden sind in diesem Zusammenhang „role-play-communities" und „non-role-play-communities": In synchronen netzbasierten Kommunikationsräumen (z.B. Chat) oder Rollenspiel-Welten (z.B. MUDs) ist es bis zu einem gewissen Grad üblich oder sogar notwendig, mit seiner „wahren" Identität spielerisch umzugehen (Gallery 2000). Im Gegensatz dazu finden in „non-role-play-communities" – und dazu zählen Online-Foren – kaum Täuschungsmanöver statt. Gerade dort, wo Themen diskutiert und Meinungen ausgetauscht werden, ist es den Beteiligten wichtig, ehrlich zu sein (vgl. Früh 2000, 52). Nicht zuletzt stellt sich die Frage, inwieweit Selbstdarstellungen in der „realen" Welt das Etikett „authentisch" überhaupt verdienen; schließlich bedienen wir uns im Alltag permanent unterschiedlicher Inszenierungspraktiken, die unsere „wahre" Identität verschleiern: „Yet all individuals present themselves strategically, sometimes truthfully and sometimes not, to others in everyday life regardless of the medium of communication in order to accomplish their short- and long-term goals" (Watson 1997, 197).[78]

Nicola Döring macht darauf aufmerksam, dass Anonymität auch eine Art Schutzraum (oder Hinterbühne) darstelle; also nicht „falsche" Selbstdarstellungen begünstige, sondern die Basis für eine besonders intime und ehrliche Kommunikation sein könne (vgl. Döring 1999, 271f.).[79]

Welche Konsequenzen ergeben sich daraus für die Forschung in internetbasierten Gesprächsforen? ForscherInnen müssen den jeweiligen Forumskonventionen besondere Aufmerksamkeit widmen. In manchen Foren ist es üblich, seine Identität offen zu legen: In kurzen Beschreibungen finden sich Angaben zu Alter, Wohnort, Ausbildung, Beruf, Hobbys, Links zu eigenen Homepages, e-Mail-Adressen etc. Handelt es sich darüber hinaus um ein Forum, in dem die Auseinandersetzung mit einem spezifischen Thema im Vordergrund steht und

---

78 Eine fundierte soziologische Analyse dazu findet sich bereits bei Goffman (1976).
79 Nicola Döring befragte sechzig ChatterInnen, davon gaben 38 % an, dass sie oft, 45 % dass sie manchmal im Web ehrlicher und offener auf andere Menschen zugehen als im „realen" Leben (vgl. Döring 1999, 271f.).

in dem die „Netiquette" ernst genommen wird, kann davon ausgegangen werden, dass diese Angaben auch stimmen. In anderen Foren werden diese Angaben nicht verlangt – oder aber dem Wahrheitsgehalt der Selbstdarstellung wird keine allzu große Bedeutung beigemessen: Wenn in einem Rockmusikforum plötzlich ein 100-jähriger Schlagzeuger auftaucht oder als Wohnort der Planet Mars angegeben wird, lässt sich die Glaubwürdigkeit dieser Informationen auf den ersten Blick einschätzen. Werden für die Fragestellung exakte Daten zur Verteilung soziodemografischer Merkmale in einem Forum benötigt, ist es unerlässlich, die ForenteilnehmerInnen[80] zu kontaktieren, um an diese Informationen zu gelangen.[81]

Anonymität und De-Individuation

Anonymität und fehlende Sichtbarkeit der KommunikationspartnerInnen haben nicht nur einen Einfluss auf deren Selbstdarstellung, sondern auch auf die sozialen Beziehungen innerhalb der Diskussionsgruppe. So ist die Sozialforschung im Netz mit der Annahme konfrontiert, dass die Anonymität computervermittelter Kommunikation enthemmtes Verhalten bewirke – was vor allem in besonders übertriebenen Äußerungen von Meinungen und Einstellungen zum Ausdruck komme. Für die Analyse von Datenmaterial aus Online-Foren stellt sich die Frage nach der potentiellen Verzerrung der in den Postings getätigten Aussagen. Empirische Befunde zeichnen ein differenziertes Bild: Während der sogenannte „reduced social cues"-Approach (Kiesler et al. 1984) davon ausgeht, dass Anonymität zu De-Individuation und damit zu normverletzendem Verhalten führe, kommen neuere Forschungen zu anderen Ergebnissen. Zu den bekanntesten sozialpsychologischen Modellen zählt das SIDE-Modell (Social Identity And De-Individuation-Modell) (Spears/Lea 1992), in dem zwischen der sozialen und der individuellen Identität eines Individuums unterschieden wird. Je nach Kontext der Kommunikationssituation wird entweder die soziale oder die personale Identität stärker akzentuiert. Eine zentrale Annahme lautet, dass im Falle

---

80 In diesem Fall empfiehlt es sich, auch Kontakt mit den ForumbetreiberInnen bzw. mit den jeweiligen ModeratorInnen aufzunehmen.
81 Allerdings zeigt sich, dass in zahlreichen Foren große Antipathien gegenüber jeglichen VoyeurInnen und unerwünschten Eindringlingen – und dazu gehören insbesondere auch ForscherInnen – gehegt werden.

salienter sozialer Identität(en) die Orientierung an den Gruppennormen durch fehlende soziale Hinweise (= Anonymität) verstärkt wird, weil die individuellen Charakteristika der KommunikationspartnerInnen nicht erkennbar sind und daher die Gruppe insgesamt für homogener gehalten wird als sie tatsächlich ist: Die Folge ist eine verstärkte Orientierung an den Normen der Gruppe bzw. gruppenkonformes Verhalten (vgl. Spears/Lea 1992, 47). Ist allerdings von Anfang an eine personale Identität salient, kommt es zu einer Verstärkung individueller Werte bzw. zu einer Relativierung von Gruppennormen und mitunter zu einer Einnahme von Extrempositionen in Diskussionen (vgl. ebd.): „In other words, de-individuation as anonymity should serve to accentuate the effects of the salient identity (social or personal), and the dominant normative response associated with it" (ebd.)

Beobachtungen in unterschiedlichen Online-Foren legen die Vermutung nahe, dass in themenspezifischen sowie kleinen Online-Foren soziale Identitäten eine große Rolle spielen und aufgrund des gemeinsamen Interesses individuelle Präferenzen und Einstellungen in den Hintergrund treten. Im Gegensatz dazu erschweren große und unüberschaubare Plauderforen die Möglichkeiten gruppenspezifischer Identifikation, weswegen hier Nonkonformität wahrscheinlicher ist. Allerdings sind normverletzenden Verhaltensweisen wie z.B. „Flaming"[82] durch mittlerweile in fast jedem Forum etablierte Verhaltensregeln enge Grenzen gesetzt. Die „Netiquette" umfasst Richtlinien für korrektes und faires Verhalten im Internet. Neben allgemeinen, meist impliziten Regeln entwickelt jede Diskussionsgruppe ihren eigenen Verhaltenskodex, der zumeist schriftlich fixiert und dessen Akzeptanz für eine Registrierung im Forum Voraussetzung ist.[83]

Was bedeutet dies für die Datenauswertung? Vorsicht ist geboten bei der Analyse einzelner Postings. Hasstiraden – oder heftig artikulierte musikalische Aversionen – müssen nicht unbedingt die (tatsächliche) Stärke einer Ablehnung wiedergeben. An der Art der Meinung oder Einstellung muss nicht gezweifelt werden: Spears und Lea definieren Gruppenpolarisierung als „tendency for the mean attitudes or deci-

---

82 Unter „Flaming" wird stark emotionales und feindseliges Verhalten in internetbasierten Kommunikationsräumen verstanden (vgl. Lea et al. 1992).
83 Zur „Netiquette" in internetbasierten Diskussionsgruppen siehe u.a. McLaughlin et al. (1995) und Kollock/Smith (1996).

sions of individuals to become more extreme in the direction of the already preferred pole of a given scale, as a result of discussion within the group" (ebd., 37). Für die Auswertung ist es empfehlenswert, nicht einzelne Einträge, sondern den gesamten Diskussionsverlauf zu analysieren. Einzelne – aus Sicht der KommunikationspartnerInnen – unangebrachte Meldungen sowie übertriebene Äußerungen werden meist durch Zurechtweisung oder aber auch demonstratives Ignorieren entsprechend sanktioniert. Darüber hinaus ist es wichtig, das Forum, in dem bestimmte Threads analysiert werden, gut zu kennen, um mit den jeweiligen Umgangsformen, der „Netiquette" sowie den etablierten Sanktionsmechanismen vertraut zu sein.

Herrschaftsfreier Diskurs in Online-Foren?

Die rasche Diffusion des Internets führte ab Mitte der 1990er-Jahre zur Frage nach dem demokratiepolitischen Potential computervermittelter Kommunikation (u.a. Leggewie/Maar 1998, Egloff 2002). Als weit verbreitete Hoffnung galt, dass insbesondere die Alokalität computervermittelter Kommunikation einen transnationalen, grenzenlosen Raum produziere, der die gleichberechtigte Partizipation von Menschen unterschiedlicher geografischer und sozialer Herkunft möglich mache. Die Idee des Internets als herrschaftsfreier Raum basiert im Wesentlichen auf zwei Prämissen, die allerdings einer empirischen Überprüfung nicht standhalten:

Eine Annahme lautet, dass die Unsichtbarkeit der beteiligten KommunikationspartnerInnen Eigenschaften wie soziale Position, Geschlecht, Ethnizität und Alter unwirksam mache. Beiträge in Foren würden unabhängig von der Person der Absenderin/des Absenders und damit frei von Vorurteilen und Stereotypen beurteilt werden (vgl. Stegbauer 2000, 22). Mehrere Studien weisen allerdings nach, dass bestimmte askriptiv-strukturierende Merkmale auch im Netz zum Ausdruck kommen (u.a. Burkhalter 1999, Reid 1999, O'Brien 1999) und soziale Ungleichheiten auch im Netz reproduziert werden (vgl. Kendall 1999, 67, Waldstein 2005).

Eine zweite Annahme geht davon aus, dass die physische Distanz computervermittelter Kommunikation eine egalitäre Partizipation der KommunikationsteilnehmerInnen bewirke. Alle Beteiligten kämen demnach gleichermaßen zu Wort, niemandem könne die Teilnahme an der Diskussion verwehrt werden. Das Internet würde somit Unterschiede in der Fähigkeit, sich in den Kommunikationsprozess einzubringen, einebnen. Stegbauer/Rausch (2000) zeigen anhand einer Netzwerkanalyse von Beiträgen in Mailinglists, wie es in diesen Kommunikationsräumen trotz Anonymität zu einer Ausbildung differenzierter Rollen sowie Rollenzuweisungen und damit zu einer ungleichen Verteilung von Partizipationschancen kommt.

Für die Sozialforschung bedeutet dies, dass die Konversation im Netz wie Face-to-Face-Kommunikation behandelt werden muss. Ebenso wie im „echten Leben" werden auch im Netz soziale Ungleichheiten (re)produziert. Dazu kommt allerdings, dass eine von bestehenden Machtstrukturen abhängige soziale „Vorselektion" der InternetuserInnen stattfindet, die es bei der Auswahl der Stichprobe zu berücksichtigen gilt.

Digitale Ungleichheit

Eines der größten gesellschaftspolitischen Probleme – und auch eine große Schwierigkeit für SozialforscherInnen – ist die sozial ungleiche Verteilung von Internetzugängen und Nutzungsmöglichkeiten von computervermittelter Kommunikation. Als „Digital Divide", „Digitale Kluft" oder „Digitale Spaltung" wird seit Mitte der 1990er-Jahre die Tatsache bezeichnet, dass sich die InternetnutzerInnen von der Struktur der Gesamtbevölkerung zum Teil gravierend unterscheiden (Norris 2001, Arnold 2003, Witte/Mannon 2010). Weniger als 10 % der Weltbevölkerung haben Zugang zum Internet (vgl. Guillen/Suarez 2005, 681), der „typische" Internetuser ist weiß, männlich, jung und überdurchschnittlich gut gebildet. Aber auch in den westlichen Industrieländern existiert eine ungleiche Verteilung des Internetzugangs: Zu den wichtigsten Einflussfaktoren zählen nach wie vor Alter, formaler Bildungsgrad, Erwerbstätigkeit, Geschlecht (van Eimeren/Frees 2005, 364), aber auch der Wohnort (Stadt versus Land) spielt eine wichtige Rolle für die Internetnutzung (vgl. Jäckel et al. 2005). Laut ARD/ZDF-Online-Studie 2010[84] (van Eimeren/Frees 2010, 335f.) haben mitt-

---

84 Die seit 1997 jährlich durchgeführte ARD/ZDF-Online-Studie zählt zu den umfangreichsten Untersuchungen der Online-Nutzung in Deutschland. 2010 wurden insgesamt 1.804 Personen (deutschsprechende Bevölkerung) ab 14 Jahren befragt (van Eimeren/Frees 2010, 334).

lerweile 69,4 % der Erwachsenen in Deutschland einen Zugang zum Internet.[85] Während von den Männern 75,5 % das Internet gelegentlich nutzen, tun dies nur 63,5 % der Frauen. Den höchsten Anteil an InternetnutzerInnen weisen die 14- bis 29-Jährigen auf (99 %), gefolgt von den 30- bis 49-Jährigen (85,4 %). Von jenen, die 60 Jahre oder älter sind, zählen nur noch 28,2 % zu den Online-UserInnen.[86] Die Daten aus dem Jahr 2005 geben darüber hinaus Aufschluss über den Zusammenhang von Internetnutzung und Bildung: Hohe Anteile haben vor allem Personen mit formal hohem Bildungsniveau (Studium: 83,1 %, im Vergleich: Volksschule: 38,5 %) (vgl. Eimeren/Frees 2005, 365).

Trotz dieser Klüfte zeigt sich, dass in den letzten Jahren eine zunehmende Angleichung der InternetnutzerInnen an die Struktur der Gesamtbevölkerung festzustellen ist. Insbesondere Alterskluft und „Gender-Gap" verlieren von Jahr zu Jahr an Bedeutung (vgl. Eimeren/Frees 2008, 335).

Ungeachtet zahlreicher Zukunftsprognosen, die dem Internet aufgrund seiner hohen Zuwachsraten ein demokratiepolitisches Potential zuschreiben, mehren sich die Stimmen jener, die voreiligen Optimismus zurückweisen. Weniger die Verteilung von Internetzugängen sei ein brauchbares Maß sozialer Ungleichheit im Netz, sondern eine Reihe weiterer Faktoren spiele für die Reproduktion sozialer Strukturen im und durch das Netz eine zentrale Rolle. Dazu zählen die Qualität der technischen Verbindung, das Wissen um Suchstrategien, die Fähigkeit zur Beurteilung der Qualität von Informationen, das Ausmaß der Nutzung und vor allem Unterschiede in der Art und Weise der Nutzung (vgl. DiMaggio et al. 2001, 310). Seit einigen Jahren wird der Begriff „Digital Divide" durch den Terminus „Digital In-

---

85 Gefragt wurde nach der gelegentlichen Online-Nutzung.
86 Aktuelle österreichische Daten zeigen ein ähnliches Bild: Den Zahlen der Statistik Austria zufolge (IKT-Einsatz in Haushalten 2009) haben 72 % der ÖsterreicherInnen im Alter von 16 bis 74 Jahren in den letzten drei Monaten das Internet genutzt. Mit 97 % stehen die 16- bis 24-Jährigen an der Spitze; der Anteil bei den 65- bis 74-Jährigen liegt bei 21 %. Neben geschlechtsspezifischen Unterschieden (Männer 76 %, Frauen 67 %) lässt sich ein auffälliger Zusammenhang zwischen Ausbildungsniveau und Internetnutzung beobachten: Während lediglich 46 % der Personen mit ISCED-Level 0–2 zu den InternetnutzerInnen gehören, liegt der Anteil bei jenen mit ISCED-Level 3–4 bereits bei 75 % und jenen mit ISCED-Level 5–6 sogar bei 95 % (Statistik Austria 2010, 25f.).

equality" ersetzt, um den Fokus stärker auf Nutzungsdifferenzen als wichtigsten Indikator für soziale Ungleichheit im Netz zu richten.[87] Was lässt sich über die Nutzung von Online-Foren sagen? Laut ARD/ ZDF-Online-Studie 2008 nehmen 25 % der InternetuserInnen mindestens einmal wöchentlich an Gesprächsforen, Newsgroups und Chats teil. Unter den Jüngeren ist der Anteil beträchtlich höher: 72 % der 14- bis 19-Jährigen und 46 % der 20- bis 29-Jährigen nutzen diese Dienste regelmäßig (vgl. Fisch/Gscheidle 2008, 357). Aktuelle Befunde deuten allerdings darauf hin, dass diese Anwendungen tendenziell rückläufig sind, was vermutlich der großen Beliebtheit von Social Networks geschuldet ist (van Eimeren/Frees 2010, 340).

Innerhalb dieser Kommunikationsräume treten vor allem bildungsspezifische Unterschiede zu Tage. So weisen Iske et al. (2004) einen engen Zusammenhang zwischen Nutzungsdifferenzen und Bildungsgrad nach:

> „InternetnutzerInnen mit einem formal höheren Bildungsgrad nehmen eher an Abstimmungen teil, stellen eher Kontakt über Gästebücher her, veröffentlichen eher eigene Beiträge, verfassen eher Beiträge in Foren und registrieren sich eher auf Seiten als InternetnutzerInnen mit einem formal niedrigeren Bildungshintergrund" (Iske et al. 2004, 13).

Die Überrepräsentation junger Menschen legt nahe, dass es wahrscheinlich sehr einfach ist, junge UserInnen in Foren anzutreffen. Allerdings existieren mittlerweile Foren, deren Mitglieder von dem typischen InternetuserInnen-Profil abweichen (z.B. Foren für SeniorInnen, geschlechtsspezifische Foren) bzw. Foren, die sich Spezialthemen widmen und einen Zugang zu im „real life" kaum anzutreffenden Sub-Populationen ermöglichen (z.B. Selbsthilfe-Gruppen, Hobby-Foren etc.).

Ethische und rechtliche Probleme non-reaktiver Sozialforschung im Internet

Von zentraler Bedeutung für die Internetforschung ist die Frage, ob es sich bei internetbasierten Diskussionsgruppen um öffentliche Publikationsplattformen oder eher um private Kommunikationsräume

---

87 Eine ausführliche Bibliografie sowie die Dokumentation der wichtigsten Forschungsfragen im Zusammenhang mit digitaler Ungleichheit finden sich in DiMaggio et al. (2004); siehe auch van Dijk (2005).

handelt – und welche ethischen und rechtlichen Implikationen dies für die Forschung hat. Wenngleich über das Problem der Ethik internetbasierter Forschung seit Anfang der 1990er-Jahre rege diskutiert wird (u.a. Schrum 1995, Thomas 1996, Elgesem 2002, Buchanan 2003, Johns 2004, Estalella/Ardèvol 2007, Hoser/Nitschke 2010), existieren bis heute keine verbindlichen Richtlinien, an denen sich empirische Forschung in Online-Foren orientieren könnte. Zwei Fragen dominieren die gegenwärtige Diskussion: 1. Welche Art der Datenerhebung, -auswertung und -verwertung wird sowohl dem öffentlichen Charakter als auch der Intimität internetbasierter Diskussionen gerecht? 2. Welche urheberrechtlichen Schwierigkeiten ergeben sich, wenn im Rahmen der Veröffentlichung von Ergebnissen aus diesen Foren zitiert wird?

Eine Annahme lautet, dass es sich bei CMC um private und oft auch sehr intime Konversationen handelt, die ausschließlich mit dem Einverständnis der KommunikationsteilnehmerInnen für Forschungszwecke verwendet werden dürfen (u.a. Schrum 1995, Sharf 1998, Elgesem 2002). Der Untersuchung müsste demnach eine Kontaktaufnahme vorangehen, in der die Forschungssubjekte über das geplante Forschungsvorhaben informiert werden. Allerdings geht durch solch eine Intervention im Forschungsfeld der non-reaktive Charakter der Daten verloren. Ebenso verbreitet ist die Annahme, Diskussionen in Online-Foren seien öffentlicher Natur, da die TeilnehmerInnen wissen (bzw. wissen müssten), dass ihre Aussagen für jede und jeden zugänglich sind (u.a. Herring 1996b, Paccagnella 1997, Walther 2002):

> „Conversation on publicly accessible IRC channels or messages posted on newsgroups are not equivalent to private letters [...]; they are instead public acts deliberately intended for public consumption. This doesn't mean that they can be used without restrictions, but simply that it shouldn't be necessary to take any more precautions that those usually adopted in the study of everyday life" (Paccagnella 1997, 8).

Es wird empfohlen, bei der Präsentation der Ergebnisse die Identitäten der KommunikationsteilnehmerInnen zu verschleiern und zum Teil sogar die Foren, in denen geforscht wurde, mit anderen Namen zu versehen (vgl. King 1996). Solche Mechanismen sind zwar sowohl aus Datenschutzgründen als auch im Sinne der Bewahrung der Intimsphäre der KommunikationsteilnehmerInnen begrüßenswert, ergeben allerdings neue Probleme. Denn Postings in Internetforen unterliegen eigentlich dem Urheberrecht (vgl. Cavazos/Morin 1994, 57f., Bruckman 2002), die Veröffentlichung von Texten in Forschungsarbeiten ohne AutorInnenangaben stellt eine Verletzung dieses Rechtes dar. Wie soll dieser Konflikt zwischen dem Anspruch auf Schutz der Identitäten und der Einhaltung des Urheberrechts gelöst werden? In der Forschungspraxis finden sich meist recht pragmatische Herangehensweisen: Cherny (1999) plädiert in ihrer ethnografischen MUD-Studie für einen Mittelweg „between privacy protection and research rigor" (Cherny 1999, 312). Sie informierte zwar alle TeilnehmerInnen über ihr Forschungsvorhaben, verzichtete jedoch darauf, extra um Erlaubnis der Veröffentlichung von Zitaten zu fragen. Allerdings legte sie besonderen Wert auf die Verschleierung der Identitäten, um die Privatsphäre der Beteiligten zu schützen. Um rechtlichen und ethischen Fragen Rechnung zu tragen, empfehlen Sudweeks et al. (1998, 268) in ihrer Untersuchung von virtuellen Diskussionsgruppen die Beschränkung der Zitation auf maximal zwei Sätze. Für eine Zurückweisung jeglicher absolutistischer Perspektiven plädiert auch Susan Herring:

> „It is untenable to claim that all CMC is copyrightable [...], just as it is untenable to maintain that all CMC is private [...]. However, cyberspace is a vast and varied domain, and rules that seek to generalize indiscriminately across all varieties of CMC do not ‚fit' the nature of the phenomenon" (Herring 1996b, 154).

Angesichts der Vielzahl unterschiedlicher internetbasierter Diskussionsgruppen wird klar, dass Fragen der richtigen Forschungsethik nicht pauschal beantwortet werden können. In jedem Forum werden die Grenzen von Privatheit und Öffentlichkeit neu ausgehandelt und kontextspezifisch vereinbart (vgl. Döring 1999, 203). Von zentraler Bedeutung für den Forschungsprozess ist es, diese Grenzen zu erforschen und zu verstehen (vgl. Cherny 1999, 308). Während in Foren, in denen intime und persönliche Themen diskutiert werden, wie z.B. Krankheiten und Behinderungen (Sharf 1999, Eysenbach/Till 2001, Brownlow/O'Dell 2002) oder Sexualität und Partnerschaft (Früh 2000), als private Kommunikationsräume einzustufen sind, gelten allgemeine Plauderforen eher als öffentliche Plattformen, deren wissenschaftliche Beobachtung kaum als Eingriff in die Privatsphäre angesehen wird. Darüber hinaus können Fragen der Forschungsethik nur im Zusammenhang mit der jeweiligen Forschungsfrage beantwortet werden.

Wenngleich bei Diskussionen über Musikgeschmack ohnehin nur in sehr seltenen Fällen intime Themen zur Sprache kommen, wurde im Rahmen der vorliegenden Untersuchung aus Datenschutzgründen auf jegliche Nennung von Originalnamen aber auch die Angabe konkreter Online-Foren verzichtet. Den urheberrechtlichen Ansprüchen wird Rechnung getragen, indem die wiedergegebenen Textpassagen lediglich Auszüge aus Postings bzw. Diskussionen darstellen.

5.4 Online-Foren in der Forschungspraxis

Die Attraktivität, Online-Foren als Datenquelle qualitativer Sozialforschung zu verwenden, liegt vor allem in der relativ einfachen Verfügbarkeit einer Fülle von soziologisch relevanten Daten. Darüber hinaus widerlegen die Ergebnisse der hier zitierten Studien einen Großteil der Vorurteile hinsichtlich des vermeintlich „unnatürlichen" Charakters computervermittelter Kommunikation: Alokalität, Anonymität und Asynchronität beeinträchtigen die Interaktionen im Netz nur geringfügig – die Skepsis hinsichtlich „verfälschter" Identitäten und enthemmten Verhaltens in internetbasierten Diskussionsgruppen ist insbesondere auf die Dichotomie von „offline"- und „online"-Realitäten sowie die Idealisierung von Face-to-Face-Kommunikation zurückzuführen. Mittlerweile scheint sich die Ansicht durchgesetzt zu haben, dass „virtuelle Welten" keine separaten und isolierten Lebenswelten, sondern ein Teil der realen Welt sind (vgl. Mann/Stewart 2000, 294; siehe auch Kendall 1999, Denzin 1999).

Online-Foren bieten ein umfangreiches Reservoir an natürlichem Datenmaterial, das sich insbesondere für Fragestellungen eignet, die auf die Analyse und Explikation von Deutungsmustern, Diskursen oder kollektiven Sinngehalten abzielen (siehe dazu Herring 1996a, Paccagnella 1997, Denzin 1999). Die Attraktivität von Online-Foren darf aber nicht darüber hinwegtäuschen, dass diese Daten unter ganz spezifischen Umständen zustande gekommen sind. Fragen der sozialen Ungleichheit im und durch das Netz dürfen ebenso wenig vernachlässigt werden wie Überlegungen zur Forschungsethik.

Die in diesem Kapitel dargestellten Aspekte behandeln in erster Linie einige der zentralen theoretischen Probleme non-reaktiver Sozialforschung in Online-Foren. In der konkreten Praxis tauchen zahlreiche weitere Fragen auf:

Eines der schwerwiegendsten Probleme stellt die beinahe unendlich große Datenmenge dar: Im Netz existieren unzählige Foren, in denen sich mehrere Tausend Threads befinden. Selbst zu bestimmten Themen ist es unmöglich, einen Überblick über die wichtigsten Kommunikationsräume im Netz zu bewahren. Wo soll mit der Datenerhebung begonnen, wo aufgehört werden? Sollen einzelne Foren ausgewählt oder unterschiedliche Foren auf bestimmte Diskussionen durchsucht werden? Sollen einzelne Postings oder gesamte Diskussionsverläufe für die Interpretation herangezogen werden? Und wie soll die Fallauswahl getroffen werden?

Auch hinsichtlich der Dateninterpretation muss eine Entscheidung getroffen werden. Für die Analyse von Diskussionen in Online-Foren bieten sich unterschiedliche Methoden an. Sowohl konversationsanalytische Methoden, wie die „method of instances" (Denzin 1999), inhaltsanalytische Methoden sowie rekonstruktive Methoden der qualitativen Sozialforschung (Hitzler/Honer 1997, Bohnsack 1999) stellen brauchbare Mittel zur Auswertung von Threads dar. Ideal sind Herangehensweisen, die gleichermaßen formalen wie inhaltlichen Aspekten gerecht werden. Da Diskussionen in Online-Foren auch als „selbstinitiierte und unmoderierte Gruppendiskussionen" betrachtet werden können, sind Verfahren zur Auswertung von Focus-Groups und Gruppendiskussionen (Bohnsack 2006) besonders gut geeignet.

Über den praktischen Umgang mit Online-Foren im Rahmen der vorliegenden Studie sowie die konkrete methodische Vorgehensweise soll das folgende Kapitel Aufschluss geben.

6. Methodische Vorgehensweise

Während im vorhergehenden Kapitel einige zentrale Aspekte computervermittelter Kommunikation und deren Implikationen für die qualitative empirische Sozialforschung behandelt wurden, steht im Folgenden die konkrete Umgangsweise mit diesem Datenmaterial im Rahmen der vorliegenden Untersuchung im Vordergrund. Zunächst wird die Entscheidung für die Anwendung qualitativer Methoden begründet (Kap. 6.1). Im Anschluss werden Fallauswahl und Datenerhebung (Kap. 6.2) sowie die Datenauswertung (Kap. 6.3) beschrieben. Zuletzt sollen Bezüge zur wissenssoziologischen Deutungsmusteranalyse hergestellt werden, die einem Teil der empirischen Untersuchung zugrunde liegt (Kap. 6.4 und 6.5).

6.1 Musikgeschmack und qualitative Sozialforschung

Laut einer Untersuchung der musikalischen Präferenzen kanadischer Jugendlicher finden 35,4 % der insgesamt 3393 Befragten großen Gefallen an dem Genre „Hip/Hop and Rap". An zweiter Stelle der am meist gemochten Genres rangiert „Pop and Top 40" mit 23,4 %, Platz drei geht an „Reggae und Dance Hall" (22,6 %). Am Ende der Geschmacksskala befindet sich „Classical and Opera" mit 4,6 % und „Country and New Country" mit 3,2 % (Tanner et al. 2008).[88]

Die quantitative Erhebung musikalischer Präferenzen ermöglicht eine Einschätzung der Verteilung von Musikgeschmäckern in einer bestimmten Gruppe oder Gesellschaft. Allerdings ist eine solche Herangehensweise nicht imstande zu erklären, was es bedeutet, eine bestimmte Musik besonders zu mögen, also zum Beispiel „Hip-Hop" zu lieben oder eine Vorliebe für „klassische" Musik zu haben. Dies soll im Folgenden anhand der häufig abgefragten Genre-Kategorie „Klassik" näher erläutert werden.

---

88 Das dieser Studie zugrunde liegende Datenmaterial stammt von der „Toronto Youth Crime and Victimization Study". Befragt wurden 3393 MittelschülerInnen im Alter von 13 bis 18 Jahren. Ziel dieser Studie war die Identifikation von Jugendstilen und deren Zusammenhang mit sozialen Faktoren; die hier dargestellte Verteilung der Musikpräferenzen spielte eine untergeordnete Rolle. Sie wurde deshalb ausgewählt, weil sich anhand der dargestellten Häufigkeitsauszählung Probleme einer ausschließlich quantitativen Herangehensweise besonders gut aufzeigen lassen.

Zunächst ist völlig unklar, was überhaupt mit dem schwammigen Genrebegriff „Klassik" gemeint ist: Während BesucherInnen des Wiener Musikvereins darunter womöglich lediglich jene Werke verstehen, die in der musikhistorischen Epoche der „Wiener Klassik" entstanden sind, assoziiert der Großteil der Bevölkerung „klassische" Musik mit allen Klängen abendländischer Musikpraxis, also die Brandenburgischen Konzerte von Johann Sebastian Bach ebenso wie Ludwig van Beethovens Mondscheinsonate. Noch weniger erfahren wir über die jeweiligen Umgangsweisen mit dieser Musik:

> „Wenn auch ein Arbeiter und ein leitender Angestellter gleichermaßen vorgeben, Beethoven zu lieben, so kann, wenn sie beginnen darüber zu berichten, sehr Unterschiedliches zutage treten. Mag dem einen zuerst das ‚Schicksalsthema' aus der Fünften ins Gedächtnis kommen, so wird sich der andere möglicherweise in Betrachtungen über die Komplexität der späten Streichquartette ergehen" (Gebesmair 2001, 214).[89]

Mit diesen unterschiedlichen Zugängen sind letztendlich auch unterschiedliche soziale Strategien verknüpft, die allerdings erst sichtbar werden, wenn die Verbalisierung von musikalischen Präferenzen zum Gegenstand der Forschung gemacht wird:

> „In der Face-to-face-Begegnung erfolgt die Einschätzung nicht bloß über das präferierte Objekt, sondern in viel stärkerem Ausmaß über die Art, wie diese Vorlieben geäußert und reflektiert werden: Die besondere *Art des Redens* über ein Musikstück, das Herstellen von Beziehungen und Anspielungen, auch die Heftigkeit, mit der die Begeisterung oder der Ekel zum Ausdruck gebracht werden, sind der eigentliche Gegenstand der Identifikation und Ausgrenzung" (ebd.).

Ausgehend von diesen Überlegungen stehen in der empirischen Untersuchung jene Interaktionen im Zentrum des Interesses, in denen Geschmack zum Ausdruck gebracht wird. Dazu zählen auch Diskussionen in Online-Foren: Die Analyse musikbezogener Kommunikation in Internetforen soll Aufschluss darüber geben, wie im Feld der Popularmusik musikalische Präferenzen und Aversionen artikuliert

---

[89] Ebenso schwierig interpretierbar ist die quantitative Erfassung eines „Allesfresser-Geschmacks": Die Vorliebe für eine hohe Anzahl an unterschiedlichen Genres kann zwar einerseits auf einen toleranten Allesfresser-Geschmack hindeuten, anderseits könnte dies aber auch eine Gleichgültigkeit oder die Unfähigkeit, ein ästhetisches Urteil zu fällen, zum Ausdruck bringen (siehe dazu Kap. 1.3).

werden und inwiefern bestimmte Artikulationen, verstanden als „micro-political acts of status-claiming" (Holt 1997, 101), Distinktions- und Differenzierungspotential besitzen. Von besonderem Interesse ist die Frage nach den im Rahmen solcher Konversationen stattfindenden Konstruktionsprozessen: Wie werden unterschiedlichen kulturellen Gegenständen bzw. Praktiken bestimmte Bedeutungen zugeschrieben, und welche Wirkungen haben diese Zuschreibungen hinsichtlich der Legitimation bestimmter ästhetischer Ordnungen?

6.2 Fallauswahl und Datenerhebung

Zentraler Bestandteil eines Forums – und damit die grundlegende Untersuchungseinheit der Interpretation – ist der sogenannte „Thread": Als „Thread" wird die Diskussion eines bestimmten, von einer/einem UserIn vorgeschlagenen Themas bezeichnet. Als besonders beliebter Diskussionseinstieg gilt die Frage nach dem Musikgeschmack der anderen UserInnen. Eine der häufigsten Fragen dazu lautet: „Welche Musik gefällt euch am besten?" Insgesamt wurden 30 Threads mit insgesamt 3098 „Postings" (= Einträgen) aus 23 Foren einer Analyse unterzogen.

Die ausgewählten Threads wurden ausgedruckt und katalogisiert. Dazu wurde für jeden Thread eine Tabelle angelegt, in der die wichtigsten Informationen (zum Zeitpunkt der Datenerhebung) festgehalten wurden. Diese Informationen dienten zum einen als wichtige Kontextinformation während der Datenanalyse, zum anderen ist dadurch eine grobe Beschreibung der Stichprobe möglich. Folgende Tabelle veranschaulicht ein leeres Datenerhebungsformular.

Tabelle 2: Datenerhebungsformular „Threads"

Thread Nummer	
Thread Titel	
Forum Name	
Forum link	
Forumsparte	
Nationaler Bezug (Ö, D, CH)	
Regionaler/Lokaler Bezug (ja/nein)	
Art des Forums (allgemein – spezifisch – musikspezifisch)	
Größe des Forums[90]	
Anzahl der registrierten Mitglieder (+ Datum)	
Anzahl der Beiträge (+ Datum)	
Thread Start + Ende	
Laufzeit des Thread	
Anzahl der beteiligten UserInnen	
Anzahl der Postings	
Anzahl der LeserInnen (laut Angabe)	
Grad der Anonymität[91]	
Frequenz der Einträge[92]	

---

90   Die Größe des Forums errechnet sich aus der Anzahl der registrierten Mitglieder sowie der Anzahl der insgesamt verfassten Beiträge zum Zeitpunkt der Datenerhebung.
91   Der Grad der Anonymität wurde anhand folgender Kriterien einzuschätzen versucht: a) Diskussionsverlauf: Lässt sich aus dem Diskussionsverlauf schließen, dass sich die UserInnen kennen? b) UserInnenprofile: Existieren UserInnenprofile? Wenn ja, wie detailliert und glaubwürdig sind die Angaben?
92   Die Frequenz der Einträge entspricht der durchschnittlichen Anzahl der Postings pro Monat.

Soziodemografische Merkmale der Gruppe[93]	
Homogenität der Gruppe[94]	
Beschreibung des Diskussionsverlaufs	
Inhalt(e) der Diskussion (Paraphrase)	
Anmerkungen	

Auswahl der Foren: Die Auswahl der Foren erfolgte mehr oder weniger willkürlich mit Hilfe von diversen Internetsuchmaschinen (wie zum Beispiel Google, AltaVista und Yahoo), wobei eine möglichst breite Streuung einiger zentraler Kriterien angestrebt wurde: Dazu zählten insbesondere die Größe des Forums (gemessen an der Anzahl der registrierten Mitglieder sowie der Anzahl der insgesamt verfassten Postings), der regionale Bezug (z.B. Stadtforum versus überregionales Forum) sowie die Art des Forums. In der Stichprobe befinden sich sowohl allgemeine „Plauder-Foren" als auch themenspezifische Foren, wobei die Bandbreite vom Computer-Forum bis zum Studierenden-Forum reicht (siehe Tabelle). Von der Analyse spezifischer Musik- und MusikerInnenforen wurde bis auf zwei Ausnahmen abgesehen, da hier eine Überrepräsentation von „ExpertInnen" die Ergebnisse verzerrt hätte.[95] Darüber hinaus wurde eine Beschränkung auf deutschsprachige Foren vorgenommen. Um die vollständige Anonymität der ForenteilnehmerInnen zu gewährleisten, wird auf die Nennung der Foren verzichtet. Einen Überblick über die zentralen Charakteristika der untersuchten Foren bietet die folgende Tabelle.

---

93 Information auf Basis der Profile (wenn vorhanden). Herangezogen wurden die Kriterien Alter, Bildung, Beruf, Geschlecht und Wohnort.
94 Einschätzung laut Profile (wenn vorhanden). Herangezogen wurden die Kriterien Alter, Bildung, Beruf, Geschlecht und Wohnort.
95 Im Vordergrund dieser Forschungsarbeit steht der alltägliche Umgang mit Musik bzw. die Frage, wie MusikrezipientInnen ihren Geschmack in alltäglichen Situationen zum Ausdruck bringen. ExpertInnendiskurse folgen mitunter anderen Logiken und bleiben daher im Rahmen dieser Arbeit weitgehend ausgeblendet.

Tabelle 3: Untersuchte Online-Foren

	Art des Forums	Anzahl der registrierten Mitglieder[96]	Anzahl der Einträge[97]	Nationaler Bezug	Anzahl der analysierten Threads
Forum 1	Party-Forum	2.224	16.082	Ö	2
Forum 2	Studierenden-Forum	76.174	749.439	D	4
Forum 3	Politik-Forum	26.815	6.499.422	D	1
Forum 4	Musik-Forum	55.148	168.982	D	2
Forum 5	Plauder-Forum	40.137	906.612	D	1
Forum 6	Plauder-Forum	529	7979	D	1
Forum 7	Soap-Opera-Forum	234	16.657	D	1
Forum 8	Plauder-Forum	k.A.	k.A..	Ö	1
Forum 9	Plauder-Forum	k.A.	k.A.	Ö	1
Forum 10	Plauder-Forum	15.189	492.902	D	1
Forum 11	PC-Forum	28.812	894.105	D	1
Forum 12	Film-Forum	1.617	49.335	D	1
Forum 13	Medien-Forum	2.110	218.429	D	1
Forum 14	Musik-Forum	636	3.923	D	1
Forum 15	PC-Forum	5.406	279.237	D	1
Forum 16	Computerspiel-Forum	383.035	1.108.590	D	1
Forum 17	Plauder-Forum	k.A.	k.A	D	1
Forum 18	Plauder-Forum	7.813	k.A	D	1
Forum 19	Studierenden-Forum	4.864	185.371	D	1
Forum 20	Plauder-Forum	k.A.	724.599	Ö	3
Forum 21	Studierenden-Forum	10.095	563.998	Ö	1
Forum 22	PC-Forum	1.793	191.093	D	1
Forum 23	PC-Forum	15.468	108.761	D	1

---

96 Zum Zeitpunkt der Datenerhebung.
97 Zum Zeitpunkt der Datenerhebung.

Auswahl der Threads: Die Auswahl der Threads bzw. Diskussionen erfolgte mittels Suchfunktion in den Foren. In die Stichprobe kamen ausschließlich Threads, an denen mehr als zwei UserInnen teilgenommen haben, deren Beginn (= Impuls) nicht mehr als fünf Jahre zurückliegt (Zeitraum Jänner 2003 bis Jänner 2008), deren Länge mindestens drei Einträge umfasst sowie in denen der persönliche Musikgeschmack bereits im einleitenden Diskussionsstatement zum Thema gemacht wurde. Die häufigsten Fragen diesbezüglich lauteten: „Welche Musik hört ihr so"?, „Was hört ihr am liebsten?" und „Was für Musik bevorzugt ihr"?[98]

Abgesehen von diesen bereits vorab festgelegten Auswahlkriterien erfolgte die endgültige Auswahl in Anlehnung an das aus der Grounded Theory stammende Prinzip des „theoretischen Samplings" (Strauss 1994, 70f.). Die Aufnahme von Threads in den Datenkorpus geschah demnach im Wechselspiel von Datenerhebung und Datenauswertung, in dessen Verlauf auf Basis des empirischen Materials weitere für die Forschungsfrage bedeutsame Merkmalsausprägungen als Auswahlkriterien festgelegt wurden. Von Relevanz erwiesen sich die Anzahl der Einträge, die Anzahl der aktiv beteiligten UserInnen, die Anzahl der LeserInnen (bzw. LurkerInnen)[99], die Länge der Diskussion, die Frequenz der Einträge, die Homogenität der diskutierenden Gruppe hinsichtlich soziodemografischer Merkmale[100] sowie die Intensität der Diskussion (Einigkeit versus heftige Debatte). Die Grundidee des theoretischen Samplings besteht darin, möglichst gegensätzliche, aber auch ähnliche Fälle miteinander zu vergleichen, um der Vielschichtigkeit und Variation eines sozialen Phänomens gerecht zu werden.

---

98 Weitere Fragen, die Threads zum Thema Musikgeschmack eröffneten, lauteten folgendermaßen: „Welche Musik hörst du am liebsten?", „Welche Musik hört ihr am liebsten?", „Auf welche Mukke steht ihr so?", „Welche Musik hört ihr?", „Was hört ihr für Musik?", „Was hört ihr so für ne Musik?", „Welche Art von Musik hört ihr so?" etc. Eine Ausnahme bildet der Thread 29, in dem das übergeordnete Thema „Tokio Hotel" lautete.
99 Eine hohe Anzahl an LurkerInnen kann als Indiz für großes Interesse an dem Thread gedeutet werden.
100 An dieser Stelle sei noch einmal darauf hingewiesen, dass Angaben über soziodemografische Merkmale der an der Diskussion beteiligten UserInnen mit großer Vorsicht zu genießen sind (siehe dazu Kap. 5).

Tabelle 4: Analysierte Threads[101]

	Laufzeit (in Monaten)	Anzahl der Einträge	Anzahl der beteiligten UserInnen	Anzahl der LeserInnen[102]	Homogenität der Gruppe[103]
Thread 1	18	24	17	1.758	3
Thread 2	12	141	96	8.835	3
Thread 3	< 1	7	6	k.A.	3
Thread 4	1	114	43	k.A.	3
Thread 5	6	72	37	k.A.	2
Thread 6	28	338	237	39.955	k.A.
Thread 7	6	29	23	k.A.	1
Thread 8	1	21	13	k.A.	1
Thread 9	<1	3	3	204	k.A.
Thread 10	1	22	2	13	2
Thread 11	3	53	46	1.707	2
Thread 12	<1	27	17	k.A.	2
Thread 13	1	41	31	3.652	2
Thread 14	36	168	39	12.010	3
Thread 15	12	156	55	3.455	2
Thread 16	17	12	9	2.609	2
Thread 17	1	34	24	3.307	2

---

101 Die im Ergebnisteil wiedergegebenen Ausschnitte von Postings wurden mit einer Signatur versehen, die Aufschluss über den jeweiligen Thread, Posting sowie die Zeilennummerierungen geben. Die Angabe: [Th 5, 3 (4–6)] heißt also, dass es sich um eine Sequenz aus dem dritten Eintrag im Thread Nr. 5 handelt. Die Ziffern in der runden Klammer verweisen auf die Zeilennummerierung. In manchen Fällen findet sich eine Unterteilung des Threads in a), b) und c); dies ist der Grobeinteilung größerer Datenmengen innerhalb einer Diskussion geschuldet.
102 Zum Zeitpunkt der Datenerhebung.
103 Auf einer Skala von 1–3, wobei 1= hoch, 2= mittel und 3= gering. Diese Angaben beruhen auf einer Einschätzung auf Basis der UserInnenprofile (sofern vorhanden). Herangezogen wurden die Kriterien Alter, Bildung, Beruf, Geschlecht und Wohnort.

Thread 18	4	43	30	1.258	1
Thread 19	<1	10	3	k.A.	k.A.
Thread 20	1	25	10	3.334	3
Thread 21	96	1.175	k.A.	145.626	k.A.
Thread 22	<1	101	10	3.495	1
Thread 23	<1	32	17	430	3
Thread 24	<1	6	5	94	3
Thread 25	<1	39	31	436	3
Thread 26	<1	54	27	1.220	2
Thread 27	18	109	60	15.151	2
Thread 28	<1	20	5	k.A.	k.A.
Thread 29	3	229	100	k.A.	2
Thread 30	<1	13	11	k.A.	2

6.3 Datenauswertung

Hinsichtlich der Dateninterpretation kamen sowohl inhaltsanalytische Verfahren als auch Methoden der rekonstruktiven Sozialforschung zur Anwendung: Zunächst wurde das Datenmaterial einer Grobanalyse unterzogen, die den Prinzipien kategorienbasierter Textanalyse folgte (siehe u.a. Schmidt 1997, Ritchie et al. 2003, Kuckartz 2007). In einem ersten Schritt wurden die im Rahmen der ersten Datenerhebungsphase gewonnenen Threads nach bestimmten für die Forschungsfrage relevanten Themen durchsucht und vorläufige Kategorien bzw. Subkategorien gebildet. In einem zweiten Schritt wurden die Entwürfe von Kategorien zu einem – ebenso vorläufigen – Auswertungsleitfaden zusammengestellt. Dadurch entstand ein hierarchisches, mehrere Ebenen umfassendes Kategorienschema, das zum Zweck der intersubjektiven Nachvollziehbarkeit des Interpretationsprozesses ausführliche Informationen zu den einzelnen Kategorien enthält. In einem dritten Schritt wurde unter Verwendung dieses Auswertungsleitfadens jeder einzelne Thread klassifiziert, indem eine Zuordnung des Materials zu den Auswertungskategorien vorgenommen wurde. Die Klassifizierungen (inkl. Angabe von Textstellen bzw. Zitaten) wurden in den Auswertungsleitfaden eingetragen. In einem vierten Schritt ging es darum, erste Zusammenhänge und Verbindungen zwischen einzelnen Kategorien zu identifizieren, Typologien zu erstellen bzw. vorläufige Hypothesen zu formulieren.

Für eine tiefer gehende Analyse wurde schließlich versucht, jene Deutungsmuster zu explizieren, die den identifizierten Geschmacksäußerungen zugrunde liegen. Dazu bedurfte es einer sequenzanalytischen Herangehensweise, mithilfe derer jene über die subjektiv-intentionale Bedeutungsebene hinausgehenden Strukturen sichtbar gemacht werden können. Diese Form der Datenauswertung entspricht der Vorgangsweise hermeneutischer bzw. rekonstruktiver Verfahren der Sozialwissenschaften (Hitzler/Honer 1997, Bohnsack 1999): Die Texte sollen vom Kontext losgelöst und damit vom unmittelbaren Handlungsdruck, dem die TeilnehmerInnen ausgesetzt sind, befreit werden. Ziel ist es, möglichst unterschiedliche Lesarten eines Textes zu entwickeln. Die konkrete Textinterpretation folgte weitgehend der Vorgehensweise der dokumentarischen Methode nach Ralf Bohnsack[104], der zwischen „immanentem" und „dokumentarischem" Sinngehalt bzw. „formulierender" und „reflektierender" Interpretation unterscheidet (Bohnsack 1999). Während sich die formulierende Interpretation auf zusammenfassende Paraphrasierungen beschränkt, geht die reflektierende Interpretation eine Ebene tiefer und versucht begrifflich-theoretisch zu explizieren, was den AkteurInnen als implizites Wissen (oft) nicht bewusst ist. Im Rahmen der reflektierenden Interpretation konnte darüber hinaus der Diskursverlauf der Diskussion rekonstruiert werden. Im Zentrum der Analyse standen jene dramaturgischen Höhepunkte, die sich durch besonders hohe interaktive und metaphorische Dichte auszeichnen (vgl. Bohnsack 1999, 153f.). Von der Diskursdramaturgie zu unterscheiden ist die Diskursorganisation. Bohnsack versteht darunter die „Art und Weise, wie im Prozeß der interaktiven und interpretativen Bezugnahme die Einzeläußerungen sequentiell ei-

---

104 Die Anwendung der dokumentarischen Methode, die von Ralf Bohnsack vor allem für die Analyse von Gruppendiskussionen entwickelt wurde, erscheint insbesondere aufgrund zahlreicher Parallelen zum methodologischen Programm der Deutungsmusteranalyse gerechtfertigt. Die Deutungsmusteranalyse selbst hat kein methodisches Werkzeug entwickelt, weswegen hier auf Datenauswertungsinstrumente anderer interpretativ-hermeneutischer Methoden zurückgegriffen wurde.

nander zugeordnet werden" (ebd., 154). Der Fokus richtete sich dabei nicht auf die isolierten Äußerungen der InternetuserInnen, sondern die Interaktionen zwischen diesen.

In Anlehnung an das aus der Grounded Theory stammende methodische Prinzip des „theoretical samplings" (Strauss 1994, 70f.) fanden Datenerhebung und Datenauswertung in einem wechselseitigen Prozess statt. Hinsichtlich der Fragestellung wurde eine theoretische Sättigung nach der Analyse von zwanzig Threads erreicht.

6.4 Methodologischer Hintergrund: Wissenssoziologische Deutungsmusteranalyse

Als methodologischer Ausgangspunkt der rekonstruktiv-empirischen Herangehensweise eignet sich für dieses Forschungsvorhaben das aus der interpretativen Sozialforschung stammende Konzept der Deutungsmusteranalyse. In Anlehnung an Michael Meuser (1998; 2003) wird unter dem Terminus „Deutungsmuster"[105] ein „Ensemble" von Wissensbeständen verstanden, das die Wahrnehmung von Alltagserfahrungen strukturiert und als Orientierung für unser alltägliches Handeln dient. Deutungsmuster stellen zumeist eine Form von implizitem Wissen („tacit knowledge") dar, das den AkteurInnen nicht immer reflexiv verfügbar ist. Aufgabe ist es, dieses unbewusste Wissen zu explizieren. Der Deutungsmusteranalyse als rekonstruktives Verfahren der qualitativen Sozialforschung geht es demnach nicht um die Rekonstruktion des subjektiv gemeinten Sinns; vielmehr richtet sich der Blick auf „kollektive Strukturen eines sozialen Unbewußten" (Oevermann 2001b, 37). Im Unterschied zu individuellen Einstellungen und Wert-

---

105 Der Begriff „Deutungsmuster" geht auf ein Anfang der 1970er-Jahre entworfenes Manuskript des Soziologen Ulrich Oevermann zurück, das erst vor wenigen Jahren einer breiteren Öffentlichkeit zugänglich wurde (vgl. Oevermann 2001a+b). Während sich Oevermanns Konzeption als Vorarbeit für dessen später entwickelte Objektive Hermeneutik (Oevermann et al. 1979) liest und stark strukturalistisch geprägt ist, entstanden in den letzten Jahren einige Varianten der Deutungsmusteranalyse, die unter dem Einfluss von Mannheims Wissenssoziologie (Mannheim 1970), dessen Revitalisierung durch Berger und Luckmann (1969) sowie Foucaults Diskursanalyse (Foucault 1973, 1977) die Dichotomie von Determinismus und Situationalismus zu überwinden versuchen (siehe dazu Meuser 1998; Meuser/Sackmann 1992, Lüders/Meuser 1997).

haltungen handelt es sich bei Deutungsmustern um kollektive Sinngehalte (vgl. Lüders/Meuser 1997, 59). Deren Geltung kann sich sowohl auf die Gesamtgesellschaft, aber auch auf bestimmte Teilbereiche einer Gesellschaft (soziale Milieus, Teil- und Subkulturen) erstrecken. In zeitlicher Hinsicht kann ein Deutungsmuster während mehrerer kulturgeschichtlicher Epochen (z.B. bürgerliche Gesellschaft), oder aber nur für kurze Zeit (z.B. Drittes Reich) gültig sein. Als weiteres Charakteristikum von Deutungsmustern nennen Lüders und Meuser deren Verbindlichkeit (ebd.). Deutungsmuster schwirren nicht beliebig im sozialen Raum herum, vielmehr besitzen sie innerhalb eines bestimmten Erfahrungsraumes eine normative Geltungskraft; d.h. es handelt sich um verbindliche Annahmen bzw. Alltagstheorien, durch die mitunter Mechanismen sozialer In- und Exklusion gesteuert werden. Für Ulrich Oevermann weisen Deutungsmuster darüber hinaus eine innere Logik auf: Die Rede ist nur dann von Deutungsmustern, „wenn dieses ‚ensemble' durch eine Struktur gekennzeichnet ist, die als ‚innere Logik' eines Deutungsmusters nach impliziten Regeln der Konsistenz von Urteilen, Argumenten und Interpretationen rekonstruiert werden kann" (Oevermann 2001a, 9). Die den Deutungsmustern zugrunde liegenden Regelstrukturen werden als eine Realität sui generis verstanden. Somit wird auch verständlich, warum Deutungsmuster oft eine beträchtliche Stabilität aufweisen.

Die Adaption des Terminus „Deutungsmuster" im Rahmen der vorliegenden Arbeit erscheint sinnvoll, zumal es um die Rekonstruktion kollektiver Bedeutungsgehalte in der Popularkultur geht, die sich nicht zwingend auf einer subjektiv-intentionalen Ebene untersuchen lassen. Ausgangspunkt der Analyse ist die Annahme, dass die Artikulation von Musikgeschmack weniger im Zusammenhang mit den jeweiligen musikalischen Strukturen, sondern vielmehr im Kontext soziokultureller Gemeinschaft im Zuge von Bedeutungszuschreibungen durch die beteiligten AkteurInnen erschlossen werden kann. Als „Mini-Diskurse" innerhalb einer Szene strukturieren Deutungsmuster jene Argumentationszusammenhänge, durch die bestimmten musikalischen Praktiken Bedeutung zugeschrieben wird. Eine wissenssoziologische Perspektive geht davon aus, dass diese Bedeutungszuschreibungen bzw. Interpretationen nicht nur wahrnehmungsstrukturierend, sondern auch handlungsanleitend sind. Im musikkulturellen Kontext erfüllen soziale Deutungsmuster die Aufgabe, Klassifikationen, Grenzziehungen sowie (ästhetische) Urteile zu legitimieren.[106]

Die Deutungsmusteranalyse, die bislang im Bereich der Popularmusikforschung keine Anwendung fand, eignet sich insbesondere als methodologische Erweiterung einer diskursanalytischen Perspektive auf populäre Musik.

6.5 Zur diskursiven Konstruktion musikalischer Praxis

> „Musikpraxis findet immer auf dem Hintergrund von Diskursen statt, die als kollektiv produzierte Aussagesysteme mit Prozeduren der Exklusion und Inklusion, der Abgrenzung und Eingrenzung, der Differenz und des Zusammenhangs der sinnlich erfahrbaren Wirklichkeit von Klang eine Ordnung aufprägen, ohne die das Musizieren nicht möglich ist" (Wicke 1997, 9).

In seinem Aufsatz „,Let the sun shine in your heart' – Was die Musikwissenschaft mit der Love Parade zu tun hat" kritisiert der Berliner Musiksoziologe Peter Wicke (1997) die eurozentrische Ausrichtung der traditionellen europäischen Musikwissenschaft. Deren Beschränkung auf die Beschäftigung mit der sogenannten „abendländischen Kunstmusik" habe zu einer Vernachlässigung eines großen Teils musikkultureller Entwicklungen im 20. Jahrhundert geführt. Vor allem

---

[106] Neue Entwicklungen im Bereich der qualitativen Sozialforschung bemühen sich um eine Zusammenführung empirischer Wissenssoziologie und Foucault'scher Diskursanalyse. Reiner Keller (2004; 2005) entwirft auf Basis grundsätzlicher Überlegungen zu diesen beiden Strängen eine interpretativ-hermeneutische Wissenssoziologie, die darauf abzielt, „die Prozesse der sozialen Konstruktion, Objektivation, Kommunikation und Legitimation von Sinn-, d.h. Deutungs- und Handlungsstrukturen auf der Ebene von Institutionen, Organisationen bzw. sozialen (kollektiven) Akteuren zu rekonstruieren und die gesellschaftlichen Wirkungen dieser Prozesse zu analysieren" (Keller 2004, 51). Entgegen Adornos pessimistischer Kritik an der (älteren) Wissenssoziologie, sie stelle alles in Frage und greife nichts an (Adorno 1963, 27), ermöglicht die Integration diskursanalytischer Fragestellungen eine kritische Perspektive auf Prozesse der Produktion, Verwendung und Modifikation von Bedeutungen. Im Zuge dieser Forschungsarbeit sollen – in Anlehnung an Michael Meusers pragmatisches Wissenschaftsverständnis (vgl. Meuser 1998) – die Grenzen zwischen Deutungsmuster- und hermeneutisch-interpretativer Diskursanalyse fließend gesehen werden (zur Diskursanalyse siehe Foucault 1970, Keller 2005, Angermüller 2005).

jene Musik, die unter dem Terminus „Popularmusik" subsumiert wird, sei größtenteils ausgeblendet worden – was nicht zuletzt auf das Fehlen geeigneter Analysemethoden zurückzuführen sei. Anhand des Beispiels „Techno" entwickelt Wicke eine theoretisch fundierte Herangehensweise an populärkulturelle Phänomene, die vor allem der diskursiven Konstruktion einer bestimmten musikalischen Praxis gerecht werden soll. In diesem Zusammenhang werden nicht nur konventionelle musikwissenschaftliche Analysemethoden für obsolet erklärt, sondern auch der bürgerliche Musikbegriff und das traditionelle Kunstverständnis der europäischen Musikforschung einer Revision unterzogen: Wickes Ausgangspunkt ist die radikale Ablehnung jener in der Musikwissenschaft üblichen Konzentration auf das Kunstwerk, das gerne als Resultat der Individualität, Kreativität und Inspiration eines mythisch überhöhten Künstler-Genies gesehen wird. Aufgabe einer zeitgemäßen Musikforschung sei das Infragestellen des konventionellen Kunstbegriffes sowie die Änderung der Blickrichtung auf die soziokulturellen Rahmenbedingungen und Kontexte, die ein bestimmtes „Werk" nicht nur ermöglichen – sondern auch an dessen Herstellung maßgeblich beteiligt sind. Wickes Ausgangsthese lautet, dass „musikalische Erfahrungen und ästhetische Wertmuster durch die in der Gesellschaft organisierten Diskurse um und über Musik strukturiert sind" (ebd., 2). Diese in Sprache organisierten Diskurse

> „besitzen als begriffliche Aussagesysteme nicht nur ein relatives Eigenleben, sondern indem sie an der Hervorbringung dessen beteiligt sind, was sie vorgeben nur zu beschreiben, zudem eine konstitutive Kraft, die durch ihre Wirkungsspezifik gemeinhin dem kritischen Blick entzogen bleibt" (ebd., 3).

Diese Perspektive, der zufolge die spezifischen Bedeutungen einer bestimmten Musik weniger auf die inhärenten Eigenschaften ihres Klanges zurückzuführen sind, sondern vielmehr als Produkt kontextabhängiger Zuschreibungen gesehen werden, bildet die Basis der folgenden Analyse musikalischen Geschmacks in der Popularkultur.

7. Lieblingsmusik(en) in der Popularkultur

Auf die Frage nach den musikalischen Vorlieben der Diskussionteil-nehmerInnen antwortet die 20-jährige Studentin mit dem Pseudonym „Susi"[107]: „Ich mag am liebsten Funk, Swing, Dancehall und Brit-Pop" [Th 11, 43 (1)]. Und „tina", 22-jährig und als Angestellte tätig, meint: „Alsooooo...ich höre am liebsten Heavy Metal, Death Metal, Black Metal, Gothic" [Th 14, 3 (1–4)]. Dagegen outet sich „john_t" als Gabber-Fan: „Ich bin zu 90 % Gabber. Höre aber auch ab und zu mal was anderes, z.b. House, Techno, Hardstyle, Punk, Pop. Aber dafür kein R'n'B, Hip-Hop, Volksmusik usw. wa würrgg" [Th 3, 3 (1–4)]. Der Student „Eduardo" hingegen meint: „Ich bin doch recht wählerisch, was Musik angeht, ich komme mit Techno und Abarten wie ‚Gabba', ‚House' etc. genauso wenig klar, wie mit Hip-Hop oder zu heftigem Metal. Von Schlagern mal ganz zu schweigen. Ich mag guten Rock, Jazz, Blues und Soundtracks" [Th 14, 41 (2–4)]. Und „Toni17", 19-jähriger Tischler, stellt klar: „Meine Musikrichtung ist Grunge!" [Th 16, 5 (1)]. „Hip-Hop!!!!!!!!!!!!!!!!!!!!!!!!!!!!!!!!!!!!!! ☺ Hip-Hop und Rap regieren die Welt, ok?!!!!" lautet die Antwort von „bienemaja" [Th 2, 10 (1–2)]. User „hurriCan" verkündet: „Aber am liebsten ist mir eben immer noch Metal, was daran liegt, dass diese Richtung [...] die einzige ist, die (in meinen Ohren!) jegliche Gefühlslagen ausdrücken kann. Von Trauer über Vertrauen bis hin zur Wut" [Th 5, 6 (4–7)]. Und ein anderer Diskussionsteilnehmer schreibt: „Das einzige, bei dem ich sofort abkotzen muss, ist Jennifer Lopez und Justin Timberlake" [The 5, 14 (4–5)].

Diese exemplarisch wiedergegebenen Antworten auf die Frage nach der Lieblingsmusik zeigen, wie RezipientInnen populärer Musik ihren Geschmack in Online-Foren zum Ausdruck bringen. Die Ergebnisse einer systematischen Analyse unterschiedlicher Threads verdeutlichen, wie musikalische Vorlieben beschrieben, begründet und für sozialästhetische Positionierungen genutzt werden:

---

107 Alle Namen der UserInnen (es handelt sich dabei fast ausnahmslos um Pseudonyme bzw. „Nicknames") wurden durch fiktive Namen ersetzt, um vollständige Anonymität zu gewährleisten. Angaben zu Alter und beruflicher Tätigkeit sind den jeweiligen Forum-Steckbriefen entnommen und daher mit entsprechender Unsicherheit zu betrachten (siehe dazu Kap. 5). Um die Verständlichkeit zu erleichtern und den Lesefluss nicht unnötig zu stören, wurden die ausgewählten Zitate den Regeln der deutschen Rechtschreibung angepasst; Dialekte wurden weitgehend geglättet.

Um musikalische Vorlieben und Aversionen zum Ausdruck zu bringen, greifen RezipientInnen populärer Musik auf vielfältige Repertoires gesellschaftlich verfügbarer und zum Teil institutionalisierter Kategorisierungen und Klassifikationen zurück. Am häufigsten kommen Genre- und Genresubkategorien zur Anwendung, aber auch Klassifizierungssysteme jenseits institutionalisierter Genrebegriffe wie z.B. die Differenzierungen „klassisch" versus „zeitgenössisch" oder „handgemacht" versus „elektronisch produziert" spielen eine wichtige Rolle. Darüber soll Kapitel 7.1 Aufschluss geben.

Anhand der Diskussionen über Musikgeschmack lässt sich zeigen, dass RezipientInnen populärer Musik nicht lediglich ihre Vorlieben und Aversionen preisgeben: Sehr häufig versuchen sie auch zu begründen, warum ihnen eine bestimmte Musik gefällt und eine andere nicht. Mit welchen Qualitätszuschreibungen die jeweilige Lieblingsmusik verteidigt und der persönliche Geschmack legitimiert wird, soll in Kapitel 7.2 detailliert beschrieben werden.

Kapitel 7.3 beschäftigt sich mit der Beobachtung, dass die Artikulation von Vorlieben und Aversionen zur soziokulturellen Selbstverortung genutzt wird: Mit ihrem öffentlich zur Schau gestellten Musikgeschmack nehmen RezipientInnen populärer Musik nicht nur eine ästhetische Positionierung im Koordinatensystem der Popularkultur, sondern auch eine gesellschaftliche Standortbestimmung vor: Es werden Zugehörigkeiten zu sozialen Gruppen zum Ausdruck gebracht, Abgrenzungen gegenüber anderen sichtbar gemacht und Nah- und Distanzverhältnisse zwischen „uns" und „den anderen" festgelegt. Die damit verbundenen Grenzziehungen bilden die Basis für Identitätsstiftung und symbolische Distinktion in der Popularkultur.

7.1 Klassifikationen

In den untersuchten Diskussionsbeiträgen werden persönliche Vorlieben und Aversionen fast ausschließlich unter Bezugnahme auf Genrebezeichnungen zum Ausdruck gebracht.[108] Unabhängig davon, ob die Vorliebe für Hip-Hop, die Aversion gegen Techno oder die Präferenz

---

108 Nur in seltenen Fällen wurde in den untersuchten Online-Diskussionen der Musikgeschmack durch den Verweis auf bestimmte Musikgruppen, MusikerInnen, Songs oder auch bevorzugte Radiosender artikuliert.

für eine Kombination aus unterschiedlichen Genres verbalisiert werden soll – die jeweiligen Art Worlds bieten ein reichhaltiges Repertoire an zumeist allseits bekannten Termini und etablierten Ausdrucksmöglichkeiten[109]: Pop, Rock, Hip-Hop, Blues, Soul, Heavy Metal, Techno, Reggae, Punk, World Music, Funk, Gothic, Dark Wave, Dance, House, Drum'n'Base, Breakbeat, Downbeat, Chillout, Acid Jazz, Balkanpop, Oldies, Schlager, Austropop etc. Diese Genrebezeichnungen fungieren als gemeinsame globale Sprache, die – als eine Art „Esperanto" der Kommunikation über Musikgeschmack – eine Verständigung über lokale Grenzen hinaus ermöglichen. Genreklassifizierungen dienen darüber hinaus als Orientierungshilfe in einer sich stets verändernden Popularkultur. Die zunehmende Ausdifferenzierung von Musikgenres, Lebensstilen und jugendkulturellen Szenen erfordert eine permanente Komplexitätsreduktion, die u.a. in Genrebegriffen zum Ausdruck kommt.

Zumeist zeichnet sich ein Musikgeschmack nicht bloß durch die Vorliebe für ein bestimmtes Genre oder eine/n bestimmte/n KünstlerIn aus, sondern umfasst eine Reihe vielfältiger Präferenzen. Eine besondere Rolle spielen dabei genreinterne Differenzierungen bzw. Subgenres, die der Feinjustierung des persönlichen Musikgeschmacks dienen. Auffällig ist darüber hinaus, dass die bevorzugten Genres nicht willkürlich aufgezählt, sondern in einer hierarchisierten Ordnung präsentiert werden. Sichtbar werden dadurch die „feinen" Unterscheidungen, die eine bedeutsame Rolle in der Popularkultur spielen:

Auf die Frage „Welche Musik hörst du am liebsten?" antwortet „silentway": „Punk, Metal hauptsächlich... es gibt da aber auch ein paar Hip-Hop mp3z in meinem Ordner, dann kommt Schlager... dann kommt lang nix..." [Th 1, 4 (1–2)]. Und „Esel082" meint: „bei mir stehen die Ärzte an erster Stelle...danach kommt alles aus Richtung Metal, Rock und Gothic" [Th 6, 75 (3)]. Sehr deutlich werden diese Hierarchisierungen, wenn die Preisgabe von Vorlieben in Form von quantifizierenden Prozentangaben stattfindet: „65 % Hip-Hop, 25 % Rock, 10 % Anderes (Reggae, Klassik, Pop, etc.)" [Th 5, 56 (1–3)].

---

109 Die Begriffe „Genre", „Musikstil" und „Musikrichtung" werden im Kontext der (Popular)Musikforschung sehr widersprüchlich und unpräzise verwendet (vgl. Moore 2001). Im Folgenden soll der Begriff „Genre" als Überbegriff für sowohl musikanalytische als auch soziologische Klassifikationen musikspezifischer Phänomene verwendet werden.

Interpretation: Genreklassifikationen, genreinterne Differenzierung und Hierarchisierung [Th 11, 3 (1–7)]

Juliane: House, Techno, Trance, Drum'n'Base, Jungle, Industrial zum einen, zum anderen „Fun Punk". Zum nächsten Dark, Gothic (wie auch immer man es nennen will), dann halt (selten) die Klassik-Schiene. Zum letzten durchaus auch Pop/Rock. Ausschließen kann man Hip-Hop und aktuelle Charts.

In dieser Sequenz zählt die Studentin Juliane ihre Lieblingsmusik auf, dazu gehören eine ganze Reihe von Genres, die allerdings keineswegs gleichberechtigt nebeneinander stehen. Sie nennt zum einen „House, Techno, Trance, Drum'n'Base, Jungle und Industrial", zum anderen „Fun Punk". Ohne dies zu explizieren, wird hier offensichtlich eine Dichotomie konstruiert, die auf eine übergeordnete Klassifizierung verweist. Unausgesprochen bleibt, auf Basis welcher Kriterien diese Klassifizierung stattfindet, wenngleich angenommen werden kann, dass es sich um eine weit verbreitete Grenzziehung zwischen elektronisch produzierter Musik und traditioneller „gitarrenlastiger" Musik handelt.

In ihrer Aufzählung setzt Juliane fort mit „zum nächsten". Während die erstgenannten Genres in ihrer persönlichen Hierarchie ganz oben stehen, wird den nun folgenden Genres offensichtlich weniger Bedeutung beigemessen: Dark, Gothic, mit dem Zusatz versehen: „wie auch immer man es nennen will". Während oben sehr klar differenzierte Stile genannt werden, wird nun nicht mehr so viel Wert auf die „richtige" Genrebezeichnung gelegt; es soll bloß klar werden, worum es geht; Haarspaltereien werden vermieden. Knapp neben Platz 3 landet die „Klassik-Schiene" – als allgemeiner Überbegriff für alles, was unter dem breiten Terminus „klassische Musik" subsumiert wird und nicht näher definiert werden muss – letztendlich auch deshalb nicht, weil diese Musik ohnehin nur selten gehört wird. „Zum letzten...", also ganz unten in der Präferenzpyramide – aber immer noch als Lieblingsmusik etikettiert – rangieren „durchaus Pop/Rock": Hier wird erläutert, dass auch an traditionellen Genres noch Gefallen gefunden wird – was als Demonstration einer gewissen Lockerheit im Umgang mit weniger „versierten" Genres interpretiert werden könnte. Auf eine nähere Bestimmung dieser Genrebezeichnung wird allerdings nicht eingegangen. Fast am Ende des Statements findet sich der Hinweis auf jene Genres, die definitiv außerhalb des eigenen Präferenzrahmens stehen: „ausschließen kann man Hip-Hop und aktuelle Charts." Mit der Bezeichnung „aktuelle Charts" wird jene Musik klassifiziert, die momentan in den Hitparaden vertreten und dementsprechend kommerziell erfolgreich ist. Interessant ist die Verwendung der „man-Form": Damit wird dieser Aussage ein gewisses Maß an allgemeiner Gültigkeit verliehen, die mitunter Aversionen noch stärker zum Ausdruck bringt.

Insgesamt kann anhand dieser kurzen Sequenz gezeigt werden, wie Genreklassifizierungen – im weitesten Sinn – dazu genutzt werden, um den persönlichen Musikgeschmack so gut wie möglich zum Ausdruck zu bringen. Ein Musikgeschmack besteht nicht nur aus der Vorliebe für eine Musik oder der Ablehnung einer anderen, vielmehr handelt es sich dabei um ein komplexes Gefüge an Positionierungs- bzw. Distanzierungspraktiken, das von zentraler Bedeutung für Identitätsarbeit in der Populärkultur ist.

Simon Frith weist darauf hin, dass Genrekategorien und genreinterne Differenzierungen keineswegs fix oder unveränderlich sind, sondern permanenten Transformationen unterliegen: „genres are constantly changing – as an effect of what's happening in neighboring genres, as a result of musical contradictions, in response to technological and demographical change" (Frith 1996, 93). Diese Transformationsprozesse machen deutlich, dass Klassifikationen kaum etwas mit musikimmanenten Charakteristika zu tun haben. Für Paul DiMaggio repräsentieren Genres „socially constructed organizing principles that imbue artworks with significance beyond their thematic content" (DiMaggio 1987, 441). Und auch Simon Frith betont die Rolle außermusikalischer Faktoren für die Konstruktion von (populärmusikalischen) Genrebegriffen: „Genre is not determined by the form or style of a text itself but by the audience's perception of its style and meaning [...]" (Frith 1996, 94).

Dass die Wahrnehmung von Genrecharakteristika unterschiedlich sein kann, zeigt sich auch in den untersuchten Diskussionen. Es lässt sich beobachten, wie über Klassifizierungen von MusikerInnen und Bands oft sehr heftig debattiert wird. Dabei geht es meist um die Frage, welche Bands und MusikerInnen einem bestimmten Genre zugeordnet werden können und welche nicht. Ausgehandelt wird dabei, wo die Trennlinien zwischen unterschiedlichen Genres verlaufen bzw. verlaufen sollen:

> Baru: Die Gothic-Richtung hat mich auch schon in den 80ern angezogen. Auch wenn damals noch keine solchen Gruppen wie Within Temptation und Co. dabei waren.
>
> Conian: [...] wobei man sagen muss, dass Nightwish und Within Temptation nur Möchtegern-Gothic ist.
>
> David: [...] Nightwish ist nicht einmal Möchtegern-Gothic, das ist ja wohl meilenweit davon entfernt. Frag mich aber nicht, wie ich es sonst bezeichnen würde, bin da nicht so gut im ‚Musikstilbegriffrumschmeißen'. [...]
>
> Baru: Also Nightwish und vor allem Within Temptation würde ich schon noch zu Gothic zählen. Viele sehen es aber nicht mehr so, weil die beiden Bands das „Glück" hatten durch ihre Chart-Erfolge, die ich ihnen durchaus gönne, recht populär zu werden. Aber das geht sicher vorbei. [...] Mit Gothic ist es wohl wie beim Metal, dass man nicht genau definieren kann, was was ist. Ich denk Gothrock trifft's evtl. noch am besten. Dann gibt's noch Gothic Metal wo z.B. die schon von mir genannten Graveworm wohl dazugehören. Ebenso wie Paradise Lost oder Therion. Aber zur großen Gothic Familie würde ich die beiden Bands auf alle Fälle zählen. [Th 15, 115–124]

Gegenstand von Aushandlungsprozessen sind allerdings nicht lediglich Genregrenzen, sondern auch die symbolischen Abstände zwischen unterschiedlichen Genres. So existieren ziemlich genaue Vorstellungen darüber, wie „weit" z.B. Punkrock und Metal oder Techno und Dance voneinander entfernt sind. Am häufigsten kommt es zu Protest, wenn mehrere unterschiedliche Genres in einen Topf geworfen werden: „Wenn du Punk und Metal trennst, musst auch Dance und Techno trennen, da ist genauso viel Unterschied dazwischen!!!!!" [Th 1, 7 (1–2)]. Hier beschwert sich ein Diskussionsteilnehmer über die Zusammenfassung der Genres „Dance" und „Techno" zu „Techno" und vergleicht diese Differenzierung mit „Punk" versus „Metal", wodurch die Wichtigkeit von Genre-Distanzen (oder -Nahverhältnissen) verdeutlicht wird. Zugleich werden damit Genregrenzziehungen etabliert und reproduziert. Häufig wird in diesen Fällen die „Schubladen-Metapher" herangezogen: „Ach so, wie kann man Punk nur in eine Schublade mit Metal stecken??? Das kann doch nicht wahr sein" [Th 2, 19 (2–3)]. Und eine weitere Beschwerde lautet: „Wie passen denn Techno und House mit Metal zusammen, ich bin entsetzt!" [Th 15, 9 (1)].

Bislang weitgehend unbeantwortet blieben Fragen nach der Herkunft, der Entstehung und der Transformation von Genreklassifikationen. Wenngleich diese Frage mit Hilfe des vorliegenden Datenmaterials nicht beantwortet werden kann, lassen sich Klassifikationspraktiken unter Rückgriff auf die im ersten Teil dieser Arbeit dargestellten Forschungsansätze im Zusammenhang mit art-world-spezifischen Konventionen, kulturindustrieller Distributionslogik und den jeweiligen Erfahrungswelten der Akteure betrachten. Genrekategorien haben zumeist ihren Ursprung in der jeweiligen Art World: MusikerInnen, Bands aber auch Fans prägen einen Begriff, der von der Musikindustrie zum Zweck der besseren Vermarktbarkeit nicht nur aufgegriffen, sondern auch maßgeblich geformt, standardisiert und in Umlauf gebracht wird. Die RezipientInnen übernehmen diese Kategorisierungsvorschläge, verwenden sie aber entsprechend ihrer eigenen sozialen Kontexte – also in Abstimmung mit ihren eigenen Erfahrungswelten, versehen sie mit (neuen) Bedeutungen – und tragen damit maßgeblich zur Weiterentwicklung oder auch Transformation von Klassifikationen bei. Diese Beobachtung widerspricht der weit verbreiteten Annahme, wonach Genreklassifikationen ausschließlich ein Produkt der Marketingabteilungen der Musikindustrie und der Medien seien. Die untersuchten Diskussionen in den Online-Foren deuten darauf hin, dass Genreklassifkationen ein Resultat von Aushandlungsprozessen sind, in denen die Musikindustrie keineswegs die Hauptrolle spielt, sondern die MusikrezipientInnen selbst aktiv an der Kreation, der Verwendung sowie der Veränderung von Klassifikationssystemen beteiligt sind.

Neben Genre- und Genresubkategorien lassen sich eine Reihe weiterer Klassifikationen beobachten: Dazu zählen insbesondere jene, die (zumeist) quer zu etablierten Genrekategorien verlaufen und ausschließlich in Form von binären Oppositionen konstruiert werden. Zu den häufigsten zählen die Dichotomien „elektronisch" versus „handgemacht" sowie „klassisch" versus „zeitgenössisch".

„Elektronisch" versus „handgemacht": Unter „handgemachter" populärer Musik wird Musik verstanden, die mit den „traditionellen" Instrumenten der Popularmusik gespielt wird, während unter „elektronischer Musik" jene Musikstücke subsumiert werden, deren Produktionsweise durch den verstärkten Einsatz von Computertechnologien gekennzeichnet ist. Es liegt nahe, dass mit dieser Trennung zahlreiche Zuordnungsschwierigkeiten verbunden sind, zumal es kaum noch Musik gibt, die (zumindest zu irgendeinem Zeitpunkt im Produktionsprozess) ohne Computer auskommt. Ungeachtet dessen spielt diese Grenzziehung eine wichtige Rolle. Die AnhängerInnen der „elektronischen Musik" nennen die „handgemachte" Musik gerne „Gitarrenzeugs": Kritisiert wird diese Musik für ihre (langen) Solopassagen, in denen es, aus dieser Sicht, mehr um die Zurschaustellung von Virtuosität als um ästhetische Soundqualitäten gehe.

> „Meine Lieblingsband sind die Pet Shop Boys, Nummer 2 sind Depeche Mode. Ich höre generell gern eher Elektronisches, also eher weniger Rock und ‚Gitarrenzeux'. Ich mag z.B. die Chemical Brothers, Faithless, Underworld, Madonna (jedoch erst die ‚spätere', nicht die ‚frühe' Madonna), Art Of Noise, Kraftwerk, FGTH aus den 80ern [...]" [Th 6, 191 (3–8)].

Auf der anderen Seite entdecken die „TraditionalistInnen" der Popularkultur gerade in der sogenannten „handgemachten" Musik jene „Ehrlichkeit", die gute Musik auszeichne. Dass die MusikerInnen ihre Instrumente beherrschen und ihre Virtuosität zur Schau stellen, wird als etwas Positives gesehen: „Grundsätzlich mag ich Musik gerne; aber nur von Bands, bei denen die Musik nicht vom Computer eingespielt wird" [Th 15, 9 (1–4)]. Wichtig ist, dass die Musik „handgemacht" ist:

„Also ich höre so ziemlich alles, was handgemacht ist. [...] Hauptsache es grooved und kommt nicht aus der Maschine" [Th 6, 91 (4–14)].

„Klassisch" versus „zeitgenössisch": Eine weitere wichtige Unterscheidung wird zwischen „klassischer" populärer Musik, die dem „Kanon der Popularmusik" zugerechnet wird, und einer sich davon abhebenden „zeitgenössischen" populären Musik getroffen.

Zunächst soll geklärt werden, was unter „klassischer" populärer Musik im wissenschaftlichen Diskurs verstanden wird. Die Kanonisierung populärer Musik wurde erst sehr spät als Gegenstand der Popularmusikforschung entdeckt. Dies ist vermutlich der lange Zeit den wissenschaftlichen Diskurs beherrschenden Positionierung populärer Musik als Opposition gegenüber sogenannter „klassischer Kunstmusik" geschuldet. Während die Kanonisierung im Bereich der Hochkultur kritisiert wurde, fehlte lange Zeit jegliche Sensibilität für ähnliche Prozesse im Bereich der Popularkultur. Mittlerweile stellt die Untersuchung der „filtering mechanism[s] at work in the process of canon formation" (Danielsen 2008, 18) ein bedeutsames Forschungsgebiet dar (u.a. von Appen/Doehring 2006, Danielsen 2008).

Zum gegenwärtigen Kanon populärer Musik zählen weitgehend unbestritten MusikerInnen und Bands wie Elvis Presley, *The Beatles*, *The Rollings Stones*, Bob Dylan, Neil Young, Jimi Hendrix, *Led Zeppelin*, David Bowie, Prince, *U2* oder Madonna (Danielson 2008, 17). Unklar ist bislang, wieso bestimmte Stücke oder MusikerInnen in diesen Kanon aufgenommen wurden und andere nicht – zumal es keinen Zusammenhang zwischen kommerziellem Erfolg (und damit großer Verbreitung) und Aufnahme in den Kanon zu geben scheint: „the canon of popular music is not identical with a list of the most popular songs in popular music history in commercial terms. A lot of songs and artists, although immensely popular at a certain point in history, are not present in these accounts" (Danielson 2008, 18).

In zahlreichen Forenbeiträgen werden Musikgeschmäcker zum Ausdruck gebracht, die sich insbesondere durch die Vorliebe für die „Klassiker" der Popularkultur charakterisieren lassen: „ansonsten höre ich noch die ganzen Klassiker des Rock gerne, wie halt die alten Sachen von Guns'n'Roses, AC/DC, Led Zeppelin, Steppenwolf, Pink Floyd usw.; ist immer noch gute Musik, wie ich finde ☺ " [Th 11, 7 (14–16)].

Bands wie *Led Zeppelin, Pink Floyd* oder *Deep Puple* werden immer wieder als Lieblingsmusik genannt. Als hörenswert und „qualitätsvoll" gilt diese Musik aufgrund ihres Klassikerstatus; die Vorliebe z.B. für die Band *Pink Floyd* wird mit dem Verweis auf deren Zugehörigkeit zum Kanon populärer Musik gerechtfertigt. Dem zugrunde liegt schließlich auch das Qualitätskriterium „Kontinuität": KünstlerInnen, die mehrere Jahrzehnte die gleiche Musik machen, wird (fast automatisch) Qualität zugesprochen. Besonders deutlich zeigt sich dies in der Vorliebe für Gruppen wie *The Rolling Stones*, die seit den 1960er-Jahren aktiv sind.

Sehr häufig geht die Äußerung von Vorlieben für „klassische populäre Musik" mit der Verehrung von einzelnen MusikerInnen als „Götter" oder von „Songs" als „göttlich" einher. Auf jeden Fall wird den KünstlerInnen besonderer Respekt gezollt: „‚Child in time' ist echt ein Spitzensong. Solche Lieder sind mit der Grund, warum ich hauptsächlich ältere Rocksachen höre, ich sage nur: Black Sabbath, Doors, Led Zeppelin, etc... sind echte Götter. Respekt!" [Th 14, 130 (1–3)]. Nicht zufällig finden sich in solchen Geschmacksbekundungen auch kulturpessimistische Lamentos über den Zustand der gegenwärtigen Musik: „‚Child in time' von Deep Purple. [...] das ist ein sehr göttliches Lied. So was wird heute nicht mehr gemacht. Das war noch richtige Musik" [Th 14, 129 (1–4)]. Hier kommt eine Ablehnung der aktuellen populären Musik zum Ausdruck, die maßgebend für die hier erläuterte Dichotomie von „klassischer" und „zeitgenössischer" populärer Musik ist.

Umgekehrt lehnen jene MusikrezipientInnen, die der „zeitgenössischen" Musik den Vorzug geben, häufig die „klassische" populäre Musik sowie jegliche Kanonisierungstendenzen ab. Was aber ist unter „zeitgenössischer" populärer Musik zu verstehen? In erster Linie werden darunter Genres gefasst, deren Höhepunkt noch nicht allzu lange zurückreicht oder im Optimalfall noch gar nicht erreicht ist. In den untersuchten Foren war in diesem Zusammenhang die Vorliebe für elektronische (Club)Musik am häufigsten zu beobachten.

7.2 Legitimationsstrategien

Wenn MusikrezipientInnen über ihre Lieblingsmusik sprechen, beschränken sie sich nur selten auf die Preisgabe ihrer Vorlieben; vielmehr versuchen sie auch zu begründen, warum ihnen diese Musik so gut gefällt. Sie erläutern, weshalb sie eine Band besonders toll, eine andere hingegen unmöglich finden, wieso sie einen bestimmten Song zu ihrer Lieblingsmusik zählen und einen anderen nicht. Dies geschieht meist, indem der jeweiligen Lieblingsmusik eine besondere Qualität zugeschrieben wird.

Anhand des untersuchten Datenmaterials lassen sich folgende Qualitätszuschreibungen, verstanden als Strategien zur Begründung und Rechtfertigung des eigenen Geschmacks, unterscheiden: 1. Bezugnahme auf musikalische Maßstäbe („Mir gefällt diese Musik, weil sie gut gemacht bzw. schön ist."), 2. Betonung von Funktionen, die einer Musik zugeschrieben werden („Mir gefällt diese Musik, weil sie sich gut für eine bestimmte Situation bzw. Tätigkeit eignet."), 3. Hevorhebung einer erwarteten Wirkung von Musik („Mir gefällt diese Musik, weil sie es schafft, bestimmte Stimmungen und Emotionen zu evozieren, zu stabilisieren, zu verstärken oder zu vertreiben.") und 4. Bezugnahme auf die einer Musik zugeschriebene Fähigkeit, Erinnerungen hervorzurufen („Mir gefällt diese Musik, weil sie bestimmte Erinnerungen zu wecken imstande ist."). Diese unterschiedlichen Qualitätszuschreibungen finden sich nur selten in ihrer Reinform, zumeist lassen sich Überlappungen und parallel angewandte Rechtfertigungsstrategien beobachten.

Der folgenden Analyse liegt die Annahme zugrunde, dass diese Begründungen und Rechtfertigungen keine individuellen und subjektiven Äußerungen über eine bestimmte Musik darstellen, sondern MusikrezipientInnen auf ein Repertoire gesellschaftlich verfügbarer und etablierter Argumentationsmuster zurückgreifen. Die Untersuchung dieses Repertoires soll Aufschluss über einige Alltagstheorien zur Erklärung musikalischen Geschmacks in der Popularkultur geben.

„Je schwerer zu spielen, desto besser"

> „Ich höre Rock-/Metalmusik auch am liebsten. Man erkennt hier meiner Meinung nach einfach die besseren Musiker. Denn die meisten Metal-Bands [...] beherrschen ihre Instrumente auch wirklich. Und daran erkennt man doch die gute Musik" [Th 2, 66 (1–3)].

In den untersuchten Diskussionen wurden nur selten musikalische Kriterien herangezogen, um den eigenen Musikgeschmack zu begründen bzw. um klarzustellen, was „gute" und was „schlechte" Musik ist.[110] Im Datenmaterial wurden folgende Parameter zur Bestimmung von musikalischer Qualität identifiziert: Kompositorische Qualitäten, Melodie, Rhythmus (bzw. „Beat"), lyrische Qualitäten, handwerkliches Können bzw. Virtuosität, Sound, Musikgefühl, Stimme, interpretatorische Fähigkeiten und innovative Aspekte.

Grundsätzlich lassen sich vier Arten der Anwendung musikalischer Kriterien zur Bestimmung von Qualität beobachten. Eine Variante besteht darin, musikalische Kriterien in Hinblick auf ein spezifisches kunsttheoretisches Referenzsystem ins Treffen zu führen. Ein Musikstück oder auch ein/e MusikerIn bzw. eine Musikgruppe wird vor dem Hintergrund genrespezifischer Konventionen beurteilt. Ausgehend von mehr oder weniger explizit festgelegten Regeln wird zu bestimmen versucht, ob die daraus resultierenden Standards eingehalten werden oder nicht. So gilt instrumentale Virtuosität, die vor allem am Tempo von Solopassagen gemessen wird, als wichtiges Kennzeichen zahlreicher Spielarten des Genres „Heavy Metal". Je nachdem, in welchem Ausmaß diese Erwartung erfüllt wird, fällt schließlich auch die Bewertung einer bestimmten Musik oder auch einer/eines Musikerin/ Musikers aus: „[Mir gefällt] Melodic-, Speed-, Deathmetal. Hauptsache es hört sich gut an. Je schwerer zu spielen, desto besser. Und ich mag sehr gerne schöne schnelle Solos" [Th 11, 18 (1–2)].

---

110 Wohlgemerkt handelt es sich bei den untersuchten Foren in erster Linie um allgemeine Gesprächsforen. In Musikforen, vor allem aber in MusikerInnenforen, finden sich sehr wohl Qualitätsdiskussionen, in denen musikalische Kriterien im Vordergrund stehen. Siehe dazu auch die empirische Untersuchung von Ralf von Appen (2007) zu ästhetischen Urteilen in KundInnen-CD-Rezensionen, in denen ebenfalls musikalische Kriterien einen gewichtigen Stellenwert einnehmen.

Genrespezifische Konventionen haben einen großen Einfluss auf die Beurteilung von Musik. Allerdings handelt es sich nur auf den ersten Blick um ein starres System von Bewertungsmaßstäben. Zum einen ist oft gar nicht klar, wo die Grenzen eines bestimmten Genres oder Subgenres verlaufen (siehe Kap. 7.1), zum anderen unterliegen die Konventionen selbst einer permanenten Transformation. RezipientInnen von Musik nehmen als wichtige Akteure der jeweiligen Art World Einfluss auf die (Re)Produktion, aber auch auf die Transformation aktueller Bewertungsschemata. Diese bislang im wissenschaftlichen Diskurs weitgehend vernachlässigte Wechselwirkung zwischen den RezipientInnen und art-world-spezifischen Konventionen stellt einen wichtigen Aspekt musikalischen Geschmacks dar.

Eine zweite Art, musikalische Kriterien zur Rechtfertigung des Musikgeschmacks heranzuziehen, besteht in der Vermischung unterschiedlicher kunsttheoretischer Referenzsysteme. Eine bestimmte Musik oder auch eine Musikerin bzw. ein Musiker wird nicht gemäß genrespezifischer Qualitätskriterien beurteilt, sondern vor dem Hintergrund ausgewählter Qualitätsstandards anderer Genres. Die Vorliebe für Hip-Hop, „weil dort nicht so viele und nicht so lange Soli gespielt werden" ist dafür ebenso ein Beispiel wie die Ablehnung der Punkband *The Ramones* aufgrund deren „seichten Arrangements". In beiden Fällen werden musikalische Kriterien (instrumentale Virtuosität, kompositorische Fähigkeiten) herangezogen, die außerhalb der jeweiligen Art World liegen: Die implizite Abwertung von Rockmusik aufgrund deren Affinität zu solistischen Darbietungen (z.B. langes Gitarrensolo) dient zur Aufwertung elektronischer Musik, ohne auch nur auf ein genrespezifisches Kennzeichen dieser Musik einzugehen. Zu einer Vermischung von Bewertungsmaßstäben unterschiedlicher Referenzsysteme kommt es auch im zweiten Beispiel: Während „seichte Arrangements" einer Jazz-Cover-Version eines *Beatles*-Songs als Regelverstoß interpretiert werden, gilt aus Sicht der „Punk-Art World" ein schlichtes Arrangement als die Norm. Auch bei dieser Art der Geschmacksbegründung ist die Wechselwirkung zwischen art-world-spezifischen Konventionen und individuellen Geschmacksurteilen von Bedeutung.

Eine dritte Variante der Rechtfertigung eines Musikgeschmacks unter Verweis auf musikalische Kriterien besteht darin, ein bestimmtes musikalisches Kriterium als universales, mehr oder weniger genre-unabhängiges Qualitätskriterium darzustellen. „Melodie ist das Stichwort. Vieles von dem, was heutzutage als Musik verkauft wird, hat das nicht mehr. Für mich ist Musik ohne Melodie keine Musik, sondern nur noch Krach. Das meiste ist heute halt nur noch zum Rumhoppeln in der Disco gedacht" [Th 27, 26 (1–3)].

Ausgehend vom Kriterium „Melodie", das hier als universales und genre-unabhängiges Qualitätsmerkmal präsentiert wird, folgt eine Einteilung in eine Musik *mit* und eine *ohne* Melodie, wobei letzterer abgesprochen wird, Musik zu sein. Diese wird als „Krach" bezeichnet und darüber hinaus mit einer abwertenden Funktionsbestimmung, nämlich dem „Rumhoppeln in der Disco", versehen. In folgendem Zitat wird durch diese Art von Zuschreibungspraxis gleich einem gesamten Genre jegliche Qualität abgesprochen:

> „Bis zu einem gewissen Grad kann man Musik qualitativ als hochwertig oder eben nicht bezeichnen. Deshalb fällt Techno hier überhaupt nicht rein, ist schließlich keine Musik, sondern Gehörgangvergewaltigung. Solang sich irgendjemand eine Melodie überlegt und dann als Draufgabe vielleicht sogar ganz passable Lyrics, is es o.k., aber wenn ich die Geräusche, die mein Computer von sich gibt, wenn er abstürzt, in eine Endlosschleife stelle, kann man das irgendwie echt nicht als Musik bezeichnen, oder wie seht ihr das???" [Th 22, 24 (1–8)].

In einem weiteren Eintrag wird nicht nur die Musik beurteilt, sondern auch die Fähigkeit der MusikerInnen. Als wesentliche Qualitätskriterien zählen „Musikgefühl" sowie „musikalische Komplexität". Diese beiden Kriterien werden schließlich herangezogen, um jegliche Musik zu beurteilen: egal ob Udo Jürgens oder *Pur* – oder die eigene Lieblingsmusik:

> „Jemand, der kein Musikgefühl hat, lässt sich sehr leicht erkennen, dass er Töne immer nur in Auf- und Abwärtsbewegungen von sich zu geben vermag. Die Harmonie zwischen den Tönen, die auch den ‚Soul' ausmachen, ist er unfähig zu erkennen. Sehr schön lässt sich dies, bei ‚Udo Jürgens' und der Gruppe ‚PUR' heraushören. Ihre Lieder sind wie bei der unreifen ‚Volksmusik' immer in einfacher Auf- und Abfolge, nach Schema 1 und 2 und 3 in ihren Tönen, gänzlich unmusikalisch gestaltet. So sind sie als Heuchler entlarvt" [Th 4, 29 (1–9)].

Auffällig ist allerdings, dass die Begründung von Geschmack mit dem Verweis auf musikalische Kriterien oft sehr unpräzise und widersprüchlich ist. Was genau unter „Melodie", „Virtuosität" oder „kompositorischer Komplexität" verstanden wird, bleibt nicht selten im Unklaren. Eine Melodie wird als „komplex", „seicht", „schön", „ekelig", „fad" oder „elektrisierend" bezeichnet; Begriffe, die sich wohl nur schwer operationalisieren lassen und oft auch über musikimmanente Aspekte hinausreichen. Häufig werden zwar musikalische Kriterien angeführt (und dies zumeist ohne Bezug auf ein bestimmtes art-world-spezifisches Referenzsystem), zugleich wird aber auf außermusikalische Kriterien verwiesen. Eine vierte Art der Anwendung von musikalischen Kriterien zur Rechtfertigung von Geschmacksbekundungen – und diese scheint die häufigste zu sein – ist demnach die Vermischung von musikalischen und außermusikalischen Kriterien.

> „Wichtig für mich ist, so denn Gesang in einem Stück vorkommt, die Stimme. [...] Die Melodie sollte stimmig sein, gerne auch bombastisch, wobei das natürlich kein ‚Muss' ist. Es sollte etwas in mir auslösen. Und was das angeht, kann auch mal eine Schmonzette dabei sein, wenn sie angenehme Erinnerungen weckt" [Th 18, 31 (6–13)].

In diesem Zitat werden Stimme und Melodie als vorrangige Qualitätskriterien erwähnt. Im Rahmen der näheren Erläuterung wird allerdings die musikalische Ebene verlassen und die recht vagen Attribute „stimmig" und „bombastisch" ins Treffen geführt. Letztendlich wird die subjektive Ebene betont bzw. die Fähigkeit einer Melodie, „etwas auszulösen", wie z.B. „angenehme Erinnerungen" zu wecken (siehe dazu auch Kap. 7.2.3).

Zuletzt sei noch auf die Songtexte hingewiesen, die eine besondere Rolle in der Zuschreibung von Qualität spielen. Selten werden dafür rein ästhetische Kriterien angeführt – vielmehr finden sich vor allem inhaltliche: Besonders hervorgehoben werden die Botschaften, die in Liedtexten transportiert und vor dem Hintergrund des jeweiligen Lebens- bzw. Jugendstils beurteilt werden:

> „Also die Single davon läuft ja permanent auf MTV und Co. Die Beats find ich zwar ganz gut, aber der Text ist sehr sehr stumpf. Irgendwie das typische ‚Ich bin gut, der Rest ist scheisse'-Gehabe... Ich mag Hip-Hop an sich, doch diese Attitüde geht mir so auf den Arsch, da hör' ich lieber Bands mit gescheiten Texten (wie Fettes Brot, die Fantastischen Vier, Eins Zwo, Freundeskreis, Blumentopf etc." [Th 14, 157 (1–4)].

„Zum Abtanzen Hip-Hop und R'n'B"

„Zum Abtanzen Hip-Hop und R'n'B, aber auch guten Rock, Jazz zum Chillen und Klassik zur Entspannung und zum Wohlfühlen" [Th 6, 234 (2–3)].

Häufig werden musikalische Präferenzen mit funktionalen Bestimmungen in Verbindung gebracht.[111] Ob zum Tanzen, Chillen oder Autoputzen – die Qualität einer Musik wird hinsichtlich ihrer Eignung zur Untermalung bzw. Begleitung bestimmter Tätigkeiten und Situationen beurteilt. Zumeist setzt sich ein Musikgeschmack aus der Vorliebe für unterschiedliche Musikgenres zusammen, denen eine bestimmte Funktion zugeschrieben wird. Zugleich werden dadurch persönliche Vorlieben mit einer Begründung versehen – oder mit dem Hinweis auf ihre Funktion(en) auch verteidigt.

In vielen Fällen wird eine bestimmte Musik mit einer spezifischen Situation oder Aktivität assoziiert. Oft werden dabei zwei Arten von Tätigkeitsbereichen, ein Freizeit- und ein Arbeitskontext, unterschieden: Zum einen gibt es Musik, die als besonders geeignet für Aktivitäten wie Tanzen, Feiern und „Partymachen" betrachtet und gerne in der Freizeit konsumiert wird, zum anderen wird Musik genannt, die neben der Arbeit gehört wird: „Also ich bevorzuge folgende Musikrichtungen. 1. Am Wochenende, zum Feiern und Partymachen nur Techno, House und das ganze Zeug. 2. Beim Arbeiten, Lernen, Proggen [...] die kompletten Alben von Robbie Williams" [Th 14, 17 (1–5)].

Folgende Aktivitäten, die gerne zu oder neben einer bestimmten Musik verübt werden, wurden in den untersuchten Diskussionen genannt: Tanzen, Entspannen, Ausruhen, Wohlfühlen, Abreagieren, Abrocken, Chillen, Feiern, Partymachen, Arbeiten, Proggen[112], Lernen, Autofahren, Putzen, Schmusen. Je nach Bedarf wird sodann die passende Musik aus dem Repertoire der persönlichen Lieblingsmusik ausgewählt:

---

111 Günter Kleinen hat bereits in den 1980er-Jahren darauf hingewiesen, dass „in eine Theorie vom musikalisch Schönen unsere Alltagstheorien über die möglichen Funktionen der Musik einzubeziehen [sind]" (Kleinen 1986, 74). Während Kleinen von einem breiten Funktionsbegriff ausgeht, der Musikkonsum als Begleitung zu anderen Tätigkeiten bis hin zur Selbstverwirklichung umfasst, soll im Folgenden dieser Begriff lediglich im Kontext der Rechtfertigungen eines Musikgeschmacks verstanden werden.

112 „Proggen" ist ein aus der Umgangssprache stammender Begriff für „Programmieren".

„Zum Putzen und Autofahren muss es Manowar, Black Sabbath, Dio o.ä. sein! Bin ich schmusig drauf, kommen Phil Collins und Jethro Tull ganz gut!" [Th 6, 268 (1–3)].

Eine besondere Qualität weisen Genres auf, die sich aus Sicht der jeweiligen MusikrezipientInnen für mehrere Situationen eignen, wie im folgenden Zitat den Genres „Reggae" und „Rock" attestiert wird:

> „Reggae/Dancehall, [...] weil ich es im Moment am meisten und liebsten höre, aber sonst höre ich eigentlich auch sehr viel Rock. Also die Mischung macht's, zu Rock kannst mal richtig dich abreagieren, richtig abrocken und pogen und so. Und Reggae versprüht einfach nur die gute Laune, man kann gut Chillen aber auch gut dazu tanzen...einfach perfekt" [Th 2, 96 (1–6)].

„Wenn ich ganz mies drauf bin, höre ich Rammstein und AC/DC"

> „Und wenn ich Aggressionen loswerden muss, dann hämmert es auch schon mal Speedcore aus meinen Boxen" [Th 28, 1 (9–10)].

Die erwarteten Wirkungen einer bestimmten Musik stellen nicht nur eine wichtige Motivation fürs Musikhören dar, sondern spielen auch im Rahmen der Artikulation von Musikgeschmack eine zentrale Rolle. Eine Musik gilt als „gut", wenn sie imstande ist, bestimmte Gefühlslagen hervorzurufen, zu stabilisieren, zu verstärken oder aber auch zu vertreiben. Aus einer soziologisch-interaktionistischen Sicht ist jedoch nicht von Interesse, ob es tatsächlich einen Zusammenhang zwischen der Musik und der Wahrnehmung bestimmter Gefühle gibt, sondern die Beobachtung, dass MusikrezipientInnen bestimmten Musikgenres oder Musikstücken eine spezifische Wirkung zuschreiben, d.h. eine – oft recht konkrete – Vorstellung von der Wirkung einer bestimmten Musik haben. Im Folgenden soll analysiert werden, wie diese erwarteten physischen, psychischen und emotionalen Wirkungen verbalisiert und zur Begründung von musikalischen Vorlieben herangezogen werden.

Zentrales Qualitätskriterium ist die Fähigkeit einer Musik, bestimmte Gefühle nicht nur auszudrücken, sondern auch zu manipulieren. Als „Mood Management" wird die Beobachtung beschrieben, dass Menschen Medien (bewusst oder auch unbewusst) verwenden, um ihre Stimmungen bzw. Gefühlszustände zu manipulieren (Bryant/Zillmann 1985). Diese Theorie wurde mittlerweile auch für Fragestellungen hinsichtlich des Umgangs mit Musik adaptiert (u.a. Schramm 2005).

In den untersuchten Diskussionen lässt sich sehr häufig eine Verbalisierung von Musikgeschmack beobachten, in der auf die Bedeutung von „Mood Management" hingewiesen wird. Musik wird „je nach Stimmung" und je nach „Lebensumständen" gehört; sie dient dazu, „Aggressionen loszuwerden" oder „ganz bestimmte Gefühle und Stimmungen rüberzubringen". Vor allem der Konsum von „härteren" Musikrichtungen wie Heavy Metal wird durch den Verweis auf deren Einsatz im Rahmen von „Mood Management" verteidigt:

> „also die Musik hör' ich ja auch nur um Aggressionen loszuwerden, denn dafür ist sie echt bestens geeignet, denk ich [...]. Außerdem sollen diese Musikrichtungen ja ganz andere Gefühle und Stimmungen rüberbringen... das ist im Vergleich zu der meisten Musik, die was Schönes und Fröhliches rüberbringen will, der Gegensatz und will Hass und solche Scherze rüberbringen" [Th 28, 11 (1–5)].

Einer Musik wird nicht nur Qualität zugeschrieben, wenn sie imstande ist, bestimmte Stimmungen hervorzurufen oder zu vertreiben, sondern auch, wenn sie für eine Stimmung den „richtigen" Sound liefert: Je nach Laune, Anlass, Wetter, Tages- oder Jahreszeit wird diese oder jene Musik gehört: „Jetzt in der trüben Jahreszeit, wird es wieder etwas elektronischer und düsterer (VNV Nation, Diary of Dreams). Im Sommer tendiere ich mehr zu House und immer hören kann ich Cafe del Mar und das Gotan Project" [Th 6, 38 (1–4)]. Und ein anderer Diskussionsteilnehmer berichtet, dass er Musik je „nach Tageszeit und Stimmungslage" hört: „Morgens auf den ersten Metern im Auto zum Aufwachen Slipknot, Sepultura, Prong, Static X, Korn; mittags etwas ‚gesitteter' Soundgarden, Pearl Jam, Stone Temple Pilots, Audioslave; abends auf dem Heimweg zum Ausklingen Coldplay, Dave Mathews" [Th 6, 135 (1–4)].

Besondere Qualität wird jenen musikalischen Genres zugeschrieben, die möglichst viele unterschiedliche Gefühlslagen ausdrücken können. Dies wird z.B. sehr häufig dem Genre „Metal" mit all seinen Untergenres attestiert: „Was ich mag: alle Metalarten (für jede Stimmung eignet sich eine am besten)" [Th 3, 7 (1–2)]. Als „Soundtrack" des Lebens wird dieses Genre im folgenden Zitat bezeichnet: „Aber der Metal ist für mich gesehen einfach eine der komplexesten Musikrichtungen. Ich bezeichne den Metal ganz gerne als: ‚Soundtrack des Lebens'. Zu jeder Lebenslage gibt es einfach eine Unterrichtung, die passt" [Th 5, 7 (10–13)].

„Es hängen auch Erinnerungen dran"

> „Pixies ist eine der wenigen Bands, die ich nach 15 Jahren fast noch wie am ersten Tag hören kann. Zugegeben, es hängen auch ein Haufen Erinnerungen dran" [Th 6, 55 (2–3)].

Häufig wird ein Musikgeschmack im Zusammenhang mit persönlichen Erinnerungen zum Ausdruck gebracht. Dies kann die Erinnerung an die eigene Jugend, den ersten Kuss, den letzten Urlaub oder bestimmte (besonders schwierige oder auch besonders schöne) Lebensphasen sein. Eine besondere – wenngleich auch recht subjektive – Qualität besitzt eine Musik, die diese Erinnerungen zu wecken imstande ist.

> „Meine absolute Lieblingsband ist Nine Inch Nails. Ich glaub, es wird nie eine Band kommen, die mich so sehr berühren wird, wie diese mich berührt hat. Die Musik, die Melodien und Texte… Mir läuft's jedes Mal kalt den Rücken runter, wenn ich was von ihnen hör. Liegt vielleicht daran, dass die Musik mich durch eine ziemlich schwere Zeit hindurch begleitet hat" [Th 11, 48 (1–7)].

Musik wird mit ganz bestimmten Erinnerungen und Lebensphasen in Verbindung gebracht. Die Qualität einer Musik besteht demnach in ihrer Fähigkeit, diese Erinnerungen hervorzurufen und die Gefühle und Stimmungen der damaligen Zeit wieder aufleben zu lassen. Zugleich zielt eine Qualitätszuschreibung dieser Art auch darauf ab, einen kollektiven Erfahrungsraum zu konstituieren bzw. Gleichgesinnte zu finden, die sich in einer solchen „Do-You-Remember-Phase" befinden:

> „Schön, dass es hier doch noch ein paar Leute gibt, die sich an die guten alten Zeiten zurückerinnern. Lakaien…herrje…das waren so geniale Konzerte Anfang der 90er. Habe mir vor ein paar Tagen die Live-DVD gekauft, weil ich irgendwie gerade so eine ‚Do you remember?'-Phase habe. Crüxshadows… jaaaa. Unheilig, In Strict Confidence, VNV Nation…die Liste ist endlos. Ich erinnere mich zu gut an die 90er, wo ich dauernd unterwegs war und in den Clubs bestimmte Songs liefen. NIN; Janus, Pitchfork, Malaria…hach ja…damals" [Th 6, 73 (1–8)].

Dieses Zitat verdeutlicht die Rolle, die Musik in einem Lebenslauf spielt. Die biografische Bedeutung der Musik ist von großer Relevanz für das Fällen von Geschmacksurteilen: Die Qualität dieser Musik wird darin gesehen, dass sie Erinnerungen an alte Zeiten und damalige Lebensumstände weckt und darüber hinaus ein generationsspezifisches Wir-Gefühl herzustellen imstande ist.

Resümierend lässt sich festhalten, dass RezipientInnen populärer Musik ihren Musikgeschmack begründen und auch rechtfertigen, indem sie ihrer Lieblingsmusik eine spezifische Qualität zuschreiben. Nur selten werden musikalische Kriterien zur Bestimmung der Qualität der jeweiligen Musik herangezogen. Häufiger findet die Beurteilung von Musik auf Basis bestimmter (Hör)Erwartungen statt, dazu zählen die Vorstellung einer bestimmten Funktion oder Wirkung einer Musik oder die zugeschriebene Fähigkeit einer Musik, Erinnerungen hervorzurufen. Die Diskussionen über Musikgeschmack zeigen, dass es bei der Rezeption populärer Musik meist um mehr als die „klingende" Musik geht. Eine besondere Rolle spielt der symbolische Mehrwert, der einer Musik beigemessen wird. Dies wird besonders deutlich, wenn der Umgang mit populärer Musik als Mittel soziokultureller Selbstverortung genutzt wird.

7.3 Sozialästhetische Positionierungen

Die Artikulation von Vorlieben und Aversionen bietet RezipientInnen populärer Musik zahlreiche bedeutsame Positionierungsmöglichkeiten: Zum einen wird durch verbalisierte Präferenzen eine kulturelle Verortung in der popularmusikalischen Landschaft vorgenommen. Zum anderen findet dabei immer auch eine soziale Positionierung statt: Die Vorliebe für ein bestimmtes musikalisches Genre signalisiert nicht lediglich eine ästhetische Präferenz, sondern kann auch die Entscheidung für (oder gegen) einen bestimmten Lebensstil zum Ausdruck bringen.

Ästhetische Urteile sind demnach immer auch soziale Urteile: Sie spiegeln unsere sozialen Beziehungen wider, bringen unsere Zugehörigkeit zu sozialen Gruppen zum Ausdruck und ermöglichen symbolische Distinktionen. In der Konversation über Musikgeschmack werden Nah- und Distanzverhältnisse ausgelotet, Wahlverwandtschaften gebildet, soziale Klassifizierungen vorgenommen und Grenzen abgesteckt. Besonders deutlich kommt dies in der Artikulation von Aversionen zum Vorschein, die eine Feinjustierung unseres Geschmacks in Hinblick auf ein weitläufiges Referenzsystem ermöglichen.

Anhand des empirischen Materials kann gezeigt werden, dass Musikgeschmack als Mittel sozialästhetischer Positionierung sowohl zur

Identitätsstiftung als auch zur Produktion von Grenzziehungen genutzt wird. Dabei wird deutlich, dass es sich bei diesen Grenzziehungen zwar um bedeutsame *symbolische*, allerdings nicht zwingend um *soziale* Grenzziehungen handelt.

„Das ist meine Musik": Geschmack und Identität

> „Meine Musikrichtungen gehen alle in Richtung Rock! Punk, Hard-Rock, Metal (alles), Gothic" [Th 5, 14 (1)].

> „Also ich liebe Popballaden *schwärm* Also allgemein Pop! Dafür hassen tu ich Hip-Hop, Techno and so on! Das ist echt nicht meins" [Th 6, 77 (1–2)].

Wenn wir über unseren Musikgeschmack kommunizieren, geben wir etwas zutiefst Persönliches von uns preis. Indem wir mitteilen, was uns gefällt und was nicht, legen wir fest, was „unseres" ist und was nicht. Es geht um „meinen" Geschmack oder um das, was eben „echt nicht meins" ist. Die Verwendung von Possessivpronomen in diesem Zusammenhang verdeutlicht die Rolle, die Musikgeschmack für Prozesse der Identitätsstiftung spielt. Auf den possessiven Charakter der Musikaneignung hat Simon Frith sehr deutlich hingewiesen: „Popular music is something possessed […]. In ‚possessing' music, we make part of our own identity and build it into our sense of ourselves" (Frith 1987, 143).

Die Artikulation von Musikpräferenzen ermöglicht eine ästhetische Positionierung, zugleich wird aber auch eine soziale Selbstverortung vorgenommen: Indem MusikrezipientInnen preisgeben, was ihnen gefällt (und was nicht), bringen sie einen spezifischen Lebensstil, die Zugehörigkeit zu einer bestimmten Gruppe oder die Nähe zu bestimmten Musik- oder Jugenszenen zum Ausdruck. Diese (Selbst-)Verortungsprozesse spielen eine bedeutsame Rolle in Identitätsstiftungsprozessen: „Die Individuen, die ihre Biographien in einer kulturell hochdifferenzierten Gesellschaft selbst gestalten müssen, benutzen Musik und Massenmedien, um ihre personalen, sozialen und kulturellen Identitäten zu konstruieren. Durch ihr Umgehen mit Musik verorten sie sich auf der soziokulturellen Landkarte" (Müller et al. 2006, 2).

Identitätsstiftung funktioniert nicht nur durch die Identifikation mit einer bestimmten Musik, sondern auch durch die „Nicht-Identifikation" mit einer anderen. „Meine" Musik heißt, dass es auch „deine" Musik gibt – bzw. die Musik des bzw. der anderen. Diese doppelte Natur von Identitätsstiftung formuliert Stuart Hall folgendermaßen:

> „Und weil Identifikation als Prozess sich gegen Differenz richtet, erfordert sie Diskursarbeit, das Ziehen und Markieren symbolischer Grenzen, die Produktion von ‚Grenz-Effekten'. Identifikation erfordert das was ausgelassen wird, sein konstitutiv Äußeres, um den Prozess zu festigen" (Hall 2004, 169).

Als Rohmaterial für diese Produktion von „Grenz-Effekten", dieses „Ziehen und Markieren symbolischer Grenzen" in der Popularkultur, dienen die beschriebenen Klassifizierungen und Qualitätszuschreibungen, auf die in Gesprächen über Musikgeschmack zurückgegriffen wird. Besonders deutlich kommen diese „Grenz-Effekte" im Zuge der Artikulation von Aversionen zum Ausdruck.

„Da bluten mir die Ohren": Aversionen und Ekel

Auf die Rolle von Aversionen wurde in der Musikgeschmacksforschung immer wieder hingewiesen. Bourdieu sieht in der Abneigung gegenüber anderen Lebensstilen eine der stärksten Klassenschranken: „Und nichts dürfte schwerer zu ertragen sein als anderer Leute ‚schlechter' Geschmack. Ästhetische Intoleranz kann eine furchtbare Gewalt entwickeln" (Bourdieu 1993, 148). Über das Aggressionspotential von Aversionen in der Popularkultur schreibt Simon Frith: „People do not only know what they like, they also have very clear ideas about what they don't like and often have very aggressive ways of stating their dislikes" (Frith 1987, 140).

Auch in den untersuchten Diskussionen wird meist nicht lediglich verbalisiert, was gefällt, sondern auch, was nicht gefällt. Die Bandbreite an Ausdrucksmöglichkeiten für diese Abneigungen reicht von milder Ablehnung bis hin zur heftigen Hasstirade oder Ekelbekundung.

Sehr häufig werden Aversionen mit dem Hinweis auf unangenehme körperliche Folgeerscheinungen einer bestimmten Musik artikuliert. Begriffe, die Ekel zum Ausdruck bringen („würgg", „ihhhgitigit", „wäh grauslich"), finden sich ebenso wie Termini, die Schmerzsymptome oder physiologische und/oder psychische Verletzungsgefahr einer bestimmten Musik (freilich auf ironische Art und Weise) verdeutlichen sollen. Auffällig sind in diesem Zusammenhang Warnungen vor „vorübergehenden Beschwerden" wie z.B. Erbrechen vor Ekel sowie der Hinweis auf „dauerhafte Schäden" durch den Konsum von „schlechter Musik".

> „Was verschiedene Musikrichtungen angeht, bin ich teilweise sehr intolerant. Von mir aus kann sich jeder anhören, was er möchte (also jeder soll nach seiner Facon glücklich werden), nur ja nicht in meiner Gegenwart!! Techno, House, Trance und der restliche Mist soll ja von mir fernbleiben; bei so was wird mir nur speiübel *gg* ... da find ich sogar Volksmusik à la Kastelruther Spatzen besser als jedes *umfz, umfz*-Geheule" [Th 22, 39 (5–10)].

In Hinblick auf die einer bestimmten Musik zugeschriebene „Verletzungsgefahr" steht das Hörorgan im Zentrum der Aufmerksamkeit. Typische Phrasen lauten z.B. „da bluten mir die Ohren", „da bettle ich um Taubheit" oder „das ist keine Musik, sondern Gehörgangsvergewaltigung". Diese Phrasen und Begriffe dienen der metaphorischen Überhöhung, um einer Aversion noch stärker Ausdruck zu verleihen: „Ich liebe Filmmusik. Ansonsten höre ich fast alles. Techno, Hip-Hop, Rock usw. Nur keine Volksmusik. Das überleben meine armen Ohren nicht" [Th 14, 7 (1–4)].

Oft wird Musik einfach als nervig bezeichnet, oder sogar für Aggressionen verantwortlich gemacht. „Schlechte" Musik bzw. „Musik, die nicht gefällt" kann „nerven", „aggressiv" oder gar „kaputt machen". So meint ein Diskussionsteilnehmer: „Stimmen à la Mariah Carey dringen direkt an den Teil meines Gehirns, der dieses Gefühl der Gereiztheit auslöst" [Th 18, 31 (7–8)]. Und ein weiterer User berichtet über seine Hörgewohnheiten: „Ich höre auch Ska. Dann kommt aber noch Punk, Oi!, Hardcore und etwas Reggae dazu. Andere Musikrichtungen, wie Hip-Hop und Pop kann und will ich nicht tolerieren. Die nerven einfach nur" [Th 5, 27 (2–3)].

Vor solcher Musik würde man, so suggerieren einige Textpassagen in den Foren, „am liebsten davonlaufen". In diesem Zusammenhang findet sich häufig der Begriff des „Jagens", der die Vorstellung impliziert, es gäbe Musik, vor der man flüchten müsse: „Ich höre eigentlich auch fast alles. Jagen kann man mich allerdings mit Volksmusik" [Th 6, 12 (1–3)]. Und ein weiterer User meint: „Mit Radiogedudel kann man mich jagen, genauso mit Techno, Schlagern, Pop und Volksmusik!!" [Th 6, 25b (1–2)].

„Mein Leben ist Tekkno": Jugendkulturelle Identifikation

Die zumeist recht offen zu Schau gestellte Artikulation von Aversionen dient in erster Linie zur Verstärkung der jeweiligen sozialästhetischen Positionierung: Indem nicht nur preisgegeben wird, was gefällt, sondern auch was nicht gefällt, können dem eigenen Geschmacksprofil klare Konturen verliehen werden. Sehr häufig geht die Geringschätzung eines bestimmten Genres mit der Abwertung eines mit diesem Genre verbundenen Lebensstils einher. Diese Form der Grenzziehung findet sich insbesondere im Rahmen jugendkultureller Distinktion. So drückt ein Diskussionsteilnehmer seine Aversion gegenüber Hip-Hop aus, indem er eine für die Hip-Hop-Jugendkultur typische Geste diskreditiert: „Hip-Hop [...] kann ich ebenfalls nicht ab, ich find' das total ätzend, wenn sie dastehen und nur den Arm auf- und abbewegen" [Th 3, 4 (1–2)]. Häufiger finden sich jedoch Statements, in denen die Präferenz einer bestimmten Musik die Zugehörigkeit zu einer jugendkulturellen Szene signalisieren soll: „Meine Musikrichtung ist Grunge! Wobei man das nicht als Musikrichtung, sondern als Lebensstil beschreiben kann! Es ist der Soundtrack zu meinem Leben!" [Th 16, 5 (1–3)].

Durch die Artikulation von Musikgeschmack wird im Rahmen jugendkultureller Identitätsstiftung die Zugehörigkeit zu einem bestimmten kollektiven Erfahrungsraum zum Ausdruck gebracht. Von zentraler Bedeutung ist dabei die Intensität der jugendkulturellen Identifikation. Typische Äußerungen lauten: „mein Leben ist Tekkno", „ich bin eher der Hip-Hop-Rap-Typ", „Gothic, Dark Wave, Mittelalter – das ist meine Welt!!!", „ich bin durch und durch ein Gabbafan" oder „ich bin zu 90 % Prozent Gabber".

Der Gabber-Fan, der hier zuletzt zu Wort kommt, gibt seine Präferenz in Prozentwerten an: 90 % Gabber. Er sagt nicht „Ich höre 90 % Gabber", sondern: „Ich bin zu 90 % Gabber". Dies verweist auf eine starke Identifikation nicht nur mit der Musik, sondern auch mit dem dieser Musik zugrundeliegenden Jugend- und Lebensstil. Zugleich kommt hier ein häufig zu beobachtendes Bestreben zum Ausdruck, seine Zugehörigkeiten zu bestimmten Jugendszenen durch Maßzahlen quantitativ messbar zu machen. Schließlich ist hier noch anzumerken, dass in diesen Angaben auch die Fragmentierung von Identitäten deutlich wird. Hier ist keine Rede von hundertprozentiger Identifikation, vielmehr bleiben 10 % für andere Genres und/oder Szenen „übrig". Dies kommt auch in dem folgenden Eintrag zum Ausdruck, in dem zwischen unterschiedlichen Hörsituationen unterschieden wird: „Also ich höre hauptsächlich Tekkno (Hardstyle, Hardcore und Acid), also dazu geh ich dann am Wochenende Partymachen. So im Alltag höre ich auch ab und zu ganz gerne Sachen wie Gentlemen, R.E.M, John Secada [...] und einfach alles, was gut ist ☺ aber mein Leben ist Tekkno" [Th 6, 66 (1–5)].

Typisch für jugendkulturelle Identifikation mit Musik ist die hartnäckige Verteidigung des – mitunter auch „festgefahrenen" – Musikgeschmacks. Die daraus resultierende Intoleranz wird allerdings nicht problematisiert, sondern als Indiz einer besonders starken Identifikation und Auseinandersetzung mit einer bestimmten Musik gesehen:

> „Um noch mal auf meine diskutierte Intoleranz gegenüber Musikrichtungen zu kommen: Mein Musikgeschmack, das heißt genau die Musik, die ich anhöre und mit der ich auch ein gewisses Lebensgefühl verbinde, richtet sich nun mal ganz entschieden gegen Popmusik oder Techno, Schlager, Volksmusik [...]" [Th 5, 49 (5–8)].

Im Rahmen jugendkultureller Grenzziehungsprozesse kommt es auch häufig zu Anfeindungen zwischen Jugendlichen mit unterschiedlichen musikalischen Präferenzen. Dabei geht es weniger um die Musik selbst, sondern um die mit dieser Musik assoziierten Lebensstile. Im folgenden Zitat macht sich ein Metal-Fan über die Kleidung von Angehörigen der Hip-Hop-Szene lustig:

> „So, dann will ich auch mal öffentlich kundtun, was ich für Musik höre. Ich persönlich stehe auf Metal mit Ausnahme von Death, Speed und sonstigem Gegröle. [...] Auf Hip-Hop stehe ich persönlich nicht so sehr. Na ja, jedem das seine. Aber wenn ich mir dann die Kleidung von diesen Möchtegern-Rappern anschaue, die bei uns auf den Straßen rumlaufen, könnte ich heulen. Wobei die Hosen wohl den Vorteil haben, dass man noch unbemerkt Windeln anziehen kann ;-) Ja, ich weiß, ich sollte toleranter sein. Wahrscheinlich fände ich es auch in Ordnung, wenn die meisten Kiddies nicht einfach nur auf cool machen wollten" [Th 15, 60 (1–10)].

Wenngleich in vielen Diskussionen der Eindruck ernsthafter Feindseligkeiten entsteht, zeigt sich in der Mehrheit der analysierten Threads ein äußerst selbstreflexiver und oft auch ausgesprochen spaßbetonter Umgang mit typischen jugendkulturellen Klischees. So wird in der folgenden Diskussion [Th 11, 36–37], an der sowohl Technofans als auch Angehörige der Metal-Szene beteiligt sind, nicht ohne ein gewisses Maß an Selbstironie debattiert, wer den „besseren" Musikgeschmack habe:

> Dave : Oh man, das sieht hier aus, als wenn alles nur noch so komische Metaller sind, die mit so schwarzen Klamotten durch die Gegend rennen und meinen jo ich bin der voll true nordic grimmfrost viking black Metaller ;-) is nicht bös gemeint Jungs ;-)
> Könnt ihr keine vernünftige Musik hören wie Trance , Techno und House ?

1. Wir haben den besseren Style,
2. Ist die Musik viel melodischer.
3. Neigen wir zu keiner Gewalt oder Metgelagen.
4. Sehen wir nicht aus, als wenn wir der Vorbote der Hölle sind ;-)
Also keep raving ;-)

Rewo: „1. Wir haben den besseren Style." Kann man drüber streiten.
„2. Ist die Musik viel melodischer." Was an diesen Rumsbässen melodisch sein soll.
„3. Neigen wir zu keiner Gewalt oder Metgelagen." Alle Menschen neigen zu Gewalt, die meisten können sich aber beherrschen. Und ich bin mir sicher, dass es bei den Technomenschen auch Schläger gibt. Zudem ist mir ein Besoffener lieber als ein Zugedröhnter.
„4. Sehen wir nicht aus, als wenn wir der Vorbote der Hölle sind." Ja, wenn ich euch sehe, denk ich schon, ich bin in der Hölle, denn im Paradies gibt's nur laute Gitarren und hämmernde Schlagzeuge…
Also, keep on rockin'

„Was der wohl für einer ist?" Dechiffrierungspraktiken

Für RezipientInnen populärer Musik stellt Musikgeschmack eine bedeutsame Ressource soziokultureller Positionierung dar. In Konversationen über Musikgeschmack zeigt sich allerdings, dass neben dieser Selbstverortung auch eine Verortung der anderen stattfindet: Auf Basis der Vorlieben und Aversionen eines Menschen werden Vermutungen über dessen Lebensstil angestellt; es wird spekuliert, welche weiteren kulturellen Vorlieben und Aversionen, welche Einstellungen, Verhaltensweisen oder Wertvorstellungen sich hinter dem jeweiligen Musikgeschmack verbergen. Diesen „Dechiffrierungsversuchen" liegen Klassifizierungsschemata zugrunde, auf deren Grundlage soziale Einordnungen vorgenommen werden. So wird der „Heavy-Metal-Hörerin" ein völlig anderes Outfit attestiert als dem „Reggae-Hörer"; dem „Mainstream-Hörer" ein anderes Weltbild zugeschrieben als derjenigen, die ausschließlich „alternative" Musik hört; vom „Ö3-Hörer" ein anderer kultureller Geschmack erwartet als vom „Ö1-Hörer". In vielen Fällen gehen mit diesen Vorstellungen, die zu einem Großteil auf Klischees und Stereotypen basieren, auch Bewertungen anderer Lebensstile einher: Handelt es sich um einen Musikgeschmack, der dem eigenen ähnelt, steht die Freude über die „gleiche Gesinnung" im Vordergrund; wird allerdings ein „anderer" Musikgeschmack geäußert, werden sozialästhetische Distinktionsmechanismen wirksam. Als Rohmaterial symbolischer Inklusion und

Exklusion dienen letztendlich sämtliche im Feld der Popularkultur etablierten Klassifikationssysteme. Besonders deutlich kommt dies zum Ausdruck, wenn es um die Vorliebe für bestimmte Radiosender geht, zumal deren Programminhalte für ganz spezifische Einstellungen und kulturelle Verhaltensweisen stehen. Im österreichischen öffentlich-rechtlichen Rundfunk lassen sich vier Radiosender unterscheiden, die mit ganz spezifischen Lebensstilen assoziiert werden: Während der „Kultursender" Ö1 primär auf „klassische" Musik, World Music und Jazz spezialisiert ist, stehen die Landesradios für Volksmusik, Schlager und Oldies. Ö3 spielt hauptsächlich Musik aus den Charts, während FM4 tendenziell den „Indie-Markt" bedient. Aufgrund der Etikettierung dieser Sender als „Hochkultur" (Ö1), „Volkskultur" (Landesradios), „Mainstream" (Ö3) und „Alternative" (FM4) werden auch deren HörerInnen dementsprechend klassifiziert. In den untersuchten Diskussionen wurde häufig eine Präferenz für einen dieser Sender geäußert, zugleich zeigte sich an den jeweiligen Reaktionen der anderen DiskussionsteilnehmerInnen, welche symbolischen Inklusions- und Exklusionsprozesse dabei in Kraft treten. Am häufigsten fand sich eine Diskreditierung der Ö3-HörerInnen durch FM4- und Ö1-HörerInnen. Es handle sich, so der Grundtenor, bei den Ö3-HörerInnen um MusikrezipientInnen, die „keine Ahnung von Musik" hätten, nur „Mainstream-Schrott" hörten und sich generell durch einen „abgestumpften Geschmack" auszeichnen würden.

Klaus-Ernst Behne nennt Zuschreibungen dieser Art „Hörerkonzepte", verstanden als Vorstellungen darüber, was MusikrezipientInnen über jene Menschen denken, die andere musikalische Vorlieben haben als sie selbst (Behne 1983, 12). Hörerkonzepte dienen in erster Linie der Orientierung; sie helfen dem Einzelnen, so Behne, „die ungeheure Vielfalt der massenmedialen Musiklandschaft zu ordnen, subjektiv zu verstehen und den eigenen Platz in ihr zu finden" (ebd., 14).[113]

---

[113] In Anlehnung an Behne (1983) führten Renate Müller, Stefanie Rhein und Marc Calmbach (2006) eine Studie zum sozialästhetischen Gebrauch von Musik als Mittel sozialer und kultureller Verortung und Differenzierung durch. Die Befragung von Jugendlichen zur Ästhetik der Popgruppe „The Smiths" verdeutlicht die Rolle, die Hörerkonzepte im alltäglichen Umgang mit Musik spielen.

In Diskussionen über Musikgeschmack erbringen MusikrezipientInnen permanent Dechiffrierungsleistungen; versucht wird dadurch, einen Blick „hinter" den jeweiligen Musikgeschmack der/des anderen zu werfen. Besonders eindrucksvoll zeigen sich diese Dechiffrierungsbestrebungen in den untersuchten Threads, da hier lediglich auf die schriftlichen Statements des Gegenübers zurückgegriffen werden kann. In der folgenden, exemplarisch wiedergegebenen Diskussion [Th 19, 1–10][114] werden diese Dechiffrierungsbemühungen explizit zum Thema gemacht.

> bigballoon: Wenn man so das ein oder andere Nickpic von Usern sieht […], fängt man an zu überlegen, was der eine oder andere Boardie wohl für einer ist (Schubladen denken ;-)) z.B. steht ein Boardie auf Darkart und hört Heavy Metal […], dann malt man sich doch im Kopf aus, dass dieser Boardie lange Haare hat, eine Lederkluft und und und ☺ Nun will ich mal sehen, wie ihr mich zusammen malt..;-) Hier noch meine Musikrichtung: [link zu einem Musikfile] […]
>
> Trashy: Lange Haar stimmt. Lederkluft eher nicht. ☺ Musikrichtungen: Black-, Death Metal (etwas Trash), Progressive Rock, etwas elektronisches Zeugs.
>
> Entenprice: @ bigballoon: Bei deiner Musik reg' ich mich total auf, wenn die Golf-GTI-Fahrer vorm Haus vorbeifahren. ☺ Ich wette, du hast kurze Haare, bist relativ bunt gekleidet evtl. auch auf Markenklamotten ausgelegt *fg*, auf jeden Fall magst du es farbig *g*.
> Nun mal zu mir: In Sachen Musik könnt' ich einiges hier rauflegen *gg*, aber hier mal 2 links in Sachen Hard-Trance […] [Link zu Musikfile] [Link zu Musikfile] …und natürlich Trash Metal, bisschen Melodic Metal, Doom und so Sachen wie Prodigy.
> So, überraschenderweise hab' ich ebenfalls lange Haare, bissl kürzer als unser Trashy und war früher (man möge es nicht glauben) viel in der Metal-Szene unterwegs, dazu natürlich auch die Klamotten. ☺ Wie ich mich jetzt kleide, könnt ihr raten *ggg*.
>
> bigballoon: @Entenprice: Ok. kurze Haare habe ich ;-), aber ich fahre keinen blöden Golf GTI ;-) und bunt lauf ich auch nicht gerne rum, das überlasse ich den Scooterhörern ;-)
> Markenklamotten meinst du Boss, Joop & Co? Dann liegst du falsch.
> Für mich gibt es nur ARMANI ;-) Mal im Ernst, zählt ne Levis Jeans jetzt schon zu Markenklamotten (ist doch schon Standard, oder)?

---

114 Die Ausgangsfrage in diesem Forum lautete: „Welche Musik hört ihr so?". Es handelt sich hier um einen leicht gekürzten Auszug.

Entenprice: Armani ☺ Naja hab' mich nur anders ausgedrückt, ich meinte du legst Wert auf etwas teurere Klamotten – so meinte ich ;-) Und Levis ist Standard, würd' ich auch sagen. ☺ Aber du bist ein feiner Kerl, per Chat usw. bekommt man ja doch irgendwie die Persönlichkeit des Gegenübers mit. ☺

bigballoon: Mein Profil über Entenprice ;-) Er liebt ein klares Design, kein Geschnörkel.
Er ist er der „helle" Typ. Hat keinen festen musikalischen Ankerpunkt.
Ist sehr jung geblieben (*fg* *gg* gehören zu 90 % seiner Schreibweise). Ein kleiner Spaßvogel. [...] Und lag ich richtig? ;-)

Entenprice: [...] Du liegst wirklich sehr gut ☺ [...]

Dieser Ausschnitt zeigt nicht nur die Rolle von Dechiffrierungspraktiken, sondern auch die Schwierigkeiten beim Versuch, sich auf der Grundlage des Musikgeschmacks ein Bild von unserem Gegenüber zu machen. Angesichts zunehmender Ausdifferenzierung musikalischer Genres sowie der stets voranschreitenden Pluralisierung von Lebensstilen stellt sich die Frage, ob anhand von Musikpräferenzen überhaupt (noch) auf soziokulturelle Positionen geschlossen werden kann. Was heißt es heute eigentlich, „am liebsten Punkrock zu hören"? Dies könnte auf einen alternativ-subversiven Lebensstil hinweisen, es wäre aber auch möglich, dass es sich dabei um die Präferenz für melodiösen Fun-Punk handelt, der mit der ursprünglichen Punk-Attitüde so gut wie gar nichts zu tun hat. Und wie verhält es sich mit der Aussage „Ich bin zu 100 % Hip-Hopper"? Wird hier die Vorliebe für die Fantastischen Vier zum Ausdruck gebracht? Oder handelt es sich eher um die Verehrung der als „old-style" etikettierten Sugarhill Gang? Gelten die 100 Prozent lediglich für den „authentischen" „Underground-Rap", oder sind auch kommerzielle Formen dieses Musikstils inkludiert?

Symbolische Grenzen in der Popularkultur

In den vorangegangenen Kapiteln wurde gezeigt, dass RezipientInnen populärer Musik sozialästhetische Positionierungen vornehmen. Dadurch entstehen bedeutsame Grenzziehungen, die für Identitätsstiftungsprozesse eine wichtige Rolle spielen: Die Identifikation mit einer Musik geht mit der Zugehörigkeit zu einer sozialen Gruppe einher; die Abgrenzung gegenüber musikalischen Vorlieben anderer schafft die

Basis für Distinktionsprozesse. Aber um welche Art von Distinktion handelt es sich? Und welche sozialen Implikationen ziehen diese Distinktionen nach sich?

In ihrem Aufsatz „The Study of Boundaries in the Social Sciences" unterscheiden Michèle Lamont und Viràg Molnár zwischen symbolischen und sozialen Grenzen. Unter symbolischen Grenzen werden konzeptionelle Distinktionen verstanden, die soziale Akteure nutzen, um Menschen, Objekte oder Praktiken zu kategorisieren. „They are tools by which individuals and groups struggle over and come to agree upon definitions of reality. [...] Symbolic boundaries also separate people into groups and generate feelings of similarity and group membership [...]" (Lamont/Molnár 2002, 168). Dagegen stellen soziale Grenzen objektivierte Unterschiede dar, die sich in ungleichem Zugang zu und ungleicher Verteilung von materiellen und nicht-materiellen Ressourcen manifestieren (ebd., siehe auch Neckel/Sutterlüty 2008).

Die bisher dargestellten sozialästhetischen Positionierungen bilden das Herzstück popularmusikalischer Geschmacksurteile, sie sind die Basis für symbolische Grenzziehungen. Allerdings ist fragwürdig, ob es sich dabei auch um soziale Grenzziehungen handelt. Zum einen lassen sich keine objektivierten Unterschiede beobachten, die mit ungleicher Ressourcenverteilung einhergehen und damit soziale Exklusionsprozesse in Gang setzen würden. Zum anderen lässt sich auch keine sozialästhetische Hierarchie ausmachen, die auf Basis allgemein gültiger Kriterien eine Musik zur „besseren" oder „schlechteren" macht. Vielmehr geht es um subjektiv geäußerte Geschmackspräferenzen bzw. die jeweilige Lieblingsmusik, die zwar wichtig für die Positionierung in der popularkulturellen Landschaft ist, allerdings keinen Anspruch auf allgemeingültige Superiorität stellt.

Ungeachtet dessen zeigen die untersuchten Diskussionen in Online-Foren, dass RezipientInnen populärer Musik nicht nur ihre Lieblingsmusik zum Thema machen, sondern auch verhandeln, was den (objektiv) „guten" Geschmack in der Popularkultur eigentlich ausmacht. Dabei geht es in erster Linie um die Definition von moralischen Standards, die auf die Legitimation eines Geschmacks abzielen, der als besser bzw. besonders „aufgeklärt" gilt und dem auch ein soziales Distinktionspotential innewohnt.

8. Auf der Suche nach dem „guten" Geschmack

Bourdieu zufolge ist die Vorliebe für „klassische" Musik Ausdruck eines Lebensstils, der zur Demonstration sozialer Überlegenheit genutzt wird. Diesem „aufgeklärten" Geschmack des Bildungsbürgertums, der sich durch eine Vertrautheit mit hochkulturellen Kunstformen auszeichnet, steht der „Notwendigkeitsgeschmack" der Arbeiterklasse gegenüber. Wenngleich diese Grenzziehung gegen Ende des 20. Jahrhunderts hinsichtlich ihrer sozialen Implikationen an Bedeutung verloren hat, lässt sich beobachten, dass die Unterscheidung zwischen einem „sublimen" und einem „banalen" Geschmack nach wie vor eine Rolle in sozialen Interaktionen spielt. Entgegen Bourdieus Annahme zeigt sich, dass die grundlegende Trennlinie nicht mehr ausschließlich zwischen Hoch- und Popularkultur verläuft – vielmehr lassen sich Differenzierungen zwischen „gutem" und „schlechtem" Geschmack auch innerhalb der Popularkultur selbst beobachten. Im Folgenden werden diese Differenzierungen einer näheren Betrachtung unterzogen: Was macht einen Geschmack zum „guten" Geschmack? Welche Maßstäbe werden zur Beurteilung unterschiedlicher Geschmäcker herangezogen? Wo verlaufen die Grenzen zwischen einem „guten" und einem „schlechten" Geschmack? Und welche sozialästhetische Bedeutung ist mit diesen Grenzziehungen verbunden?

Die Analyse der Diskussionen in Online-Foren zeigt, dass in der Aushandlung des „guten" Geschmacks in der Popularkultur Authentizitätszuschreibungen eine zentrale Rolle spielen. Als „authentisch" gilt eine Musik, von der angenommen wird, dass sie um der Musik willen und ohne Absicht auf kommerziellen Erfolg hergestellt wurde. Die Vorliebe für „authentische" Musik gilt als Basis eines „guten" und „aufgeklärten" Geschmacks, der sich der massenkompatiblen Kommerzkultur verweigert und der Autonomieästhetik eines populärkulturellen Werkes einen besonderen Stellenwert einräumt. Dabei wird deutlich, dass Authentizität nicht nur ein ästhetisches Kriterium darstellt, sondern auch in ethischer Hinsicht eine bedeutsame Rolle spielt: Dem Gefallen an „authentischer" Musik (bei gleichzeitiger Diskreditierung der Vorliebe für kommerzielle Musik) liegt die Vorstellung eines „richtigen" Umgangs mit Musik zugrunde, wodurch mitunter moralische Überlegenheit zum Ausdruck gebracht werden kann.

Allerdings zeigt sich, dass Authentizitätskonzepte Brüche aufweisen und ihre einstmalige Stabilität einbüßen. Die zunehmende Ausdifferenzierung musikalischer Praktiken sowie die Transformation traditioneller Grenzziehungen, wie jene zwischen „authentischer" und „kommerzieller" Musik, tragen maßgeblich zu einem Bedeutungsverlust von Authentizität als Qualitätsauszeichnung im Feld der populären Musik bei. Dies zeigt sich besonders deutlich in einem neu entstehenden Qualitätsdiskurs: So lässt sich in den untersuchten Online-Diskussionen ein auf Toleranz und Offenheit beruhender Geschmack beobachten, der einige der Prämissen, die Authentizitätszuschreibungen zugrunde liegen, radikal in Frage stellt: Der sogenannte „Querbeet-Geschmack" zeichnet sich durch eine Vielfalt unterschiedlicher Vorlieben sowie durch die Überschreitung der Grenze zwischen „authentischer" und „kommerzieller" Musik aus.

„Authentizität" und „Toleranz" bilden die Basis zweier konkurrierender Auffassungen darüber, was den „aufgeklärten" – und damit „guten" und „richtigen" Geschmack in der Popularkultur ausmacht: Während MusikrezipientInnen mit einer Vorliebe für „authentische" Musik deren Superiorität in der Musik selbst begründet sehen (indem sie einer bestimmten Musik einen hohen symbolischen Wert zuschreiben), halten die „Querbeet-HörerInnen" ihren Geschmack auf Basis einer grundlegenden Einstellung und Haltung für überlegen (indem sie einem bestimmten Geschmack Offenheit und Toleranz attestieren). „Authentizität" und „Toleranz" können in diesem Zusammenhang auch als „Deutungsmuster" bezeichnet werden, verstanden als „allgemeine Deutungsfiguren, die in konkreten Deutungsakten zum Einsatz kommen und dabei in unterschiedlicher sprachlich-materialer Gestalt manifest werden" (Keller 2005, 235). Als spezifische Interpretationsschemata, die individuelle und kollektive Erfahrungen organisieren, „implizieren [sie] meist Vorstellungen (Modelle) angemessenen Handelns" (ebd.). In der folgenden Analyse sollen diese Deutungsmuster expliziert und hinsichtlich ihrer ethischen Dimension untersucht werden, wobei zunächst die Zuschreibung von Authentizität detailliert beschrieben wird (Kap. 8.1) und anschließend Toleranz und Offenheit als Grundlage des „Querbeet-Geschmacks" in den Blick genommen werden (Kap. 8.2). Zuletzt soll die Frage aufgeworfen werden, ob dieser grenzüberschreitende Geschmack als ein Indiz für grundlegende sozialästhetische Transformationen in der Popularkultur gedeutet werden kann (Kap. 8.3).

In methodischer Hinsicht bedarf es dazu einer Erweiterung inhaltsanalytischer Deskription um eine Perspektive, die den subtilen Zuschreibungspraktiken in alltäglichen Interaktionen Rechnung trägt. Dieser mikrosoziologische Blick auf soziale Prozesse erfordert eine Herangehensweise, die den Strukturen impliziten Wissens der Akteure gerecht wird und die Ebene der latenten, weniger offensichtlichen Handlungsmuster berücksichtigt. Auf einer methodologischen Ebene eignet sich der in Kapitel 6.4 beschriebene Ansatz der wissenssoziologischen Deutungsmusteranalyse insofern, als gerade Transformationsprozesse – wie der hier diagnostizierte Bedeutungsverlust von Authentizitätszuschreibungen – eine ideale Forschungsgelegenheit für die Explikation impliziter Wissensbestände darstellt:

> „Die Emergenz neuer Deutungsmuster geschieht in Reaktion auf Umbruch- und Krisensituationen, in denen die Reproduktion des Selbstverständlichen zunehmend weniger Handlungssicherheit und -erfolg gewährleistet. Die in solchen Situationen notwendig erhöhte lebensweltliche Reflexivität sorgt für zumindest zeitweise Manifestheit von Deutungsmustern. [...] Denn mit der Herausbildung des Neuen geht eine von dessen ‚Protagonisten' geführte Auseinandersetzung mit dem Alten einher, aus dem heraus das Neue transformatorisch sich entwickeln muß" (Meuser/Sackmann1992, 20f.).

8.1 Das Deutungsmuster „Authentizität" im Qualitätsdiskurs populärer Musik

> „Authenticity is arguably the most important value ascribed to popular music. It is found in different kinds of music by diverse musicians, critics and fans, but is rarely analysed and is persistently mystified. Music is perceived as authentic when it rings true or feels real, when it has credibility and comes across as genuine" (Thornton 1996, 26).

Die Zuschreibung von Authentizität beruht auf einer Reihe von sozialen Konstruktionen, deren Logik sich vereinfacht folgendermaßen beschreiben lässt: Als „authentisch" (und damit qualitätsvoll oder „gut") gilt Musik, von der angenommen wird, sie repräsentiere die ehrlichen künstlerischen und politischen Intentionen der MusikerInnen – im Gegensatz zu einer Musik, die ausschließlich als ein Produkt kommerzieller Interessen gesehen wird.

Mittlerweile liegen zahlreiche Studien vor, die das Deutungsmuster Authentizität empirisch untersuchen.[115] Simon Frith (1981a) beschäftigt sich bereits in seinem ersten großen Werk „Jugendkultur und Rockmusik" mit der Frage der kulturellen Logik der gegen Ende der 1960er-Jahre stattfindenden – und von der Musikindustrie vorangetriebenen – Trennung von Pop- und Rockmusik. Frith befragte im Jahr 1973 14- bis 18-jährige SchülerInnen nach ihrem Musikgeschmack und kam zu dem Ergebnis, dass es eine typische Kultur der älteren und bildungsnahen Jugendlichen gab, deren Geschmack einen ausgeprägten Individualismus als ideologische Grundlage hatte; diese Jugendlichen bezeichneten ihre Vorlieben als „progressiv". Im Vergleich dazu fanden die jüngeren SchülerInnen, die kurz vor dem Berufseinstieg standen, eher an „Top of the Pops" und den Charts Gefallen (vgl. Frith 1981a, 235f.).[116]

Michael Pickering (1986) betrachtet die Dichotomie von Authentizität und Kommerz nicht nur als eine bedeutsame symbolische Grenzziehung in der Popularkultur, sondern auch als ein Mittel zur Verschleierung sozialer Ungleichheit: Denn „the differentiation between authentic and commercial works as a way of placing others, socially and culturally, a shorthand device for categorically separating the masses from ourselves, in a way which obscures the real inequalities of opportunity and resources" (Pickering 1986, 213).

Zu einem ähnlichen Schluss kommt Sarah Thornton (1996) in ihrer Forschung über die englische Club- und Raveszene. In Anlehnung an Pierre Bourdieus Kapitaltheorie verwendet Thornton den Begriff „subkulturelles Kapital", um die subtilen Distinktionsmechanismen neuer jugendkultureller Ausdrucksformen zu bezeichnen. „Hipness" als ein Schlüsselkonzept entscheide über die Zugehörigkeit zur Szene. Abgrenzung finde vor allem gegenüber dem sogenannten „Mainstream" statt. In der Betonung des „schlechten" Musikgeschmacks der „uncoolen Masse" werde der eigene Stil bestätigt und bestärkt. Populäre Ideologien, so wie jene der Authentizität,

---

115 In diesen Studien findet sich nur selten der Begriff „Deutungsmuster", zumeist ist im Zusammenhang mit Authentizitätszuschreibungen von „Ideologie", „Dogma", „Common-Sense-Annahme" oder „Qualitätskriterium" die Rede.

116 Zu ähnlichen Ergebnissen kommen u.a. Robinson/Hirsch (1972), Murdock/McCron (1973), Kneif (1977) und Tanner (1981).

"may magically resolve certain socio-economic contradictions, but they also maintain them, even use them to their advantage. For many youthful imaginations, the mainstream is a powerful way to put themselves in the big picture, imagine their social world, assert their cultural worth, claim their subcultural capital. As such, the mainstream is a trope which betrays how beliefs and tastes which ensue from a complex social structure, in turn, determine the shape of social life" (Thornton 1996, 115).

Eine ähnliche Adaptierung des Bourdieu'schen Kapitalbegriffes findet sich bei Mats Trondman (1990) in seiner quantitativen Untersuchung musikalischer Vorlieben schwedischer Jugendlicher. Ausgangspunkt ist die Beobachtung, dass die im Feld der populären Musik gezogenen ästhetischen Grenzen zwischen „authentischer" und „kommerzieller" Musik den klassischen Dichotomien „scholastic culture" versus „vulgar culture", „fine arts culture" versus „mass culture" und „aesthetic quality" versus „superficial commercialism" entsprechen. Anhand der Daten zeigt Trondman, dass die Vorliebe für „authentische" Musik für bildungsnahe Jugendliche typisch ist, während „kommerzielle" Musik tendenziell von Jugendlichen der Arbeiterschicht gehört wird. Die Vorliebe für jene Genres, die sich in der ästhetischen Hierarchie der Popularmusik ganz oben befinden, diene nicht nur dazu, Klassenunterschiede zum Ausdruck zu bringen, sondern auch als symbolisches Kapital, das den Zugang zur „legitimen" Kultur erleichtere: „Those who have an avid interest in the ,right' kind of rock can develop their taste into a ,learned discourse' or ,scholastic jargon' in the periphery of legitimate culture. For some, this form of assimilation can offer a port of entry into legitimate culture [...]" (Trondman 1990, 81). Für Trondman verliert dadurch die Vorliebe für populäre Musik ihre Unschuld, zumal diese zur Aufrechterhaltung sozialer Hierarchien beitrage: „The ,right' taste in rock can be a good capital investment with implications for reproduction, prospects in life and the maintenance of dominance" (ebd., 82).

Neben den Studien von Simon Frith, Michael Pickering, Sarah Thornton und Mats Trondman existieren zahlreiche weitere Untersuchungen, die Authentizitätszuschreibungen und die damit verbundenen Konzepte von „Echtheit", „Natürlichkeit" und „Wahrheit" zum Gegenstand haben. Steve Redhead und John Street (1989) nehmen das Folk-Revival gegen Ende der 1980er-Jahre zum Anlass, die Legitimationsrhetoriken des Genres „Folk" im Spannungsfeld von „Authentizität" versus „Community" näher zu betrachten; Holly Kruse (1993) analysiert den

Begriff „alternative", der eine wichtige Abgrenzung gegenüber dem sogenannten „Mainstream-Pop" in der „alternative music culture" darstellt. Zur Geschichte der „Authentizitätsideologie" im Rock legt Motti Regev (1994) eine Untersuchung vor. Johan Fornäs (1995) beschäftigt sich mit der Bedeutung von Authentizität vor dem Hintergrund des Diskurses über den „Tod des Rock". Allan Moore (2002) untersucht den Prozess der Zuschreibung von Authentizität in den Genres Folk und Rock. Im Umfeld der Production-of-Culture-Perspektive liegen eine Studie zur Herstellung von Authentizität in der amerikanischen Country-Szene (Peterson 1997b) sowie eine Ethnografie der Chicagoer Blues Szene hinsichtlich Authentizitätszuschreibungen (Grazian 2004) vor. Im deutschsprachigen Raum veröffentlichte Ralf von Appen (2007) jüngst eine Untersuchung von Kunden-Rezensionen von Popalben, in denen das Kriterium Authentizität neben musikalischen Charakteristika eine zentrale Rolle spielt. Insgesamt lässt sich feststellen, dass Authentizität als Qualitätskriterium in unterschiedlichen populärkulturellen Kontexten von Relevanz ist, wenngleich die kulturelle Logik stets dieselbe ist (vgl. dazu auch Moore 2002).

All die hier erwähnten Studien leisten bedeutsame Beiträge zum Verständnis des Deutungsmusters Authentizität. Allerdings fehlt es bislang an einer empirisch fundierten und systematischen Analyse, wie Authentizität auf der Ebene der Musikrezeption zur Artikulation von Musikgeschmack eingesetzt wird. Ebenso wurde bislang nur sehr spärlich der Frage nachgegangen, unter welchen Bedingungen Authentizität in sozialästhetischer und ethischer Hinsicht Bedeutung erlangt und damit auch als Grundlage für die Bestimmung des „guten" Geschmacks fungiert. Ein Kritikpunkt an den bisherigen Untersuchungen richtet sich darüber hinaus gegen die angenommene Starrheit des Deutungsmusters Authentizität. Indem davon ausgegangen wird, dass es sich bei der Trennung von „authentisch" und „kommerziell" nicht nur um die fundamentale, sondern auch eine weitgehend zeitlose Grenzziehung in der gegenwärtigen Popularkultur handelt, besteht die Gefahr, dass mögliche Bruchstellen dieses Konzeptes keine Berücksichtigung finden.

Die Zuschreibung von Authentizität

> „Was den neumodischen Kommerz angeht: Klar tolerier' ich das, wenn nicht jeder ‚meine Musik' hört, will ich auch gar nicht, aber ich find's teilweise schon schade, wenn Musik nur noch Kommerz ist, wenn Musiker Musik nicht wegen der Musik machen, sondern aus irgendwelchen anderen Scheißgründen, weil sie ach-so-berühmt werden wollen oder so" [Th 21d, 3 (1–3)].

Die Zuschreibung von Authentizität lässt sich auch in den analysierten Foren beobachten. Als „authentisch" wird eine Musik dann bezeichnet, wenn bestimmte Bedingungen ihrer Produktion, ihrer Distribution sowie ihrer Rezeption als erfüllt gelten.

Die Art und Weise der *Herstellung* eines musikalischen Werkes sowie deren institutionelle Rahmenbedingungen bilden den Referenzpunkt jeglicher Authentizitätszuschreibung. Besondere Aufmerksamkeit gilt der KünstlerInnenpersönlichkeit bzw. der Band, aber auch alle anderen mehr oder weniger an der Produktion beteiligten Akteure wie z.B. die/der ProduzentIn, die/der ManagerIn oder die Plattenfirma spielen eine wichtige Rolle. Unabhängig davon, wie das musikalische Produkt tatsächlich entsteht, liegt der Zuschreibung von Authentizität eine (idealisierte) Vorstellung vom Produktionsprozess zugrunde, wonach sich das musikalische Schaffen durch Natürlichkeit, Ehrlichkeit, Individualismus und künstlerischen Anspruch auszeichnet. Die zentrale Frage lautet, wer diese Musik auf welche Art und Weise und warum (bzw. mit welcher Intention) produziert hat. Als „authentisch" gilt eine Musik dann, wenn deren UrheberInnen und/oder InterpretInnen ihre musikalische Praxis jenseits ökonomischer Aspirationen ausüben – also die Musik um der Musik willen machen, musikalisch kreativ sind, ihrem Schaffen Kontinuität verleihen bzw. ihrem Stil treu bleiben, künstlerisch möglichst autonom agieren, ein hohes Maß an Individualität besitzen (also nicht austauschbar sind) und sich mit ihrer eigenen Musik voll und ganz identifizieren – oder dies zumindest glaubhaft vermitteln.

Hinsichtlich der *Distribution bzw. Vermarktung* einer Musik wird der Frage nachgegangen, wer diese Musik auf welche Art und Weise verbreitet. Handelt es sich um ein kleines, unabhängiges und sogar lokales Label? Oder steckt dahinter eines der wenigen und mächtigen Majorlabels der transnational agierenden Musikindustrie? Ist die jeweilige

Musik in sogenannten „Mainstream-Medien" (Ö3, Now, Rolling Stone etc.) oder in bestimmten szenenahen und damit „glaubwürdigeren" Medien (FM4, skug, de:Bug, Fanzines etc.) präsent?

Ob einer Musik das Attribut „authentisch" verliehen wird oder nicht, ist darüber hinaus von bestimmten Vorstellungen der *Rezeption* dieser Musik abhängig. Wer sind die potentiellen sowie die tatsächlichen RezipientInnen dieser Musik? Authentizität wird einer Musik zugeschrieben, wenn sie von einem möglichst kleinen Publikum konsumiert wird.

Grundlage der Etikettierung einer Musik als „authentisch" ist nicht das unmittelbare musikalische Material, sondern die spezifischen ökonomischen Rahmenbedingungen, als deren Resultat die jeweilige Musik interpretiert wird. Allerdings wird in der alltäglichen Kommunikation über Musikgeschmack das Attribut „authentisch" der klingenden Musik selbst zugeschrieben, wodurch Urteile über Produktion, Distribution und Rezeption den Anschein von musikalischen bzw. ästhetischen Urteilen haben.

Für die Analyse von besonderem Interesse ist die Frage, wie die Grenze zwischen „authentischer" und „kommerzieller" Musik gezogen wird und in weiterer Folge, ob und inwiefern der Vorliebe für „authentische" Musik moralische Überlegenheit zugeschrieben wird. Es fällt auf, dass die Eigenschaft „authentisch" nicht auf einem Kontinuum verortet wird, sondern ausschließlich in der Relation „entweder – oder" gedacht wird. Die daraus resultierende Ausprägung einer Opposition von „authentisch" und „nicht authentisch" und die dieser Klassifikation zugrunde liegenden Kriterien bilden die Basis der Bewertung populärer Musik im Authentizitätsdiskurs. Sie gilt demnach entweder als ehrlich oder eben nicht, als individuell oder für die Masse bestimmt, als einzigartig oder aber als reines Fließbandprodukt. Im Folgenden sollen einige Charakteristika des Deutungsmusters Authentizität beschrieben werden.[117]

---

117 Klarerweise handelt es sich bei diesen, aus dem empirischen Material herausgearbeiteten Kriterien nicht um trennscharfe Kategorien, vielmehr existieren zahlreiche Überlappungen. Darüber hinaus lassen sich je nach Situation unterschiedliche Ausprägungen dieser Merkmale identifizieren. Im Folgenden sollen diese Kriterien dargestellt werden. Die angeführten Zitate dienen dabei lediglich als Illustration; der Interpretation liegt wesentlich umfangreicheres Datenmaterial zugrunde.

Musik um der Musik willen

> „Nein, ich denke nicht, dass ich Kommerz höre, denn unter Kommerz verstehe ich [...], dass jemand Musik macht, seine Platten veröffentlicht und so weiter, um möglichst schnell und mit möglichst wenig Arbeit an einen Haufen Geld zu kommen. Diesen Leuten geht es nicht mehr um die Musik, sondern um das Geld" [Th 21c, 27 (1–5)].

Als „authentisch" gilt eine Musik, von der angenommen wird, dass sie weitgehend jenseits ökonomischer Interessen kreiert, erfunden, produziert oder interpretiert wird. In erster Linie habe die Liebe zur Musik zu stehen und nicht die Erzielung kommerziellen Gewinns. Verpönt sind aus dieser Sichtweise MusikerInnen, die Musik „nur" machen, um Geld zu verdienen bzw. „möglichst schnell und mit möglichst wenig Arbeit an einen Haufen Geld zu kommen". Evident ist hier die Nähe zu Autonomiekonzepten des bürgerlichen Kunstdiskurses, in dem die „Kunst um der Kunst willen" als oberstes Prinzip galt. Zwar wird populärer Musik nicht jegliche Zweckbestimmung abgesprochen – so darf Musik sehr wohl für die Diskothek oder als Hintergrundkulisse komponiert werden –, allerdings sollten dabei finanzielle Anreize nicht als Orientierungsmaßstab gelten.

Auffällig ist, dass in den Diskussionen selten definiert wird, was „authentisch" ist, sondern primär, was als „nicht authentisch" gilt. Eine besondere Rolle spielt in diesem Zusammenhang die Abwertung einer Musik, der die Eigenschaft „authentisch" abgesprochen wird. Dies geschieht bevorzugt durch die Verbalisierung von Aversionen, wie unter anderem die Wortschöpfungen „Mainstream-Schrott" [Th 4, 66 (1)], „massenkompatibler Mumpf" [Th 5, 10 (1–5)] oder „Mainstream-Dreck" [Th 8, 3 (4)] zeigen.

> „Kommerz ist einfach Scheiße, weil eben [...] die Musik nicht mehr gemacht wird, weil sie einem gefällt und weil man dazu steht, sondern weil man ganz einfach nur aufs Geld aus ist! So was unterstütze ich nicht, demnach kommt mir so was nicht ins Haus und wird mit Nichtnutzung (in diesem Sinne Nicht-Hören) bestraft!" [Th 21c, 28 (10–13)].

Wie aber manifestiert sich aus dieser Perspektive Authentizität in der Musik, die ja als Grundlage für die Beurteilung und Klassifizierung herangezogen wird? Wie wird bestimmt, ob nun eine Musik eher aus kommerziellen oder aber ideellen Gründen gemacht wurde? Grundlegend für das ästhetische Urteil ist die Annahme, dass sich die Intentionen der Kulturschaffenden in der Musik in irgendeiner, oft nicht näher bestimmten Form, widerspiegeln.

Interpretation: Dichotomie „purer Kommerz" versus „wirkliche Kunst" [Th 21c, 22 (1–6)]

Tom: Kennt ihr noch den Song ‚If you buy this record, your life will be better' oder so??? Das war das beste Beispiel, warum ich 99 % der Charts-Musik schlecht finde. Da steckt fast nie mehr wirklich was hinter der Musik. Purer Kommerz, und wenn ich spüre, dass ein Lied nur des Geldes wegen geschrieben und gesungen wurde, dann gefällt mir das Lied auch nicht mehr so richtig. Es gibt Ausnahmen, die sind aber nur selten. Bei Songs von den Venga Boys oder Loona etc. (also die Songs, die total billig zu produzieren sind, sich aber bestens verkaufen) wird mir eben schlecht, weil dahinter keine wirkliche Kunst mehr steckt.

Hier begründet Tom, warum er den Großteil der „Charts-Musik" schlecht findet. „Charts-Musik" steht hier als Chiffre für kommerziell erfolgreiche Musik. Hinter dieser Musik, und darin liege das Hauptproblem, stecke „fast nie mehr wirklich was". Wenngleich auch nicht näher erläutert wird, was damit gemeint ist, scheint klar zu sein, dass sich gute Musik durch etwas auszeichne, das über das unmittelbar Klingende hinausgehe und die Musik zu etwas Besonderem, womöglich künstlerisch Wertvollem mache. Dieser Wert einer Musik stehe in engem Zusammenhang mit ihren Produktionsbedingungen. Ganz unten in der ästhetischen Hierarchie befindet sich „kommerzielle" Musik, die „nur des Geldes wegen geschrieben und gesungen wurde" und wird. Der Ausdruck „purer Kommerz" sowie die Phrase „nur des Geldes wegen" verweisen auf die Vorstellung, es gäbe Musik, die ausschließlich aus kommerziellem Interesse gemacht wird. Sämtliche weiteren Intentionen, die der Produktion einer Musik zugrunde liegen könnten, werden ausgeklammert zugunsten eines Bildes der radikalen Profitorientierung durch Musik. Diese einer Musik zugrunde liegende Profitorientierung „spüre" man schließlich in der Musik selbst. Dieser Terminus verdient besondere Beachtung, zumal hier eine ästhetische Urteilsbegründung vorgebracht wird, in der außer- und innermusikalische Kriterien auf eine Wahrnehmungsebene gebracht werden. Dahinter steckt die für das Deutungsmuster Authentizität zentrale Vorstellung, die Rahmenbedingungen der Produktion – und insbesondere die Intention der KünstlerInnen – würde sich in den musikalischen Strukturen widerspiegeln. Allerdings lassen sich dafür keine musiktheoretisch fundierten Kriterien formulieren, weswegen zur Beurteilung weniger der Hörsinn als der gesamte Wahrnehmungsapparat herangezogen wird. Nicht im Prozess des Hörens lasse sich kommerzielle Musik als solche erkennen, vielmehr müsse dieses Phänomen erspürt oder gefühlt werden – was möglicherweise auch bestimmte erfahrungsspezifische Fähigkeiten erfordert. Im nächsten Satz kommt schließlich der Geschmack ins Spiel: Ob ein Lied gefällt oder nicht, ist abhängig von der (erspürten) Intention des Musikschaffenden: „Wenn ich spüre, dass ein Lied nur des Geldes wegen geschrieben und gesungen wurde, dann gefällt mir das Lied auch nicht mehr so richtig." Dieser Konditionalsatz verweist auf die Grundlage ästhetischer Entscheidungen des „aufgeklärten" Geschmacks: Nicht die klingende Musik an sich, sondern die Intention der KünstlerInnen entscheidet über Gefallen oder Nicht-Gefallen einer Musik. Indem aber diese Intention

> *in den musikalischen Strukturen verortet wird, entsteht der Eindruck, es handle sich tatsächlich um ein rein musikalisches Urteil. Es folgt schließlich der Hinweis auf Ausnahmen, die „aber nur selten" vorkämen. Als Beispiel für Musik, die ausschließlich kommerzielle Interessen verfolgt, nennt Tom die „Venga Boys" oder „Loona". So eine Musik löse sogar physiologische Befindlichkeitsstörungen aus, „weil dahinter keine wirkliche Kunst mehr steckt." Der Schlusssatz knüpft unmittelbar an den ersten Satz dieser Sequenz an, in der es über kommerzielle Musik heißt: „Da steckt nie mehr wirklich was hinter der Musik." Während in diesem Satz noch unklar ist, was sich hinter der Oberfläche einer Musik zu verbergen habe, wird das Geheimnis nun gelüftet: Es gehe um die „wirkliche" Kunst, die bei den „Venga Boys" und anderen nicht vorhanden sei. Zusammenfassend kann festgehalten werden, dass hier eine Dichotomie von „purem Kommerz" und „wirklicher Kunst" konstruiert wird. Zentrales Kriterium ist die Intention der/des Kulturschaffenden, von der angenommen wird, dass sie sich in den musikalischen Strukturen widerspiegle.*

Musikalische Kreativität

> „Sich am besten die Lieder noch von andern Leuten schreiben lassen, find' ich einfach ätzend und werd' ich auch nicht unterstützen, indem ich mir die CDs etc. kaufe" [Th 21c, 21 (5–6)].

Kompositorische und lyrische Fähigkeiten der MusikerInnen stellen ein weiteres wichtiges Kriterium zur Beurteilung einer Musik hinsichtlich deren Authentizität dar. Eigene Songs und/oder eigene Texte würden nicht nur den individuellen und künstlerischen Zugang der MusikerInnen unterstreichen, sondern zeugten auch von künstlerischer Fertigkeit und vor allem Kreativität.

Im Optimalfall werden sämtliche Arbeitsschritte des Produktionsprozesses, von der Erfindung des ersten Riffs bis hin zur Endabmischung des fertigen Stückes, von der/dem einzelnen MusikerIn oder der Band eigenhändig durchgeführt. Im Gegensatz dazu stehen KünstlerInnen, die in ihrem Schaffensprozess arbeitsteilig vorgehen, „sich am besten die Lieder noch von anderen Leuten schreiben lassen." Oft wird angenommen, dass diese gar nicht die nötigen Fähigkeiten besitzen, selbst kreativ tätig zu sein. Darüber hinaus wird auch oft das Bild der „Hit-Fabrik" herangezogen, in der die Ware „Musik" am Fließband und unter Einsatz hoher Arbeitsteilung vonstatten geht – und keinerlei Kreativität mehr erforderlich ist. Diese „Massenproduktion" gilt als Inbegriff kommerzieller Musikproduktion und fungiert zugleich als Negativfolie zur Hervorhebung von MusikerInnen, die „alles selbst machen".

Stiltreue, Kontinuität und die Autonomie der Kulturschaffenden

> „Ich kenne viele ‚Bands', die ihrer Linie treu bleiben und sich nicht von den Plattenfirmen sagen lassen, dass sie jetzt mal Mainstream machen müssen um Kohle zu machen" [Th 14, 23 (1–3)].

Als „authentisch" gelten MusikerInnen, die nicht nur einen „eigenen Stil" haben, sondern diesem auch über längere Zeit hinweg „treu" bleiben bzw. „gute Musik machen, aber nie in die Charts kommen, weil sie nicht Musik für die Allgemeinheit machen, sondern ihren Stil durchziehen" [Th 21b, 3 (3–4)]. Dieses Festhalten am eigenen Stil wird nicht lediglich als Indiz dafür gesehen, dass die/der KünstlerIn hinter ihrer/seiner Musik steht, sondern auch als Demonstration von Eigenschaften wie „Standhaftigkeit", „Geradlinigkeit", „Stärke" und „Widerstandsfähigkeit" – nicht zuletzt gegenüber den Vereinnahmungsbestrebungen der Musikindustrie: Den Reizen finanziell lukrativer Angebote des Musikbusiness widerstehen zu können, zählt wohl zu einer der wichtigsten Tugenden im Qualitätsdiskurs um „authentische" Musik. Verpönt hingegen ist jegliche Form des Opportunismus. Vor allem MusikerInnen, die mit „authentischer" Musik bei einem kleinen Independentlabel begonnen haben und nach dem zweiten oder dritten Album zu einem Majorlabel wechseln, müssen sich nicht selten harsche Kritik ihrer (ehemaligen) Fans gefallen lassen. Beklagt wird vor allem, wenn MusikerInnen, die einige Zeit als Szene-Geheimtipps gehandelt werden oder im sogenannten „Underground" agieren, plötzlich bekannt, berühmt und kommerziell erfolgreich werden. Wenn diese Rekontextualisierung musikalischer Praxis auch noch mit einer Änderung des musikalischen Stils einhergeht (der zumeist als von der Musikindustrie aufoktroyiert gilt) oder sogar mit einer „Einstellungsänderung", wird das zumeist als klarer Qualitätsverlust interpretiert:

> „Bei allen Künstlern ist es am Anfang ihrer Karriere so, dass sie erstmal Musik machen, weil sie wirklich Musik machen wollen. Wenn sie dann aber merken, dass sich ihre Musik gut zum Geldverdienen eignet, ändert sich natürlich die Einstellung der Musiker. Sie machen's nur noch des Geldes wegen und darunter leidet auch klar die Qualität der Musik" [Th 14, 20 (1–3)].

Ganz unten in der Authentizitätshierarchie werden schließlich Kulturschaffende verortet, die als sogenannte „NachahmerInnen" gelten, also überhaupt erst auf den Zug aufspringen würden, wenn sie Geld wittern und eine bestimmte Musik nur machen würden, weil sie gerade „hip" und „trendy" ist.

> „Hm, teilweise ist es auch so, weil mir das schlichtweg alles zu kommerziell ist, wenn jemand nicht hinter seiner Musik steht und das bloß macht, weil es gerade ‚trendy' und ‚hip' ist, dann kann die Musik noch so gut sein (was sie ja normalerweise noch nicht mal ist), aber dann hör' ich mir das nicht an. So nach dem Motto ‚Limp Bizkit haben Erfolg, also lass uns auch solche Musik machen'" [Th 21c, 21 (1–4)].

Beklagt wird hier in erster Linie, dass diese MusikerInnen zu Erfolg kommen, ohne etwas dafür getan zu haben. Darüber hinaus wird davon ausgegangen, dass diese „NachahmerInnen" Musik machen, hinter der sie gar nicht stehen würden.

Diese Betonung der Stiltreue und Kontinuität ist eng verknüpft mit dem Bild autonomer Kulturschaffender, die völlig unabhängig von ökonomischen Reizen und/oder Zwängen agieren: Beurteilt wird die Unabhängigkeit der MusikerInnen von institutionellen Rahmenbedingungen, dazu zählen insbesondere die Musikindustrie sowie der Geschmack der Mehrheit. Die Verweigerung gegenüber dem (Massen)Markt wird als Indiz hoher Autonomie gesehen und entsprechend honoriert. Kritisiert werden hingegen jene MusikerInnen, die sich von der Musikindustrie vereinnahmen lassen und dadurch vor dem „Kommerz ohne Ende" [Th 14, 24 (2)] in die Knie gehen. Sie werden entweder als Opfer der Musikindustrie bedauert oder sogar stigmatisiert.

Einzigartigkeit

> „achja und noch was: wenn ich sage, ich bin für jede Musikrichtung offen bzw. kann jeder ‚Musik' etwas abgewinnen. Voll meine Rede, ey, Popstars und Konsorten zählen da aber nicht dazu, weil… ja, weil… machen für mich einfach keine Musik! Ist doch mehr oder minder bessere Karaoke-Show… die Personen, die ‚singen', sind völlig austauschbar" [Th 22, 58 (13–16)].

Keine Authentizität wird MusikerInnen zugesprochen, die als austauschbar gelten. Als Paradebeispiel für Austauschbarkeit werden häufig MusikerInnen genannt, die aus Castingshows hervorgehen oder in Boy- oder Girlbands spielen. Kritik richtet sich insbesondere gegen die Willkür der Auswahl, die sich nicht an musikalischen Kriterien orientiere, sondern ausschließlich an Kategorien ökonomischer Verwertbarkeit. Voraussetzungen für die Produktion „authentischer" Musik seien die Einzigartigkeit, die Besonderheit, die Einmaligkeit, die Eigentümlichkeit sowie die Individualität einer/eines Musikschaffenden bzw. einer Band.

Musik als Lebensausdruck

> „Am wichtigsten ist mir, dass ich merke, dass da Menschen dahinterstehen, die mit ganzem Herzen bei der Sache sind und seelenvolle Musik machen" [Th 5, 6 (9–11)].

„Ehrlichkeit" und „Glaubwürdigkeit" sind zentrale Begriffe, wenn es um die Zuschreibung von Authentizität geht. Eine Musik gilt als „authentisch", wenn deren ProduzentInnen ihre Lebenswelt möglichst ehrlich, glaubwürdig und natürlich zum Ausdruck bringen, wenn sie sich voll und ganz mit ihrer Musik identifizieren und hinter ihrer Sache mit voller Überzeugung stehen.

> „Wenn ein Künstler wirklich hinter seiner Sache steht, voller Überzeugung und ich weiß, das ist wirklich SEINE Musik und nicht die von irgendwelchen engagierten Textern und so weiter, wenn ich merke, dass er ehrlich meint, was er sing, rapt oder wie auch immer, hat derjenige meinen tiefsten Respekt. Aber sobald ich merken muss, dass das Ganze geheuchelt und nicht individuell ist, hab ich irgendwo auch keine Lust, das gut zu heißen" [Th 21d, 3 (4–8)].

Als unehrlich und unglaubwürdig gelten MusikerInnen, denen eine Identifikation mit ihrer Musik abgesprochen wird, die „das Ganze" nur heucheln würden. Der Forderung, Musik müsse eine Art „Lebensausdruck" sein, wird das Konzept „Musik als Geschäft" gegenüber gestellt. Diese Dichotomie kommt besonders stark zum Ausdruck, wenn das Phänomen „Casting-Bands" erörtert wird.

Interpretation: „Musik als Lebensausdruck" versus „Musik als Geschäft" [Th 30, 8 (1–8)]

Wickie: Bei gecasteten Bands ist es einfach nur so, dass Leute zusammengesucht werden, die zwingend erfolgreich sein werden. Das ganze Konzept steht bereits, es steckt kein Eigenleben mehr hinter diesen Bands. Hier werden ‚Musiker' zu einer Band zusammengepfercht um Geld zu machen...nichts anderes steckt da dahinter. [...] Aber diese Sache ist für mich Kommerz in höchster Form. Musik sollte ‚Lebensausdruck' sein und kein Geschäft, dadurch verkommt Musik nur zu einer Ware in der schädlichen Massenproduktion.

In dieser Sequenz beschreibt Wickie die zentralen Charakteristika von gecasteten Bands: In der Passivkonstruktion „Leute werden zusammengesucht" soll zum Ausdruck kommen, dass die Gründung von solchen Bands nicht auf die Eigeninitiative der einzelnen MusikerInnen zurückzuführen ist, sondern auf die Interessen einer hier nicht explizit genannten Musikindustrie. Im Gegensatz zu „echten" Bands, die hinsichtlich künftigen Erfolges einer großen Unsicherheit ausgesetzt sind, sei bei Castingbands der Erfolg mehr oder weniger vorprogrammiert. Es seien Bands, „die zwingend erfolgreich sein werden". Die daraus resultierende Berechenbarkeit wird problematisiert: Es fehle dadurch an „Eigenleben", womit auch ein gewisses Maß an Kreativität, Eigenständigkeit sowie die Souveränität der MusikerInnen verloren gehe. „Hier werden ‚Musiker' zu einer Band zusammengepfercht": Die Musiker sind unter Anführungszeichen gesetzt; damit wird implizit die Frage in den Raum geworfen, ob überhaupt noch von MusikerInnen die Rede sein kann, wenn sie „zusammengepfercht" werden, also womöglich sogar gegen ihren Willen zu einer Band verdonnert werden, „um Geld zu machen". Es gehe nur ums Geld, „nichts anderes steckt da dahinter". Diese Zweckbestimmung stellt aus dieser Sicht das zentrale Problem dar: Indem alles dem Erfolg und dem Geld untergeordnet wird, verliere die Musik ihre Natürlichkeit, ihre Ehrlichkeit, ihre Authentizität; sie verkomme zu „einer Ware in der schädlichen Massenproduktion", zu „Kommerz in höchster Form". Worin diese Schädlichkeit besteht, wird nicht genauer erläutert, wenngleich die bereits erwähnten moralischen Aspekte als zentrale Maßstäbe gelten dürften. Vor dem Hintergrund dieser Negativfolie wird schließlich erläutert, was denn nun gute Musik ausmache: „Musik sollte ein ‚Lebensausdruck' sein und kein Geschäft." Die Glaubwürdigkeit und damit auch die Authentizität einer Musik bemesse sich daran, wie ernst, ehrlich und eigenständig die MusikerInnen ihre Musik betreiben. Je souveräner, autonomer und unabhängiger eine Band agiert, desto „authentischer" sei ihre Musik. Lässt sie sich allerdings von der Musikindustrie vereinnahmen und ein vorgefertigtes Konzept überstülpen, wirke sich das negativ auf die musikalische Qualität aus.

Vermarktung jenseits des Massenmarktes

„Kommerz ist Zeugs, das für die breite Masse gemacht wird!" [Th 18, 21 (5)].

Wird eine Musik für die sogenannte „breite Masse" oder „die Allgemeinheit" konzipiert, hat sie im Rahmen des hier beschriebenen Qualitätsdiskurses bereits jeden Anspruch auf Authentizität verloren. Unterstellt wird, dass Musik nicht um der Musik willen, sondern lediglich des Geldes wegen gemacht wird. Das Gegenteil wäre Musik, die sich an spezifische Zielgruppen richtet, an eine bestimmte Jugend- oder Subkultur, an Angehörige des sogenannten „Undergrounds" oder Menschen jenseits der „breiten Masse".

Allerdings gilt die Kritik nur in seltenen Fällen den MusikerInnen selbst; zumeist wird die Musikindustrie, repräsentiert durch Plattenfirmen aber auch Medien, für die Zielgruppenorientierung am „Massenmarkt" verantwortlich gemacht. Verpönt ist Musik, „die von vornherein für die breite Masse hochgezogen wird" [Th 18, 21 (6)]. Problematisiert wird insbesondere der bereits vorab kalkulierte Gewinn, der von einem musikalischen Produkt oder Event erwartet wird. Acts, die für ein kleines Spezialpublikum konzipiert sind, später aber darüber hinaus und womöglich sogar am „Massenmarkt" erfolgreich werden, wird zwar auch eine Rechtfertigung abverlangt, sie bleiben aber – sofern ein gewisses Maß an Stiltreue identifiziert werden kann – von der grundsätzlichen Kritik weitgehend verschont.

Das eigentliche Problem wird in der „Maschinerie" der Musikindustrie gesehen, die musikalische Acts ungeachtet ihrer musikalischen Qualität zu Bekanntheit und Ruhm verhelfe. Dies sei vor allem dann der Fall, wenn „Bands und Sänger, die von ihren Plattenfirmen unglaublich hochgepusht werden und somit dem überwiegenden Geschmack der Leute entsprechen, in die ‚Charts' kommen" [Th 18, 24 (1–7)].

Kleines Publikum

„Je kleiner das Publikum, desto besser, am schlimmsten, wenn plötzlich ein Act zum Mainstream-Act wird, und dann alle daherkommen und diese Band gut finden, obwohl sie gar nichts darüber wissen" [Th 5a, 3 (1–3)].

Nicht nur die Zielgruppe als Vermarktungskategorie, sondern auch die vermutete Zusammensetzung der HörerInnenschaft gilt als wichtiges Bestimmungsmerkmal „authentischer" Musik: Musik, die vielen gefällt, kann aus dieser Perspektive keine qualitativ hochwertige Musik sein. Je weniger Leuten etwas gefällt, desto höher wird die Qualität eingestuft. So kann es schließlich auch passieren, dass ein- und dieselbe Musik im Laufe der Zeit an Qualität verliert, weil sie von immer mehr Menschen gehört wird. Dies ist häufig der Fall, wenn eine Musik durch mehrere verschiedene Musikszenen und Kontexte „wandert", also zum Beispiel zuerst auf FM4 und dann auf Ö3 gespielt wird. Dieses Phänomen der Rekontextualisierung musikalischer Praktiken ist von zentraler Bedeutung, wenn es um die Zuschreibung von Authentizität geht. Deutlich wird an dieser Stelle abermals, dass für die Beurteilung einer Musik im Alltag die musikalischen Strukturen einen relativ geringen Stellenwert einnehmen. Ein- und dasselbe Musikstück kann je nach Kontext nicht nur unterschiedliche Bedeutungen annehmen, sondern wird auch dementsprechend unterschiedlich bewertet.

MusikrezipientInnen haben oft das Gefühl, ihre Lieblingsmusik zu „besitzen" (vgl. Frith 1987, 143f.): Demnach sehen sie eine bestimmte Musik als die „ihre" – und als etwas, das sie nicht mit jeder und jedem teilen möchten, schon gar nicht mit „Hinz und Kunz":

> „Was mich hingegen nervt, ist Folgendes: Eine Band, die ich sehr mag, wird plötzlich Mainstream. Und zwar mit einem Song, der schlechter nicht sein könnte! Plötzlich gibt sich Hinz und Kunz als Fan der besagten Band aus, weiß aber rein gar nichts von deren Hintergründen, kennt die alten Sachen nicht und hält den neuen Song für den besten, den die Band je geschrieben hat" [Th 5a, 3 [8–11].

Zur ethischen Dimension von Authentizitätszuschreibungen

Die Bedeutung von Authentizitätszuschreibungen erschließt sich erst vor dem Hintergrund des binären Gegensatzes zwischen „authentischer" und „kommerzieller" Musik. Die Betonung der Existenz einer „ehrlichen", „natürlichen", „individuellen" und „künstlerisch wertvollen" Musik suggeriert, dass es auch das Gegenteil gäbe: nämlich eine „unehrliche", „künstliche", am „Massenmarkt" orientierte und „künstlerisch wertlose" Musik. Diese Dichotomisierung verleiht dem Deutungsmuster Authentizität seine Relevanz sowie seine die musikalische Praxis klassifizierende und strukturierende Kraft. Hier kommt schließlich auch die ethische Dimension musikalischen Geschmacks ins Spiel. Die Dichotomie von „authentischer" und „kommerzieller" Musik beruht auf Wertigkeiten: Während ein auf der Vorliebe für „authentische" Musik beruhender Musikgeschmack als moralisch „richtig" und „aufgeklärt" gilt, wird der Geschmack derjenigen, die an „kommerzieller" Musik Gefallen finden, als „banal" diskreditiert. Auf diese Art und Weise entstehen Grenzziehungen, die von zentraler Bedeutung in der Popularkultur sind: „Ich seh' zu, dass ich mich von diversen Dingen distanziere und eher zu den Leuten gehör', die nicht auf der Mainstream-Welle liegen" [Th 19, 9 (5–8)].

In der Abgrenzung gegenüber MusikkonsumentInnen, „die auf der Mainstream-Welle liegen" sowie der Betonung der Zugehörigkeit zu einer bestimmten sozialen Gruppe kommt eine moralische Überlegenheit zum Ausdruck, die auf der Annahme beruht, es gäbe einen „richtigen" und einen „falschen" Umgang mit Musik. So wird den KonsumentInnen „kommerzieller" Musik die Fähigkeit einer ernsthaften Auseinandersetzung mit Musik abgesprochen: „Ich würde sagen, dass bei jeder Musikrichtung ziemlich viel Schrott produziert wird, es gibt aber ziemlich viele Leute, die auf diesen billigen ‚verlogenen' Schrott stehen und den Scheiß kaufen was das Zeug hält, das ist doch nichts Neues" [Th 14, 20 (1–4)]. Und ein anderer Diskussionsteilnehmer meint: „Wie einfach muss man gestrickt sein, dass einem so was etwas gibt? Na ja, jedem das seine, will ja nicht intolerant werden, aber die No Angels sind doch das beste Beispiel. Ich find' sie irgendwo so was von peinlich, wirklich. Könnt' mich ewig drüber auslassen, aber das ein anderes Mal" [Th 21a, 5 (2–4)].

Im Gegensatz dazu stehen aus dieser Sicht die „souveränen" MusikkonsumentInnen, wobei deren Nichtmanipulierbarkeit als besondere Tugend hervorgehoben wird. Während HörerInnen „kommerzieller" Musik als hilflose und der Musikindustrie mehr oder weniger ausgelieferte Opfer gesehen werden, gelten RezipientInnen „authentischer" Musik als unbeeinflussbar: „Ich weiß schon, warum ich […] nichts für die Charts übrig habe. Da dröhn' ich mir doch lieber den ganzen lieben Tag die Ohren mit Metal zu. Wenigstens weiß ich dann, was ich davon habe, bin in meiner Denkweise nicht eingeschränkt und unbeeinflussbar, was die Meinung anderer anbelangt" [Th 29, 34 (18–21)].

Die Annahme der Manipulierbarkeit der „Masse der Mainstream-MusikkonsumentInnen" fungiert als Grundlage der Demonstration moralischer Superiorität: „Wie kann man sich solche Musik anhören, ohne vorher bzw. hinterher einen erheblichen Schaden davonzutragen?" [Th 29, 34 (15–17)]. „Mainstream-Musik" sei nicht nur schlecht, sondern auch eine Gefahr für deren KonsumentInnen: Sie manipuliere, nutze die Beeinflussbarkeit der Jugendlichen aus und führe zu Verblendung oder sogar Schädigung:

> „Und wenn ich dann sehe, wie die Mädels weinen, wenn sie Tokio Hotel sehen, wie sie ausrasten und sich fast verlieren vor Hysterie, dann frage ich mich, ob das der Sinn der Sache sein kann. Wenn man die ohnehin schon leicht beeinflussbaren Jugendlichen so beeinflusst, dass es auf ihr Gemüt geht (und die Mädels kommen in Massen!), dann ist das Schädigung" [Th 29, 209 (14–17)].

Mit der Vorstellung der Schädlichkeit von „kommerzieller" Musik geht auch oft ein kulturpessimistisches Lamento über den generellen Qualitätsverlust der Musik einher: So meint ein Diskussionsteilnehmer über die kommerziell äußerst erfolgreiche Band *Tokio Hotel*: „Wie sieht die Zukunft aus? Zuerst kamen die gecasteten Bands, die teilweise schon Wochen später in der Versenkung verschwanden, danach Pop-Bands wie Juli und Silbermond, und nun das?!?" [Th 29, 34 (1–4)].

Darüber hinaus wird die Existenz „kommerzieller" Musik als Bedrohung der eigenen Lieblingsmusik interpretiert: Problematisiert wird, dass dadurch die „richtigen Bands mit guter Musik" aus dem Blickfeld verschwinden würden: „Tja, leider gehen die richtigen Bands mit guter Musik bei solchen scheiß Boybands total unter!!!" [Th 29, 28 (1–2)].

Letztendlich stellt die Fähigkeit, eine Unterscheidung zwischen „authentisch" und „nicht authentisch" zu treffen, eine nicht unwesentliche Ressource dar, die es ermöglicht, auch über die Grenzen der Popularkultur hinaus in Gesprächen über kulturelle Vorlieben zu reüssieren. Im „aufgeklärten" Geschmack kommt nicht nur eine Expertise über die (vermeintlichen) Mechanismen der Kulturindustrie zum Ausdruck, sondern auch ein spezifischer Habitus, der die Grenze zwischen Hoch- und Popularkultur transzendiert – allerdings nicht zugunsten der Aufwertung alles Populären, sondern um eine neue Grenzziehung hervorzubringen: nämlich zwischen einem „banalen" Geschmack und einem „sublimen" Geschmack *innerhalb* der Popularkultur. Die höhere Bewertung einer mit spezifischen Attributen versehenen Musik erinnert an das, was Pierre Bourdieu „ästhetische Einstellung" genannt hat:

„Nichts hebt stärker ab, klassifiziert nachdrücklicher, ist distinguierter als das Vermögen, beliebige oder gar ‚vulgäre' [...] Objekte zu ästhetisieren, als die Fähigkeit, in den gewöhnlichsten Entscheidungen des Alltags [...] und in vollkommener Umkehrung der populären Einstellung die Prinzipien einer ‚reinen' Ästhetik spielen zu lassen" (Bourdieu 1987, 25).

Mats Trondman unterscheidet in diesem Zusammenhang zwischen einer „selektiven" und einer „populärkulturellen" Tradition innerhalb populärer Musik: Während sich letztere abseits hochkultureller Praktiken verorten lasse, stehe die „selektive Tradition" in einem Nahverhältnis zur „legitimen" Kultur. Anhand empirischer Daten weist Trondman auf die sozialen Implikationen dieser Klassifizierung hin: „The music [...] that form selective tradition [...] are more appealing to children of college-educated parents than to children of white-collar and working class parents" (Trondman 1990, 81). Und auch Simon Frith sieht eine Ähnlichkeit zwischen sozialästhetischer Grenzziehung in der Hochkultur und Hierarchisierungspraktiken in der Popularkultur: „My point is that a similar use of accumulated knowledge and discriminatory skill is apparent in low cultural forms, and has the same hierarchical effect" (Frith 1996, 9).

Im Folgenden sollen anhand von Diskussionen über die Band *Tokio Hotel*, die in zahlreichen der untersuchten Threads als Inbegriff „kommerzieller" Musik gesehen wird, die zentralen Charakteristika von Authentizitätszuschreibungen noch einmal verdeutlicht werden.

„Was ist an dieser Band denn echt?" Tokio Hotel als Inbegriff „kommerzieller" Musik

Tokio Hotel ist der Name einer deutschen Band, die seit einigen Jahren zu den kommerziell erfolgreichsten Acts in Deutschland und Österreich zählt. Während die vier Musiker von ihren treuen und vorwiegend jungen Fans bejubelt werden (Gaube et al. 2007), gilt die Band für viele MusikkonsumentInnen als bevorzugtes Hassobjekt. Letzteres scheint vor allem der Tatsache geschuldet zu sein, dass der Sänger Bill Kaulitz bei einem „Kinder-Star-Search" entdeckt wurde und die Band inklusive Marketingkonzept als Produkt des Musikproduzenten Peter Hoffmann gesehen wird. Nicht zufällig ist das Phänomen „Tokio Hotel" in vielen Foren Thema. Dabei wird deutlich, dass *Tokio Hotel* als Inbegriff „kommerzieller" Musik gesehen und dementsprechend diskreditiert wird. In den folgenden Ausschnitten des Threads „Tokio Hotel" soll gezeigt werden, dass in dieser Diskussion fast alle weiter oben genannten Kriterien „authentischer" Musik – allerdings nicht zum Vorteil dieser Band – zur Anwendung kommen.

Das Hauptproblem der Band wird in ihrer kommerziellen Ausrichtung gesehen. Es handle sich dabei um „billigen, kommerziell ausgerichteten Pop-Rock" [Th 29, 11 (3–4)]. Im Visier der Kritik stehen vor allem die Musiker dieser Band, die als „kleine Jungs" ohne „Lebenserfahrung" beschrieben werden. Vermisst wird das „nötige Zeug" zum „richtigen" Musiker, wozu auch ein bestimmtes Repertoire an Erfahrungen zähle. Dazu gehöre mitunter auch, sich seinen Status als Musiker durch jahrelange Arbeit „verdient" zu haben: „Diese Band hat weder Erfahrung noch für ihren kleinen Durchbruch (ein lebenlang) geackert. Die wissen doch noch gar nicht, was Erfolg oder überhaupt Niederlage ist. [...] Sie sind leider nur Unterhaltungsmarionetten, bis man sie satt hat, ergo: sie ausgedient haben" [Th 29, 43 (3–9)].

Die Metapher „Unterhaltungsmarionetten" bringt zum Ausdruck, dass den Musikern jegliche Autonomie abgesprochen wird: „Sie haben doch noch keine Ahnung und lassen sich alles sagen, machen alles, was ihre Plattenbosse sagen" [Th 29, 209 (53–54)]. „Tokio Hotel wurden aus dem Nichts ins Alles gedrückt, ohne selbst Einfluss darauf gehabt zu haben" [Th 29, 209 (21)]. Angenommen wird die völlige Abhängigkeit von einer Musikindustrie, die diese unerfahrenen Musiker ausbeute und ausnütze: Denn es sei „nur eine Frage der Zeit, bis die Musikindustrie sie nicht mehr kaut und total ausgelutscht wieder ausspuckt. [...] Irgendwann verlieren sie den Boden unter den Füßen und kommen mit dem Druck nicht mehr klar" [Th 29, 43 (1–2)].

Oft werden die Musiker als Opfer der Musikindustrie gesehen, die den „Plattenbossen" völlig ausgeliefert seien. Zugleich wird in diesem Zusammenhang die Austauschbarkeit dieser Musiker und Bands erwähnt. Alles in allem handle es sich bei *Tokio Hotel* um ein „Industrieprodukt" [Th 29, 209 (10)]: „Da werden ein paar Jungs in Outfits gepresst und so zurecht gemacht, dass sie (anscheinend?) so aussehen wie Rocker. (Oder sollen das Punks sein, ich weiß es nicht genau)" [Th 29, 209 (7–8)]. Problematisiert wird vor allem, dass da „nichts Eigenes" mehr dran sei: „sie bekommen alle Songs geschrieben, sie machen das, was man ihnen sagt. Was ist an dieser Band denn echt?" [Th 29, 209 (8–10)].

Bemängelt wird schließlich auch, dass solche Bands an der generellen Verarmung von Musik Schuld seien: Zum einen würde die „gute" Musik durch solche Bands aus dem Blickfeld verdrängt werden, zum anderen führe die Beeinflussbarkeit der KonsumentInnen zu einer Abstumpfung des Geschmacks: „Klar, wenn die Jugend nichts anderes hört als Tokio Hotel [...], wie soll sie denn dann mal merken, was qualitativ gute Musik ist? Die Industrie macht sich einen Spaß und kommerziellen Gewinn aus der Beeinflussbarkeit der Jugendlichen" [Th 29, 209 (42–44)].

Böser Mainstream?
Zur Brüchigkeit des Deutungsmusters Authentizität

Wenngleich in einem Großteil der Forenbeiträge Bands wie *Tokio Hotel* zum Gegenstand heftiger Kritik werden, lassen sich immer wieder Postings finden, die für mehr Toleranz gegenüber unterschiedlichen Musikgeschmäckern plädieren:

> „Was regt ihr euch eigentlich alle so über die auf? Keiner will, dass man sich über die Musik lustig macht, die man selber hört, und jeder hat in seinem Leben schon mal Musik gut gefunden, worüber andere den Kopf schütteln würden. Ich bin zwar kein Tokio Hotel Fan, aber ich finde sie haben ihre Berechtigung" [Th 29, 96 (1–4)].

Darüber hinaus zeigen die Beiträge in den analysierten Foren, dass Authentizitätszuschreibungen nicht immer kompromisslos hingenommen und Bewertungskriterien, die auf der Grenzziehung zwischen „Authentizität" und „Kommerz" beruhen, offen zur Diskussion gestellt werden. Kritik richtet sich in diesem Zusammenhang häufig gegen die Diskreditierung des sogenannten „Mainstream".

Interpretation: Böser Mainstream? [Th 20, 2–24]

blueeye:	Alternative Rock, Ska Punk, Punkrock, Indie.
wulfi:	Ebenfalls!!
mondschein:	Bei mir ist es auch so! Nur Ska Punk ist nicht immer meins. Was ich auch überhaupt nicht aushalte, ist Techno, Rave und den ganzen Mainstream-Mist von Ö3.
mike:	Ebenfalls ebenfalls *gg*.
Friedenslicht:	Ebenfalls ebenfalls ebenfalls.

starwar:	Na ihr seid ja alle irrsinnig ‚anders'. Böser, böser Mainstream, mögen die Lieder auch noch so gut sein – einmal auf Ö3 gelaufen, sind sie schon geächtet. Ihr solltet mal Musik als Musik sehen und nicht als Ausdruck eurer Coolness. [...]
wulfi:	Ich hör' halt einfach nicht Ö3 bzw. selten: Nur im Auto oder eben bei Freunden, die Ö3 hören. Daheim hör' ich halt FM4. Aber wenn mir ein Lied gefällt, dann hör' ich mir das an. Egal ob's das Lied auf Ö3 spielen oder nicht. [...]
mond:	Hey, jedem das seine! Wenn du gern Ö3 hörst, okay; aber hack nicht auf uns rum, nur weil wir nicht die Austria Top 40 Charts rauf und runter hören. Und zu FM4 bin ich vor Jahren gewechselt, nicht weil ich dann ‚cooler' und ‚anders' bin, sondern weil's dort nun mal die Musik spielt, die ich mag. Wegen der Musik, und nicht wegen dem Coolness-Faktor.
starwar:	Tatsache ist nun mal, dass viel gute Musik heruntergemacht wird, nur weil's Mainstream is. Bestes Beispiel Green Day, sobald eine Punkband kommerziell wird (Dookie), kommt die Punk-Polizei und nörgelt rum. Ich hasse Musikfaschismus (nix anderes ist das). [...]

Zunächst beginnt blueeye mit der Artikulation seines Musikgeschmacks, indem er einige als „nicht kommerziell" geltende Genres auflistet. Wulfi signalisiert, dass er den gleichen Geschmack habe mit einem einfachen „ebenfalls", das in den späteren Beiträgen von mike und Friedenslicht wiederholt wird. Zuvor aber nimmt die oder der UserIn mond eine Feinjustierung des Geschmacks vor, indem das Genre Ska aus der Liste der Lieblingsgenres ausgeschlossen wird. Zusätzlich wird die Aversion gegenüber den Genres Techno, Rave und „den ganzen Mainstream-Mist von Ö3" offenbart. Der österreichische Radiosender Ö3 steht hier als Chiffre für die sogenannte „Mainstream"-Musik. Diese Ablehnung findet schließlich in den folgenden Postings Anklang, indem schlicht und einfach mit einem „ebenfalls" eine gleiche Gesinnung zum Ausdruck gebracht wird. Dann meldet sich starwar zu Wort, und zwar mit dem zynischen Hinweis auf den (schlechten) Geschmack seiner DiskussionskollegInnen. In seinem Eintrag verbergen sich zwei Vorwürfe: Zum einen übt starwar Kritik an der Klassifizierung einer Musik als „Mainstream" – bzw. die Ächtung einer (vielleicht guten) Musik aufgrund eines Air-Plays auf einem Sender, der als „Mainstream"-Sender gilt. Zum anderen wirft starwar den anderen vor, Musik nicht der Musik wegen zu hören, sondern lediglich um ihre „Coolness" zu unterstreichen. Dem zugrunde liegt die Vorstellung einer „reinen" Musik, die völlig losgelöst von Kontexteinflüssen und unabhängig von den Intentionen der MusikerInnen konsumiert werden könne und sollte. Es folgen schließlich Relativierungen (mike) sowie eine Verteidigung (mond), bevor abermals starwar das Wort ergreift. Neuerlich wird problematisiert, dass viel gute Musik lediglich aufgrund ihrer Etikettierung als „Mainstream" diskreditiert werde. Diese Sequenz zeigt sehr deutlich, wie die Zuschreibung von Authentizität brüchig wird. Versucht wird hier nicht bloß, die Dichotomie von „Mainstream" und „Alternative" zu hinterfragen, sondern diese fundamentale Grenzziehung in der Popularkultur demonstrativ zu überschreiten.

Die analysierten Diskussionen zeigen, dass die Dichotomie von „authentisch" versus „kommerziell" nach wie vor eine zentrale Rolle in populärkulturellen Grenzziehungsprozessen spielt – zugleich wird allerdings sichtbar, dass Authentizitätszuschreibungen und die damit verbundenen Superioritätsansprüche nicht mehr unhinterfragt hingenommen werden, sondern einer besonderen Legitimation bedürfen. Unklar ist, ob mit der Vorliebe für „authentische" Musik (noch immer) moralische Überlegenheit zum Ausdruck gebracht werden kann. Im Folgenden sollen einige Bruchstellen des Deutungsmusters „Authentizität" identifiziert und die Frage nach einer möglichen sozialästhetischen Transformation moralischer Maßstäbe in der Popularkultur aufgeworfen werden.

8.2 Toleranz und Offenheit: Der Querbeet-Geschmack

Wenn auch Authentizität als Bewertungskriterium eine wichtige Rolle im Geschmacksdiskurs der Popularkultur einzunehmen scheint, zeigt die Analyse der Diskussionen in Online-Foren, dass die Dichotomie „authentisch" versus „kommerziell" von einer Reihe alternativer Bewertungspraktiken überlagert wird, welche die Eindeutigkeit, Kontinuität und Exklusivität des Deutungsmusters Authentizität in Frage stellen. In Konkurrenz tritt der Qualitätsdiskurs rund um „authentische" Musik insbesondere mit einem Bewertungsmuster, dessen Grundlage die Einforderung von (mehr) Offenheit für unterschiedliche populärmusikalische Genres ist: Toleranz avanciert zu einem Schlüsselkonzept musikalischen Geschmacks in der Popularkultur. Der darauf beruhende „Querbeet-Geschmack"[118] zeichnet sich nicht nur durch die demonstrative Überschreitung der Grenze zwischen „authentischer" und „kommerzieller" Musik aus, sondern auch durch eine grundlegende Offenheit gegenüber verschiedenen musikalischen Welten.

---

118 Die Bezeichnung „Querbeet-Geschmack" basiert auf dem Begriff „querbeet", der von zahlreichen DiskussionsteilnehmerInnen zur Beschreibung ihrer Vorlieben – sehr häufig im Zusammenhang mit der Forderung nach mehr Toleranz in Geschmacksfragen – verwendet wird.

"Von Rock bis Pop über Hip-Hop und Schlager":
Grenzüberschreitender Geschmack in der Popularkultur

„Ich hör Musik am liebsten quer durch's Gemüsebeet! Von Alternative über Rock bis hin zu gutem Ambient" [Th 10, 12 (1–2)].

Der Querbeet-Geschmack zeichnet sich durch seine Offenheit für verschiedene musikalische Genres sowie durch eine Vertrautheit mit einer Vielzahl an unterschiedlichen musikalischen Welten aus. Typisch für die „Querbeet-HörerInnen" ist deren demonstrative Zurschaustellung ihres breitgefächerten Geschmacks, verstanden als die Vorliebe für eine Reihe zum Teil völlig unterschiedlicher Genres:

„Also, wenn ich mal anfangen soll... also momentan höre ich halt viel solche Stil- und Klischee-zusammenwerf-und-auf-extatische-Höhepunkte-hinausführ-Bands wie Secret Chiefs 3, Mr. Bungle, Estradasphere und das Fishtank-Ensemble (sollte sich jeder Musikbegeisterte mal anhören)... weiter höre ich dann auch gemäßigtere Bands wie Calexico oder Kaizer's Orchestra... sehr gerne höre ich auch osteuropäische Blasmusik (die, die so richtig abgeht), so wie das Sandy Lopicic Orchestra oder Fanfare Ciocárlia... ach ja das No Smoking Orchesta hätt' ich fast vergessen... Ich reih jetzt einfach mal meine Favoriten weiter auf: Ween, Naked City!!!, Doors, Iron Butterfly, Pink Floyd, Yann Tiersen, Mars Volta, Klezmatics, New Orleans Klezmer Allstars, Red Hot Chilli Peppers [...] tja, dann eben noch diverse Mike Patton-Projekte wie Tomahawk, Fantomas, Lovage, Weird Little Boy etc... jetzt hätte ich den Jazz fast vergessen... also Albert Mangelsdorff ist bzw. war der Beste; sonst gefallen mir noch sehr Dave Brubeck, Rabih Abou-Khalil... ach du sch***e, beim Nicht-Jazz hätte ich den guten alten Zappa fast vergessen... also zurück zum Jazz: Thelonious Monk, Billie Holiday, Benny Goodman, Ornette Coleman... ach ich seh' schon, es hat keinen Zweck alles aufzuzählen, was ich von Herzen gern höre... würde ja eh die Hälfte vergessen... also ich mach denn jetzt mal Schluss" [Th 16, 8 (23–45)].

Häufig werden in der Aufzählung der bevorzugten Lieblingsgenres auch Jazz und Klassik ins Spiel gebracht, um nicht nur die Grenzüberschreitung innerhalb der Popularkultur, sondern auch zwischen „Hoch- und Trivialkultur" zu verdeutlichen: „Oh Mann, ich hör eigentlich alles von Punk(rock) bis Klassik" [Th 8, 10 (1)]. Auch einige der zentralen popularkulturinternen Grenzziehungen scheinen für die/den Querbeet-HörerIn an Bedeutung verloren zu haben: Weder die Trennung zwischen „elektronischer" und „handgemachter" Musik noch die Differenzierung zwischen „klassischer" und „zeitgenössischer" populärer Musik spielen eine besondere Rolle; gehört werden „Klassiker" wie *Led Zeppelin* neben aktuellen Songs von Róisín Murphy; gitarrenlastige Rockmusik der Gruppe *Franz Ferdinand* neben Dub-Sounds des Wiener Duos *Kruder & Dorfmeister*. Am häufigsten lässt sich allerdings die Überschreitung der Grenze zwischen „authentischer" und „kommerzieller" Musik beobachten – also jener Grenzziehung, die das vorhin beschriebene Deutungsmuster Authentizität hervorgebracht hat. Der Hinweis darauf, dass es keine Berührungsängste mit Musik aus den Charts bzw. Schlagern und Oldies gibt, fungiert dabei als demonstrative Überschreitung dieser Grenze und unterstreicht die dem Querbeet-Geschmack zugrunde liegende Toleranzrhetorik:

> „So, Black Hip-Hop amerikanisch, R'n'B, viel Classic, vorzugsweise Mozarts Klavierstücke, Sean Saens, gerne höre ich Oldies, wie No Milk Today, Seasons in the Sun, Bonnie Tyler mit It's a Heartache, und vieles mehr aus allen Spalten, bin froh, dass mir so viele unterschiedliche Musik gefällt, und ich scheue mich auch nicht mit Oldies im Auto rumzucruisen und voll aufzudrehen, dass die Bässe vibrieren" [Th 6, 226 (1–5)].

Die häufig postulierte Offenheit, die für den Querbeet-Geschmack typisch ist, beruht auf einer Reihe von Prinzipien, die sich – zum Teil explizit – gegen das Deutungsmuster Authentizität richten. Die Kritik folgt zumeist einer Argumentationslogik, die auf folgenden Grundsätzen[119] beruht: Zurückweisung von allgemeinen und vermeintlich objektiven Bewertungskriterien, Forderung nach Ent-Kontextualisierung des musikalischen Ereignisses, Ablehnung von Klassifikationen und Negation der Differenzierung zwischen „authentischer" und „kommerzieller" Musik.

Zurückweisung von allgemeinen und objektiven Bewertungskriterien

Grundlegend ist die Unterscheidung zwischen „guter" Musik und einer „Musik, die gefällt", wobei die Vorstellung allgemeingültiger Kriterien, auf Basis derer die Qualität einer Musik bestimmt werden kann, kritisiert wird. Die in diesem Zusammenhang häufig zu beobachtende Forderung nach mehr Toleranz im Musikgeschmack zielt keineswegs darauf ab, dass jede und jeder alles hören und mögen sollte, allerdings

---

119 Es handelt sich dabei um idealtypische Muster, die in unterschiedlichen Ausprägungen und in verschiedenen Kombinationen Bestandteil der Kritik an Authentizitätszuschreibungen sind.

wird es als wichtig erachtet, jeder Musik ihre Daseinsberechtigung zuzusprechen:

> „Findest du nicht, dass es einen großen Unterschied zwischen ‚beste Musikrichtung' und ‚liebste Musikrichtung' gibt? Nur weil jemand gerne House oder andere elektronische Musik hört […] heißt es nicht, dass das für ihn die ‚beste Richtung' sein soll. Ich habe zwar einen ausgeprägten Musikgeschmack, finde aber nicht, dass es eine beste Richtung gibt. Das würde ja heißen, dass es auch schlechte Musikrichtungen gibt – und die gibt es nicht. Jeder Musikstil hat seine Daseinsberechtigung und aus jeder Richtung kommen gute Interpreten. So einfach darf man das nicht sehen" [Th 12, 4 (1–8)].

Forderung nach Ent-Kontextualisierung des musikalischen Ereignisses

In den untersuchten Diskussionen taucht immer wieder die Forderung auf, Musik unabhängig von ihrer kontextuellen Einbettung zu bewerten. Informationen über Rahmenbedingungen eines musikalischen Produkts (wie zum Beispiel kommerzieller Erfolg, die Intentionen der MusikerInnen, Medienpräsenz, Outfit etc. – also genau jene Parameter, die die Grundlage für Authentizitätszuschreibungen bilden) sollen, so der Appell, außer Acht gelassen werden:

> „Nur wer akzeptiert, dass es in der Musik nur um Musik geht, kann sich von seinen eigenen obstruierten Grenzen emanzipieren […]. Ich brauche keine Genres, ich brauche keine Videoclips, ich brauche keine Interviews, ich brauche keine PR-Kampagnen – alles was ich brauche, ist die Musik. Mich interessiert nicht, ob derjenige erfolgreich ist oder nicht […] es ändert nichts an der Musik" [Th 18, 7 (1–6)].

Diese häufig normativ formulierte Ablehnung von Kontextinformationen wird gerne als Emanzipationsprozess gedeutet: Entgegen einer Musikrezeption, die auf Informationen über die Produktion, Distribution und Konsumption angewiesen ist, um Geschmacksurteile zu fällen, zeichnet sich entkontextualisierter Musikkonsum durch eine grundsätzliche Unvoreingenommenheit und Offenheit gegenüber jeglicher Musik aus: „Die ganze Wahrheit liegt wirklich in dem Satz: Musik ist Musik ist Musik. Nur darum geht's, nicht um Kleidung, Geld, Lebenseinstellungen, Genres oder Medienpräsenz. Das sind alles nur Nebeneffekte, auf die sich manche Menschen so gerne stürzen um sich daran festzuklammern" [Th 18, 22 (44–48)].

Ablehnung von Klassifizierungen

Kritik richtet sich insbesondere gegen „übertriebene Genrekategorisierung" und „Schubladendenken": „Also ich bin ja immer noch der Meinung, dass man nicht alles benennen oder bezeichnen können muss und bin einer notorischen Überkategorisierung und der vorherrschenden In-Schubladen-Steckerei ziemlich überdrüssig" [Th 18, 8 (1–2)].

Klassifizierungen werden als unnötige Zusatzinformationen betrachtet, die den Blick auf die „eigentliche" Musik verstellen würden. Aber nicht nur klassische Genrekategorien, sondern auch Klassifizierungen wie „Mainstream", „Underground" oder „Charts-Musik" werden problematisiert: „Chartmucke? Das ist eine bei mir nicht existierende Kategorie. Ich kauf' mir die CDs, die ich geil finde und hör' die Musik, die ich geil finde. Da ist es mir wirklich scheißegal, ob das Lied in den Charts ist oder nicht. [...] Von daher gibt's diese Kategorie erst gar nicht bei mir" [Th 21c, 16 (2–3)].

Negation der Differenzierung zwischen „authentischer" und „kommerzieller" Musik

Ein weiteres Merkmal der Kritik am Deutungsmuster Authentizität ist die Skepsis gegenüber der Grenzziehung zwischen „authentischer" und „kommerzieller" Musik. Erfolg und künstlerische Qualität werden nicht als Widerspruch gesehen; auch kommerziell erfolgreiche Musik darf, kann und soll gefallen. Maßgeblich ist die Annahme, dass es keine „nicht-kommerzielle" Musik gibt bzw. das Qualitätsmerkmal Authentizität lediglich ein ideologisches Konstrukt sei: „Es gibt bloß einfach keine ‚kommerzielle' Musik und ‚unkommerzielle'. Beides ist Musik und es spielt für die Musik keinerlei Rolle, ob sie vermarktet wird oder nicht – das ist kein Qualitätsmerkmal" [Th 18, 22 (6–8)].

Die Kritik an der Dichotomie von „authentischer" und „kommerzieller" Musik geht schließlich mit dem Bestreben einher, andere Leute über ihre „Fehleinschätzung" aufzuklären. Diese „Aufklärung" des vermeintlich „aufgeklärten" Geschmacks findet sich in zahlreichen Postings:

> „es gibt Menschen, die checken es einfach nicht. Alles, was man kaufen kann, ist Kommerz! CHARTS sind die Trends und die aktuelle Beliebtenliste. Wenn 2 Leute Techno mögen, werden auch nur 2 CDs verkauft. Dann werden halt 100 Rock CDs und 70 Hip-Hop CDs verkauft. Musiker ist ge-

nauso ein Beruf wie Metzger, nur diese leben von verkauften CDs, Auftritten usw. Der Metzger muss nur gute Ware anbieten. [...] Auch eine Schülerband, die auf einer Party 20 Euro verdient, ist Kommerz, da man sich ja verkauft. Also nervt mal nicht mit ‚ich höre keine Kommerzsachen'. Wie hörst du denn deine unkommerzielle Musik? Ich glaube kaum, dass du sie im INET findest oder dir sie mit einem Tonbandgerät aufgenommen hast, oder die Gruppe den ganzen Tag bei dir im Zimmer steht. Du hörst CDs, die du gekauft hast (hoffe du klaust sie nicht *g*), also hast du Geld dafür ausgegeben und hörst somit auch kommerzielle Musik" [Th 18, 19 (1–16)].

Dabei geht es keineswegs darum, jede Musik hören oder goutieren zu „müssen"; abgelehnt wird jedoch die Diskreditierung einer Musik lediglich aufgrund ihrer kommerziellen Verwertbarkeit:

„Natürlich stören mich kreischende Groupies auch [...], aber muss ich sie deshalb anpampen? Nö, wieso? Wenn ihnen die Musik gefällt, dann können sie sich meinetwegen auch einen Christbaumschmuck an ihre sekundären Geschlechtsteile tackern und La Bamba tanzen neben mir – ich brech' mir doch echt keinen Zacken aus der Krone mit ein bisschen mehr Toleranz, oder? Und natürlich gibt es auch in meiner Musikecke Bands, die sich in meinen Augen ausverkauft haben, – aber muss ich sie deshalb beschimpfen? Oder sollte ich nicht dankbar sein für das, was sie bis dahin getan haben, nämlich Musik machen, die mir gefallen hat? Und: darf mir Musik nicht mehr gefallen, sobald sie erfolgreich ist? Was wäre das für eine kranke und verzerrte Perspektive?" [Th 18, 7 (27–37)].

Diese Befunde der empirischen Forschung legen die These nahe, dass aus dieser Kritik am Deutungsmuster Authentizität ein neuer Modus moralischer Bewertung entsteht, in dem ein toleranter Umgang mit unterschiedlicher Musik gefordert wird.

Toleranz als Maßstab: Zur moralischen Dimension des Querbeet-Geschmacks

Die Querbeet-HörerInnen präsentieren sich als MusikkonsumentInnen, die sich durch besondere Offenheit auszeichnen, Abwechslung lieben und auch bereit sind, manchmal Musik zu hören, die ihnen eigentlich gar nicht so gut gefällt. Berührungsängste gibt es weder mit „klassischer" Musik noch mit „Musik aus den Charts". Der Querbeet-Geschmack, so ließe sich vermuten, ist Ausdruck einer (womöglich neuen) Toleranz und Offenheit und damit Indiz für die Erosion traditioneller symbolischer Grenzziehungen im Feld der populären Musik. Dieser optimistischen Sichtweise widerspricht allerdings die Beobachtung, dass die typischen Querbeet-HörerInnen zwar Toleranz gegenüber unterschiedlichen Musikgenres einfordern, allerdings nicht zwangsläufig tolerant gegenüber anderen Musikgeschmäckern sind. Ebenso wie die Zuschreibung von Authentizität zielt die Toleranzrhetorik auf die Definition des (moralisch) „richtigen" und „guten" Geschmacks ab. Dies wird nicht zuletzt in der (zum Teil sehr starken) Abgrenzung der Querbeet-HörerInnen vom sogenannten „festgefahrenen" Geschmack deutlich: Unterschieden wird zwischen jenen, die „alles quer durch den Gemüsegarten hören" und jenen, die sich „einer bestimmten Musikrichtung angehörig fühlen" [Th 5, 1 (3)], zwischen den „Allrounder[n], die sich alles durcheinander reinziehen" [Th 3, 1 (1–3)] und denen, „die nur eine einzige Musikrichtung hören und dafür leben" [Th 3, 1 (1–3)]. Auffällig ist, dass diese Differenzierung in vielen untersuchten Diskussionen bereits in der Einstiegsfrage (also der Eröffnung des jeweiligen Threads) antizipiert wird:

> „Hey Leute. Mich würd' mal interessieren, auf welche Musik ihr abfahrt! Seid ihr auf etwas ‚fixiert', oder seid ihr offen? Ich bin eher sehr offen. Hör' z.B. normalen Pop, R'n'B, Soul, Jazz, aber auch so manches klassische Werk, auch gerne alle möglichen Alternativ-Bands, Brit-Pop usw. – was ich auch super gern hör', ist z.B. elektronische Musik. [...] Also erzählt mal, was gebt ihr euch so, wenn ihr Musik hört???" [Th 10, 1 (1–7)].

Diese in den Foren sehr häufig anzutreffende Dichotomie deutet darauf hin, dass es sich bei der Grenzziehung zwischen Querbeet-Geschmack und „festgefahrenem" Geschmack um ein Muster handelt, das den Geschmacksdiskurs in der Populärkultur maßgeblich prägt. Ebenso wie bei Authentizitätszuschreibungen ist auch hier augenscheinlich, dass unterschiedlich tolerante Positionen nicht auf einem Kontinuum verortet, sondern als binäre Opposition dargestellt werden.

> „Ich finde es echt total blöd, wenn man sich so einschränkt. Ich hör' echt (fast) alles. Und ich versuch' da auch tolerant zu sein. Jedem das seine. Es gibt ja viele Leute, die definieren sich nur über die Musikrichtung. Das find ich mehr als kindisch" [Th 10, 13 (1–4)].

Diskreditiert werden jene MusikkonsumentInnen, die lediglich ein Genre gut finden oder sich mit einer einzigen Musikrichtung identifizieren. Respekt verdienen hingegen jene „weitgefächerten" Menschen, die alles „querbeet" hören:

> „Also ich muss ja feststellen, dass viele hier sehr auf eine Musikrichtung eingefahren sind. [...] Ich persönlich hör' querbeet alles, was mich berührt bzw. beschäftigt, so z.B. Foo Fighters, Agnostic Front, Frank Zappa, Blink, Green Day (ja ich hör' Green Day) [...], Freundeskreis, Patrice, The Exploited, The Buisseness, DMX und so weiter. Hoffe noch andere so ‚weitgefächerte' Menschen in diesem Forum zu finden" [Th 15, 23 (1–5)].

Von besonderer Bedeutung ist, dass damit auch eine Grenze zwischen „wir" und „die anderen" gezogen wird, d.h. zwischen jenen, die einen breitgefächerten Musikgeschmack haben und jenen, die sich auf ein Genre festlegen:

> „Wer sich nur auf ein Genre begrenzt, der verdient Mitleid und nicht Bewunderung, ich bewundere ja schließlich auch niemanden dafür, dass er sich selbst das Auge ausgestochen hat um nur noch zweidimensional sehen zu können. Wer auch immer von sich sagen kann, Musik zu lieben, der ist in derselben Gesellschaft wie viele Gleichgesinnte sind und ich es auch selbst bin, wir gehören alle zu derselben ‚Gruppe', völlig egal ob wir Techno, Metal, Klassik oder Hip-Hop bevorzugen. Alles, was zählt, ist die Musik" [Th 18, 7 (60–67)].

Diese Grenzziehung, die von den Querbeet-HörerInnen gezogen wird, dient nicht zuletzt der Herstellung eines Zusammengehörigkeitsgefühls. Die Rede ist von „Gleichgesinnten", betont wird die Zugehörigkeit zu einer „Gruppe", die sich durch ihren breitgefächerten Geschmack auszeichnet. Die Bedingungen für diese Zugehörigkeit sind ein Geschmack, der mehr als nur ein Genre umfasst, sowie ein gewisses Maß an Aufgeschlossenheit gegenüber unterschiedlichen Musikrichtungen. Dabei geht es nicht in erster Linie darum, eine bestimmte Musik zu bevorzugen – was zählt, ist die „Liebe zur Musik", die Toleranz gegenüber unterschiedlichen musikalischen Welten. Nicht was gehört oder nicht gehört wird, sondern die Art und Weise, wie MusikrezipientInnen mit der Vielfalt unterschiedlicher Musik umgehen, wird zum zentralen Kriterium symbolischer – und womöglich auch sozialer – Distinktion in der Popularkultur.

Interpretation: Der Querbeet-Geschmack und die Konstruktion moralischer Überlegenheit [Th 5, 1 (1–4)]

Daydreamer: Es gibt ja sehr viele verschiedene Musikrichtungen; Hip-Hop, Rock, Pop... usw. Ich wollte mal fragen, ob ihr euch einer bestimmten Musikrichtung angehörig fühlt, wenn ja, welcher, oder ob ihr alles querbeet hört. Seid ihr so extrem Fan, dass ihr andere Musikrichtungen missachtet? Oder seid ihr sehr tolerant anderen gegenüber, die eure Lieblingsmusik vielleicht nicht so mega finden???

Die Einleitung dieses Threads beginnt mit der Feststellung, dass es sehr viele verschiedene (populäre) Musikrichtungen gibt. Ausgehend von dieser Diagnose musikalischer Vielfalt in der Populärkultur geht es im Folgenden um die Frage, wie die DiskussionsteilnehmerInnen mit dieser Vielfalt umgehen. Dabei werden bereits vorab zwei gegensätzliche Antwortmöglichkeiten vorweggenommen, indem eine Typologie unterschiedlicher Musikgeschmäcker entworfen wird: Auf der einen Seite werden jene MusikkonsumentInnen positioniert, die sich „einer bestimmten Musikrichtung angehörig" fühlen, auf der anderen Seite stehen jene, die „alles querbeet hören". Erste zeichnen sich dieser Dichotomie zufolge durch die Vorliebe für lediglich eine Musikrichtung aus, wobei betont wird, dass es sich nicht einfach nur um eine Präferenz handeln würde: Die Phrase „sich einer bestimmten Musikrichtung angehörig fühlen" verweist auf die Vorstellung einer starken Identifikation mit einer Musikrichtung – möglicherweise um die Zugehörigkeit zu einer bestimmten (z.B. jugendkulturellen) Gruppe zur Schau zu stellen. Im Extremfall, so suggeriert dieses Zitat, würde diese Identifikation bzw. dieses „Fan-Sein" sogar zu einer Missachtung von anderen Musikrichtungen – und damit zu Intoleranz führen.

KonsumentInnen mit einem solch „festgefahrenen" Geschmack wird ein Typus von MusikhörerIn gegenübergestellt, der „alles querbeet" hört. Gemeint ist damit jemand, die/der einen breitgefächerten Geschmack hat und sich durch ihre/seine Vorliebe für mehrere unterschiedliche Musikrichtungen auszeichnet.

Auffällig ist hier, dass nicht bloß eine Dichotomie (zwischen „festgefahren" und „querbeet") konstruiert, sondern implizit auch eine Wertung vorgenommen wird: Während denjenigen, die sich einer einzigen Musik verschreiben, musikalische Toleranz abgesprochen wird, wird der „Querbeet-Geschmack" als tolerant, höherwertig und moralisch überlegen dargestellt. Zu beachten ist, dass es beim „Querbeet-Geschmack" nicht lediglich um eine Aufgeschlossenheit gegenüber „anderen" Musikrichtungen geht, sondern auch um die Toleranz gegenüber „anderen" Geschmäckern – bzw. jenen Leuten, die einen „anderen" Geschmack haben.

Dieses Plädoyer für Aufgeschlossenheit und Offenheit beantwortet die eingangs (implizit) aufgeworfene Frage nach dem „richtigen" Umgang mit musikalischer Vielfalt: Nicht die Beschränkung auf ein Genre, sondern der tolerante Umgang mit jedweder Musik und deren KonsumentInnen gilt als erstrebenswerte Handlungsorientierung in der Populärkultur.

Diese Sequenz gibt nicht nur Aufschluss über bedeutsame Aushandlungsprozesse im Feld der populären Musik, sondern macht im Besonderen die ethische Dimension von Musikgeschmack sowie einen womöglich neuen Modus der Demonstration von Superiorität in der Populärkultur sichtbar.

8.3 Sozialästhetische Transformation in der Popularkultur?

Das Deutungsmuster Authentizität spielt im Ästhetik-Diskurs der Popularkultur seit jeher eine zentrale Rolle; die Vorliebe für „authentische" Musik geht nicht nur mit dem Anspruch auf moralische Überlegenheit einher, sondern bringt auch soziale Grenzziehungen hervor (vgl. Frith 1981a, Pickering 1986, Trondman 1986). Allerdings scheint sich in sozialästhetischer Hinsicht ein Bedeutungsverlust dieser Deutungslogik abzuzeichnen:[120] Authentizität als Maßstab „qualitätsvoller" populärer Musik wird nicht mehr länger fraglos hingenommen, Kommerzialisierung nicht mehr zwingend als Widerspruch zu künstlerischem Anspruch gesehen, die Vorliebe für authentische Musik nicht automatisch als „guter" Geschmack betrachtet. Anhand der Analyse der Diskussionen über Musikgeschmack konnte gezeigt werden, dass Authentizität mit einem neuen Bewertungsmuster in Konkurrenz tritt: Toleranz avanciert dabei zu einem Schlüsselkonzept musikalischen Geschmacks in der Popularkultur, das jene dem Authentizitätsdiskurs zugrundeliegenden Prämissen für obsolet erklärt. Zurückgewiesen wird die Annahme, es gäbe objektiv gültige ästhetische Urteile; Genrekategorien aber auch andere Klassifikationen im Feld der populären Musik werden kritisch hinterfragt. Darüber hinaus finden sich die Forderung nach Entkontextualisierung des Musikkonsums sowie die zum Teil demonstrative Überschreitung der Grenze zwischen „authentischer" und „kommerzieller" Musik. Der Querbeet-Geschmack, der sich sowohl durch eine grundsätzliche Offenheit gegenüber vielen unterschiedlichen musikalischen Welten als auch durch symbolische Grenzüberschreitung auszeichnet, gilt als (neuer) „guter" Geschmack, als neues Mittel zur Demonstration moralischer Superiorität: Unterschieden wird zwischen jenen MusikkonsumentInnen, die einen breitgefächerten und jenen, die einen „eingeschränkten" bzw. „festgefahrenen" Geschmack haben. Diese Befunde legen nahe, dass sich gegenwärtig eine sozialästhetische Transformation in der Popularkultur vollzieht, die mit weitreichenden sozialen Konsequenzen einhergeht.

---

[120] Dieser Befund deckt sich mit der Einschätzung von Frank Illing, wonach die ästhetisch abwertende Verwendung von „kommerziell" seit 10 bis 15 Jahren immer seltener wird (vgl. Illing 2006, 218).

Bislang ungeklärt ist, welche gesellschaftlichen Entwicklungen für den Bedeutungsverlust der Grenzziehung zwischen „authentischer" und „kommerzieller" Musik verantwortlich gemacht werden können und möglicherweise das Entstehen eines auf Toleranz gegründeten Geschmacks begünstigt haben. Aus kultursoziologischer Sicht nicht weniger bedeutsam sind die sozialen Implikationen, die mit diesen Umbrüchen insbesondere hinsichtlich sozialer Ungleichheit in der gegenwärtigen Gesellschaft verbunden sind. Im folgenden Kapitel werden diese offen gebliebenen Fragen unter besonderer Berücksichtigung sowohl theoretischer Bezüge als auch aktueller empirischer Befunde der Kultur- und Musiksoziologie diskutiert.

9. Symbolische Grenzüberschreitung im Feld der populären Musik

Offenheit und Toleranz bilden die Grundlage des Querbeet-Geschmacks, der sowohl durch eine Vielfalt unterschiedlicher Vorlieben als auch durch die demonstrative Überschreitung der Grenze zwischen „authentischer" und „kommerzieller" Musik gekennzeichnet ist. Basierend auf der Forderung nach (mehr) Toleranz dient dieser Geschmack als Mittel zur Demonstration moralischer Überlegenheit. Zum Ausdruck kommen diese Superioritätsansprüche nicht zuletzt in der Diskreditierung jener MusikkonsumentInnen, die nur an einem einzigen Genre Gefallen finden bzw. einen „festgefahrenen" Musikgeschmack haben. Die Betonung von Toleranz im Geschmack lässt sich vor dem Hintergrund der schwindenden Bedeutung von Authentizitätszuschreibungen in der Popularkultur betrachten. Während moralische – und womöglich auch soziale – Superiorität lange Zeit ausschließlich durch die Vorliebe für eine als „authentisch" etikettierte Musik demonstriert wurde, deuten die empirischen Beobachtungen darauf hin, dass sich ein auf Toleranz basierender Musikgeschmack dafür womöglich noch besser eignet: Nicht was gehört oder nicht gehört wird, sondern wie MusikrezipientInnen mit der musikalischen Vielfalt umgehen, wird zum zentralen Kriterium soziokultureller Distinktion in der Popularkultur.

Im Rahmen der folgenden Interpretation symbolischer Grenzüberschreitung in der Popularkultur sollen drei Aspekte behandelt werden. Zunächst wird diskutiert, inwiefern die identifizierte Grenzziehung zwischen Querbeet-Geschmack und „festgefahrenem" Geschmack in ihrer Logik sowie hinsichtlich ihrer sozialen Implikationen Ähnlichkeiten zu der jüngst im kultursoziologischen Diskurs thematisierten Unterscheidung zwischen Omnivores und Univores aufweist (Kap. 9.1). Im Anschluss daran werden einige Gründe expliziert, die für die diagnostizierten Transformationsprozesse in der Popularkultur verantwortlich gemacht werden können (Kap. 9.2). Zuletzt soll unter Rückgriff auf Pierre Bourdieus Theorie des Geschmacks sowie unter Berücksichtigung aktueller empirischer Befunde der Kultur- und Musiksoziologie die Frage behandelt werden, welche sozialen Konsequenzen aus diesen Transformationsprozessen möglicherweise resultieren (Kap. 9.3).

9.1 Allesfresserei in der Popularkultur?

Der Übergang vom „Snob" zum „Omnivore", wie ihn Richard Peterson beschrieben hat (siehe Kap. 1.3), gilt als Indiz der Transformation der fundamentalen Grenzziehung zwischen Hoch- und Trivialkultur. Ein exklusiver Lebensstil lässt sich demnach nicht länger durch die ausschließliche Vorliebe für Werke der „klassischen" Musik, sondern durch die Toleranz gegenüber unterschiedlichen musikalischen Welten zum Ausdruck bringen:

> „In effect, elite taste is no longer defined as an expressed appreciation of the high art forms [...]. Now it is being redefined as an appreciation of the aesthetics of every distinctive form along with an appreciation of the high arts. Because status is gained by knowing about and participating in (that is to say, by consuming) all forms, the term *omnivore* seems appropriate" (Peterson/Simkus 1992, 169).

Die bisherigen Ergebnisse der von Richard Peterson und Albert Simkus im Umfeld der Production-of-Culture-Perspektive (Peterson/Anand 2004) Anfang der 1990er-Jahre initiierten und mittlerweile auch im deutschsprachigen Raum weitergeführten „Omnivore-Forschung" zeichnen ein Bild des typischen Omnivores, das sich durch vier Merkmale charakterisieren lässt:

(1) Der Omnivore besitzt einen vielfältigen Musikgeschmack, welcher Vorlieben für eine große Anzahl unterschiedlicher Genres umfasst. (2) Diese Vielfalt ist allerdings nicht unendlich; sehr wohl gibt es auch Genres, die nicht zur Lieblingsmusik des Allesfressers zählen. In diesem Zusammenhang verwendet Bethany Bryson (1996) den Begriff „patterned tolerance", um zu zeigen, dass der Musikgeschmack der Omnivores keineswegs grenzenlos ist. Wenngleich nicht jede Musik gehört wird, zeichnen sich die musikalischen Allesfresser durch eine Toleranz gegenüber einem breiten Spektrum an Genres aus: „As we understand the meaning of omnivorous taste, it does not signify that the omnivore likes everything indiscriminately. Rather, it signifies an openness to appreciating everything" (Peterson/Kern 1992, 904). (3) Es handelt sich dabei um eine *demonstrative* Offenheit, durch die insbesondere kulturelle Grenzüberschreitungen ostentativ zum Ausdruck gebracht werden. (4) Legitimiert werden dadurch hohe Statuspositionen und Privilegien: Dies geschehe „nicht mehr über die Nähe zur Hochkultur und die symbolische Abgrenzung von Populärkultur [...],

sondern zunehmend durch demonstrative Grenzüberschreitungen, in denen man selbst gegenüber den trivialsten Kulturformen noch Milde walten lässt" (Gebesmair 2004, 183).

Der Vergleich dieser Befunde mit den Beobachtungen in den Online-Foren zeigt, dass Omnivores und „QuerbeeterInnen" eine Reihe von Ähnlichkeiten aufweisen.[121] (1) Auch die/der Querbeet-HörerIn zeichnet sich durch ihre/seine Vorliebe für ein breites Spektrum an musikalischen Genres aus: Insbesondere die Präferenz für populärmusikalische Acts aus unterschiedlichen kulturellen Sphären wird oft explizit zum Ausdruck gebracht. (2) Allerdings bedeutet die Toleranz gegenüber vielen Genres nicht, dass auch tatsächlich alles gleichermaßen gern und oft gehört wird. Hier lässt sich eine Ähnlichkeit zu jener in den Omnivore-Studien beschriebenen „patterned tolerance" feststellen. Im Gegensatz zum in dieser Hinsicht missverständlichen Begriff des „Allesfressers", der einen allumfassenden Geschmack suggeriert, bringt der Terminus „querbeet" zum Ausdruck, dass es sich dabei um einen Streifzug durch die musikalische Landschaft handelt, dem auch Grenzen gesetzt sind.[122] Der Querbeet-Geschmack verdeutlicht, dass nicht nur demonstrative Toleranz und Offenheit gegenüber vielen Genres zum Ausdruck gebracht werden, sondern auch (3) das Moment der Grenzüberschreitung eine zentrale Rolle spielt. Während sich Petersons Omnivores durch die Überschreitung der Grenze zwischen hochkulturellen und populärkulturellen Formen auszeichnen, geht es in der Popularkultur primär um die Auflösung der Dichotomie von „authentischer" und „kommerzieller" Musik, einer Grenzziehung, die über Jahrzehnte hinweg als fundamentale Trennlinie die Musik(rezeptions)praxis in der Popularkultur geprägt hat.[123] (4) Ob

---

121 Vor diesem Hintergrund ist verwunderlich, dass, abgesehen von einigen wenigen Ausnahmen (u.a. Carrabine/Longhurst 1999, Longhurst 2007, 253–255, Parzer 2010a; 2010b, Berli 2010), die Gültigkeit der „Allesfresser-Hypothese" in der Popularkultur bislang kaum diskutiert wurde.
122 Darüber hinaus handelt es sich im Gegensatz zu Petersons Wortschöpfung um einen sogenannten „In-vivo-Code", also einen Begriff, der aus dem empirischen Material gewonnen wurde und nicht einem darin identifizierten Phänomen von außen übergestülpt wurde.
123 Dass gerade diese Grenzüberschreitung einen so großen Stellenwert in dieser Untersuchung einnimmt, ist freilich auch der methodischen Herangehensweise geschuldet. Während sich in den fast ausschließlich quantitativ angelegten Omnivore-Studien zwar wichtige Aussagen über die Verteilung von

und inwiefern diese Grenzüberschreitung auch zur Legitimation von Statuspositionen dient – und in weiterer Folge auch der Reproduktion sozialer Ungleichheit –, soll zu einem späteren Zeitpunkt einer ausführlichen Betrachtung unterzogen werden. Zunächst aber steht die Frage im Vordergrund, welche gesellschaftlichen Entwicklungen für die Brüchigkeit des Deutungsmusters Authentizität sowie die Emergenz eines auf demonstrativer Toleranz basierenden Geschmacks verantwortlich gemacht werden können.

9.2 Symbolische Grenzüberschreitung im Kontext gesellschaftlicher Transformationsprozesse

Worin liegen die Ursachen für die Entwicklung eines toleranten Geschmacks? Richard Peterson und Roger Kern nennen eine Reihe von Faktoren, die einen Einfluss auf den Bedeutungsverlust der Grenzziehung zwischen Hoch- und Popularkultur haben. Dazu zählen neben Wohlstandssteigerung und Bildungsexpansion die zunehmende Verbreitung von Kunst in den Medien, ansteigende soziale und geografische Mobilität, die eine Vermischung von Menschen mit unterschiedlichen Geschmäckern zur Folge hat und einen „toleranteren" Umgang mit „anderen" kulturellen Verhaltensweisen fordert und fördert, sowie die zunehmende Hinterfragung von ästhetischen Konventionen in den Kunst- und Kulturinstitutionen selbst (vgl. Peterson/Kern 1996, 905f.).

Die hier genannten Gründe können auch ins Treffen geführt werden, wenn es um die Erklärung des Querbeet-Geschmacks geht. Im Folgenden sollen einige auf den vorliegenden Gegenstand abgestimmte Ergänzungen vorgenommen werden. Es gilt zu fragen, worin die Ursachen für den Bedeutungsverlust des Deutungsmusters Authentizität liegen und welche Entwicklungen die Genese von Toleranz im Musikgeschmack begünstigen.

Geschmäckern auf einer Makro-Ebene tätigen lassen, allerdings kaum etwas über den subtilen Einsatz von Distinktionsmechanismen, konnte in der hier vorliegenden qualitativen Studie das Hauptaugenmerk auf jene Interaktionen gerichtet werden, in denen sich das Muster kultureller Grenzüberschreitung als zentrales Moment der Querbeet-Logik herauskristallisierte. Für zukünftige Forschungen wäre eine Untersuchung des Omnivores hinsichtlich dieser Überlegungen wünschenswert.

Vereinbarkeit von künstlerischer Integrität und kommerziellem Erfolg: Die Klassifizierung von Musik auf Basis ihrer ökonomischen Verwertungszusammenhänge scheint zunehmend an Bedeutung zu verlieren. Die Verknüpfung von künstlerischem und materiellem Erfolg stellt für viele MusikrezipientInnen keinen Widerspruch mehr dar; anti-kommerzielle Inhalte gelten nicht per se als Qualitätskriterium (vgl. Illing 2006, 218).

Authentizität als Vermarktungskategorie: Authentizität war lange Zeit ein Qualitätskriterium, das von den MusikerInnen, den MusikrezipientInnen und MusikkritikerInnen an eine Musik herangetragen wurde. Seit geraumer Zeit lässt sich beobachten, wie diese Zuschreibungspraxis von den Marketingabteilungen der Kulturindustrie adaptiert wird: Die Präsentation eines musikalischen Acts als authentisch fungiert als bewährte Vermarktungsstrategie, um neue Zielgruppen zu erreichen. Die zu Verkaufszwecken initiierte Etikettierung potentieller Charts-Musik als authentisch oder sogar rebellisch verleiht dieser Musik einen symbolischen Mehrwert, der sich in höheren Verkaufszahlen niederschlägt (vgl. Halnon 2005). Frank und Weiland (1997) zeigen, wie „Rebellion", „Revolution" und „Gegenkultur" zu standardisierten Begriffen einer neuen Marketingstrategie der Kulturindustrie geworden sind. Karen Bettez Halnon (2005) geht sogar noch einen Schritt weiter, indem sie meint, dass nicht nur gegenkulturelle Attitüden „vermarktet" („commodification of dissent"), sondern auch spezifische Entfremdungserfahrungen zum Verkaufsargument gemacht werden.[124] Durch diese inflationäre Verwendung des Terminus

---

[124] Wenngleich Acts wie *Eminem*, *Limp Bizkit* oder *Marilyn Manson* als Alternative zur konformistischen Kommerzkultur präsentiert und auch entsprechend konsumiert werden, problematisiert Halnon diese „vorgegaukelte" Alternative als „one of the most pervasive, popular and profitable music styles in the commercialized mainstream" (Halnon 2005, 461): „Thus, the real obscenity [...] is not its [mainstream music presented as anti-commercial, M.P.] anti-everything rebellion against all that is moral, sacred or civilized, but rather that it serves to control and contain what might otherwise be a directed and pragmatic youth movement aimed at social justice" (ebd., 462). Entgegen Halnons pessimistischer Sichtweise legen die Ergebnisse der vorliegenden Untersuchung die Annahme nahe, dass Toleranz als Qualitätskriterium letztlich auch auf eine Überschreitung der Grenze zwischen „authentischer" und „kommerzieller" Musik abzielt, weil diese Trennlinie angesichts zunehmender Vereinnahmung durch die Kulturindustrie ihre ursprüngliche Intention und Aussagekraft verloren hat.

„authentisch" verliert Authentizität als Qualitätskriterium an Aussagekraft; die Grenzziehung zwischen „authentischer" und „kommerzieller" Musik wird ad absurdum geführt. Die Willkür in der Vergabe dieser Qualitätsauszeichnung durch die Kulturindustrie führt dazu, dass sich mit der Vorliebe für „authentische" Musik nur mehr bedingt Anspruch auf moralische Überlegenheit zum Ausdruck bringen lässt; Distinktion verkümmert zu einer Pseudo-Distinktion.

Polyseme Präsentation von Authentizität: Die fortschreitende Ausdifferenzierung musikalischer Stile sowie der dazugehörigen Szenen führt zu Unsicherheiten in der Klassifizierung von Bands, MusikerInnen, Alben oder Musikstücken. Immer öfter wird die traditionelle Grenzziehung zwischen „authentisch" und „kommerziell" von Kulturschaffenden (bewusst) überschritten. So zeigt Elizabeth Eva Leach in ihrer Untersuchung der kommerziell erfolgreichen Band Spice Girls, wie die Musikerinnen mit Authentizitätszuschreibungen umgehen „by selectively negotiating amongst the various types of authenticity" (Leach 2001, 161). Angesichts solcher Acts, deren Präsentation auf eine Vielfalt unterschiedlicher Lesarten abzielt, ist eine endgültige Bewertung dieser Musik auf Basis des Kriteriums „Authentizität" zum Scheitern verurteilt. „This polysemous presentation of authenticity enables listeners who see and enjoy the contradictions in these markers to understand that the opposition between commercialism and authenticity is itself a commercially constructed one" (ebd., 162).

Kritik an hochkulturellen Attitüden: Die Destabilisierung der Grenzen zwischen „authentischer" und „kommerzieller" Musik ist vor dem Hintergrund eines generellen Bedeutungs- und Legitimationsverlustes ästhetischer Hierarchien zu sehen. Die Kritik an den sozialen und moralischen Superioritätsansprüchen der Hochkultur hat maßgeblich zur Hinterfragung und auch Ablehnung allgemeiner ästhetischer Qualitätskriterien geführt. Diese Kritik findet ihren Niederschlag auch in der Beurteilung von populärer Musik, deren Maßstäbe zunehmend einer Revision unterzogen werden.

Einfluss des wissenschaftlichen Diskurses: Parallelen finden sich zwischen kulturwissenschaftlichen Betrachtungen popularkultureller Phänomene und der beschriebenen Entwicklung sozialästhetischer Bewertungskriterien. Während die Authentizitätsrhetorik der Kulturindustriekritik der Frankfurter Schule entspricht oder zumindest eine

Reihe von Elementen dieses Diskurses übernommen hat, lassen sich im Zusammenhang mit der Artikulation von Toleranz und Offenheit in der Popularkultur zahlreiche Argumentationen erkennen, die der neueren kulturwissenschaftlichen Beschäftigung mit populärer Musik (z.B. Cultural Studies) ähnlich sind. Die Auflösung der Dichotomie von „authentischer" und „nicht authentischer" Musik wird dabei als Indiz einer progressiven und demokratischen Entwicklung gesehen: Die Vorliebe für kommerzielle Produkte sei Ausdruck einer egalitären Gesellschaft, in der nicht mehr länger soziale Machtstrukturen für die Ausprägung musikalischer Vorlieben verantwortlich sind (vgl. dazu kritisch Illing 2006, 218f.).

Technologische Entwicklung: Ebenso von Bedeutung ist der Einfluss neuer Technologien im Bereich der Musik: Die Demokratisierung von Produktionsmitteln führt zu einer zunehmenden Vielfalt an musikalischen Produktionen (Smudits 2002), über welche die/der KonsumentIn gar nicht jene Kontextinformationen besitzt, die nötig sind, um Urteile gemäß der Authentizitätslogik zu fällen. Darüber hinaus sind die RezipientInnen aufgrund neuer Distributionswege (Internet) mit einem schier unendlichen Angebot an Musik konfrontiert, was möglicherweise die Auseinandersetzung mit Fragen der Toleranz befördert.

Postmoderne und Popularkultur: Seit den 1980er-Jahren spielen postmoderne Kunstkonzepte in zahlreichen Produkten populärer Musik eine maßgebliche Rolle. Künstler und Bands wie David Bowie oder *Roxy Music* haben durch ihre Performances traditionelle Authentizitätskonzepte in der populären Musik fundamental in Frage gestellt: „Künstler und Musiker suchten die Flucht nach vorn, indem sie sehr bewusst auf die Verzahnung künstlerischer Produkte mit kommerziellen Interessen und auf die Konstruiertheit alles vermeintlich Authentischen hinwiesen" (von Appen 2007, 126).[125]

Kosmopolitischer Lebensstil: Vieles spricht dafür, einen auf Toleranz beruhenden Musikgeschmack vor dem Hintergrund des Entstehens

---

125 Von Appen betont allerdings, dass diese postmodernen Einflüsse zu keinem allgemeinen Bedeutungsverlust von Authentizität geführt hätten, zumal der „postmoderne Paradigmenwechsel" lediglich einem engen Kreis von Intellektuellen vorbehalten ist, während für die Mehrheit der MusikrezipientInnen das Ideal authentischer Musikproduktion nach wie vor Gültigkeit besitzt (von Appen 2007, 127; siehe dazu auch Regev 1994, 87 und 98).

eines neuen Lebensstils zu betrachten, der sich durch eine generelle Offenheit gegenüber dem „Anderen" und dem „Fremden" auszeichnet. Coulangeon und Lemel (2007) beschreiben Omnivorousness als „distinctive attitude to culture":

> „this interpretation of omnivorousness may suggest a shift in the definition of cultural legitimacy from highbrow cultural snobbism to cosmopolitan tolerance. [...] In this sense, omnivorousness can be interpreted as generic disposition, a ‚cosmopolitan' habitus that is defined and transmitted socially and culturally" (Coulangeon/Lemel 2007, 108).

Diese kosmopolitische Haltung, die sich vor allem in bildungsnahen Milieus findet, scheint sich auch im Verhalten der Querbeet-HörerInnen zu spiegeln; auch hier wird Offenheit als zentraler Wert nicht nur gelebt, sondern auch gefordert. Unklar bleibt aber, inwiefern die Behauptung von Coulangeon und Lemel, nämlich dass diese kosmopolitische Toleranz als neuer Modus kultureller Legitimation fungiert, auch für die Querbeet-HörerInnen ins Treffen geführt werden kann.

9.3 Symbolischer Klassenkampf in der Popularkultur? Eine vorläufige Zwischenbilanz

Die kultursoziologische Beschäftigung mit Musikgeschmack beschränkt sich nicht auf die Analyse musikalischer Geschmacksurteile, sondern fragt nach den sozialen Implikationen, die mit Musikgeschmack in einer Gesellschaft, insbesondere hinsichtlich sozialer Ungleichheit, verbunden sind. Anhand des empirischen Materials konnte gezeigt werden, wie ein auf größtmöglicher Toleranz beruhender Geschmack in der Popularkultur symbolische Grenzziehungen hervorbringt: Die Unterscheidung zwischen Querbeet-HörerInnen und MusikkonsumentInnen mit einem „festgefahrenen" Geschmack bildet dabei eine bedeutsame Trennlinie, die nicht nur die institutionalisierte Zuschreibung von Authentizität in Frage stellt, sondern darüber hinaus auch als neues Rohmaterial für Identitätsarbeit in der Popularkultur dient. Unklar bleibt allerdings die kultursoziologische Bewertung eines Geschmacks, der auf Toleranz und Offenheit basiert, hinsichtlich seiner Rolle in Bourdieus „symbolischen Klassenkämpfen". In Anlehnung an die gegenwärtigen Debatten in der Omnivore-Forschung (siehe Kap. 1.3) ließe sich fragen, ob der Querbeet-Geschmack Ausdruck einer neuen Offenheit ist, die dem Selbstverwirklichungsbedürfnis in einer individualisierten und weitgehend klassenlosen Gesellschaft entspringt, oder ob es sich dabei vielmehr um einen neuen Modus der Demonstration kultureller und sozialer Überlegenheit handelt (siehe exemplarisch Chan/Goldthorpe 2007a, 3, Warde et al. 2008, 150).

Es konnte gezeigt werden, dass Toleranz und Offenheit die Grundlage des Querbeet-Geschmacks bilden: Etikettierungen einer bestimmten Musik als „minderwertig" und „banal" werden zurückgewiesen, traditionelle symbolische Grenzen im Feld der populären Musik überschritten; darüber hinaus gilt demonstrative Offenheit als ethische Grundhaltung in Geschmacksfragen. Ungeachtet dessen entsteht eine neue Grenzziehung: zwischen jenen, die einen breitgefächerten und toleranten Geschmack haben und jenen, die in ihren musikalischen Vorlieben „festgefahren" sind. Der Querbeet-Geschmack wird damit zum objektiv „guten" Geschmack in der Popularkultur erhoben, wodurch trotz gegenteilig geäußerter Intention (abermals) moralische Superiorität zum Ausdruck gebracht wird.

Unklar bleibt aber, ob diese ethische Dimension auch sozialen Charakter annimmt, oder in Bourdieus Worten, ob diese symbolischen Abgrenzungen als Übersetzung des Klassenkampfes in die Sphäre der Kultur gesehen werden können. Die zentrale Frage lautet: Inwiefern trägt ein auf Toleranz beruhender Musikgeschmack in der Popularkultur zur Aufrechterhaltung von sozialen Grenzen bei? Wenngleich der Beantwortung dieser Frage durch die in dieser Arbeit verfolgten empirischen Herangehensweisen enge Grenzen gesetzt sind, sollte auf einer theoretischen Ebene deutlich gemacht werden, welche Bedingungen erfüllt sein müssten, um Bourdieus Annahmen für den vorliegenden Gegenstandsbereich adaptieren zu können. Geklärt werden müsste zunächst, ob die soziale Position einer Person einen Einfluss auf die Ausprägung des Querbeet-Geschmacks hat: Gibt es einen Zusammenhang zwischen sozialer Position (operationalisiert z.B. durch die Variablen Bildung, Einkommen und Berufsprestige) und einem demonstrativ toleranten Geschmack? Mit Methoden der qualitativen Sozialforschung lässt sich diese Frage nur bedingt beantworten; allerdings gibt es eine Reihe von Indizien, welche die Annahme bestärken, dass ein toleranter Musikgeschmack tendenziell für bildungsnahe RezipientInnen typisch ist. Die Analyse der Threads nach Bildungsgrad der UserInnen ergab eine Anhäufung von Toleranz-Plädoyers in studentischen und akademischen Foren, während in allgemeinen Plauderforen, die durch die Partizipation auch bildungsferner UserInnen gekennzeichnet sind, dies nicht der Fall war. Darüber hinaus geben Eigenschaften wie sprachliche Versiertheit (sublime Ausdrucksweise, lange Sätze, Fremdwörter, kaum grammatikalische und orthografische Fehler) sowie überdurchschnittliche Länge der jeweiligen Postings Aufschluss über die Bildung der Querbeet-HörerInnen. Wenngleich diese Annahme sehr vage bleibt, kann davon ausgegangen werden, dass (zumindest) Bildung einen Einfluss auf die Ausprägung des Querbeet-Geschmacks hat.

Sollte tatsächlich ein auf den Werten Toleranz und Offenheit beruhender Musikgeschmack nicht nur mit moralischer Überlegenheit einhergehen, sondern auch zur Reproduktion sozialer Ungleichheit (im Sinne Bourdieus) beitragen, dann stellen sich eine Reihe weiterer Fragen, die bislang ihrer Beantwortung harren. Diese betreffen (1) die Bedeutung kulturellen Kapitals, (2) die Erklärungskraft des Habitus-Konzepts sowie (3) die Legitimationsansprüche eines toleranten Geschmacks.

(1) Bourdieu versteht unter kulturellem Kapital die im Rahmen der Sozialisation erworbenen Wissensbestände und Fertigkeiten sowie die für das jeweilige Herkunftsmilieu typischen Umgangsformen und Verhaltensweisen. Erlernt – oder auch nicht – wird unter anderem die Dechiffrierung symbolischer Codes, die den „Kunstwerken" eingeschrieben sind: Nur wer mit der Sonatensatzform einigermaßen vertraut ist, könne eine Beethoven-Sinfonie verstehen; nur wer die Improvisationspraxis eines Jazz-Trios kennt, sei imstande, daran Gefallen zu finden. Auf welchen Dechiffrierungsleistungen aber beruht ein Musikgeschmack, der nicht auf ein künstlerisches Werk bezogen ist, sondern auf einem ethisch-moralischen Prinzip, nämlich dem der Offenheit und Toleranz, gründet?

Es mag schon sein, dass die/der typische Querbeet-HörerIn mit einem hohen Maß an kunstweltspezifischer Expertise ausgestattet ist; als Grundlage zur Bewertung von Musik scheinen diese Fertigkeiten aber weitgehend an Bedeutung verloren zu haben. In den Vordergrund rücken vielmehr spezifische Umgangsformen mit Musik im Allgemeinen bzw. eine Haltung, die sich durch Offenheit und Toleranz gegenüber unterschiedlichen musikalischen Welten auszeichnet. Galt Bourdieu die „ästhetische Einstellung", verstanden als die Distanz zu trivialen und populären Kulturformen, als Quintessenz kulturellen Kapitals, stellt neuerdings die demonstrative Integration des Trivialen eine bedeutsame Dimension eines auf soziale Superiorität abzielenden kulturellen Geschmacks dar. Während der Omnivore seine Statusposition durch die demonstrative Überschreitung von Hoch- und Popularkultur legitimiert[126], manifestieren sich die Überlegenheitsansprüche der „QuerbeeterInnen" in der Überquerung der Grenze zwischen „authentischer" und „kommerzieller" Musik. Auch hinsichtlich dieser Überlegung spricht vieles dafür, dass ein auf Breite angelegter Geschmack sowohl dem Erwerb als auch der Absicherung von Statuspositionen dient. Unklar bleibt aber, wo diese Art von kulturellem Kapital angeeignet wird bzw. in welcher Wechselwirkung die Ausprägung eines solchen Geschmacks mit den Sozialisationserfahrungen in der Herkunftsfamilie steht.[127] Diese Frage soll vor dem Hintergrund von Bourdieus Habitus-Konzept diskutiert werden.

(2) Bourdieu geht davon aus, dass Geschmack ein Resultat klassenspezifischer Sozialisation ist. Als System von kohärenten Dispositionen, die im Rahmen der Sozialisation erworben werden und zugleich unser Handeln, Denken und Wahrnehmen maßgeblich prägen, fungiert der Habitus als zentraler Mechanismus sozialer Reproduktion. Auf den ersten Blick verliert dieses Konzept hinsichtlich des Phänomens eines toleranten Geschmacks an Erklärungskraft: So meinen Coulangeon und Lemel in Bezug auf Omnivorousness: „given that the growing omnivorousness in the muscial taste of high-status groups denotes a

---

126 Siehe dazu Gebesmair: „Wer lediglich Vorlieben etwa für Madonna artikuliert, ist leicht als wenig Gebildeter zu identifizieren. Wer allerdings als Gebildeter im Kreise – sagen wir – amerikanischer Geschäftsfreunde auf seinen erlesenen Geschmack pocht und mit abschätzigen Bemerkungen über Madonna ein Klima der Verbundenheit zu schaffen trachtet, kann damit durchaus Schiffbruch erleiden. Geschmack muss also breit sein, um als Kapital fungieren zu können" (Gebesmair 2001, 201).

127 Zu klären wäre in diesem Zusammenhang wie Bourdieus Vorstellung von Kapitalakkumulation auf die kulturelle Praxis der Omnivores und Querbeet-HörerInnen übertragen werden kann. Es stellt sich die Frage, wie kulturelles Kapital, verstanden als symbolische Grenzüberschreitung, überhaupt akkumuliert werden kann, insbesondere hinsichtlich einer theoretisch unendlichen Anhäufung von kulturellem Kapital: Während in Bourdieus Konzeption gerade im Bereich der Kultur die permanente Erweiterung z.B. kunstspezifischen Wissens eine zentrale Rolle spielt, sind dem kulturellen Kapital der Omnivores und Querbeet-HörerInnen recht enge Grenzen gesetzt.

plurality of socializing experiences, the alleged coherence of all of the practices that accompany the *habitus* concept is no longer defensible" (Coulangeon/Lemel 2007, 109). Tatsächlich stellt die Erweiterung von Erfahrungsmöglichkeiten die Wirksamkeit eines klassenspezifischen Habitus in Frage: Zunehmende soziale und geografische Mobilität, die Entstandardisierung von Lebensläufen, die dadurch beschleunigte Ausdifferenzierung von Lebensstilen sowie die zunehmende Rolle medialer Vermittlung von Musik erhöhen die Wahrscheinlichkeit, mit unterschiedlichen musikalischen Ausdrucksformen konfrontiert zu werden und auch vertraut zu sein sowie einen toleranten Umgang mit unterschiedlichen Musikgenres zu entwickeln. Dennoch läuft diese Diagnose Gefahr, darüber hinwegzutäuschen, dass die Chancen zur Überschreitung von Erfahrungswelten nicht gleich verteilt sind. Nach wie vor sind „Bastelbiografien", um ein Schlagwort aus dem soziologischen Individualisierungsdiskurs herauszugreifen, in erster Linie bildungsnahen Gruppen vorbehalten. Gerade die Aneignung eines kosmopolitischen Lebensstils, der sich durch hohe geografische Mobilität und kulturelle Offenheit auszeichnet, ist typisch für Angehörige des „Selbstverwirklichungsmilieus" (Schulze 1992), das durch eine besondere Nähe zu Werten wie Experimentierfreudigkeit, Wissensbegierde, Bildung und Toleranz gekennzeichnet ist. Darüber hinaus spricht vieles dafür, dass diese Werte bereits im Rahmen der Primärsozialisation vermittelt werden. Neben – oder auch anstelle – der „ästhetischen" Einstellung wird ein Umgang mit Musik vermittelt, der sich durch Aufgeschlossenheit, Offenheit und Toleranz auszeichnet. Diese „cosmopolitan disposition" (Woodward et al. 2008)[128] bzw. dieser „cosmopolitan habitus" (Coulangeon/Lemel 2007, 108) bildet die Grundlage des „aufgeklärten" Geschmacks der Querbeet-HörerInnen, der allerdings, so lautet die vorläufige Hypothese, weitgehend bildungsnahen Gesellschaftsmitgliedern vorbehalten bleibt.

(3) Ungeklärt blieb bislang auch die Frage nach der Rolle des legitimen Geschmacks: Bei Bourdieu finden Statuserwerb und -absicherung primär dadurch statt, dass kulturelle Produkte konsumiert werden, die in

---

128 Woodward et al. verwenden den Begriff „Disposition" in Anlehnung an Bourdieu. „This focus on dispositions is consistent with the idea that cosmopolitanism involves particular competencies, modes of managing meanings, and various forms of mobility" (Woodward et al. 2008, 211). Zu einer Eigenschaft dieser kosmopolitischen Disposition zählt „kulturelle Offenheit".

der ästhetischen Hierarchie ganz oben stehen und nicht für jede und jeden verfügbar sind. Dabei wurde angenommen, dass es sich dabei um Produkte handelt, die für alle Gesellschaftsmitglieder als erstrebenswert gelten. Neu bei den „QuerbeeterInnen" (und auch Omnivores) ist, dass die Legitimation von Statuspositionen nicht erfolgt, indem eine Musik konsumiert wird, die als wertvoller als eine andere gilt, sondern indem ein spezifischer (toleranter) Geschmack gepflegt wird, dem moralische Überlegenheit attestiert wird. Ob und inwiefern diese moralische Überlegenheit im Kulturkonsum überhaupt gesamtgesellschaftliche Anerkennung findet und damit auch ihren legitimen Status behaupten kann, lässt sich auf Basis bisheriger empirischer Ergebnisse nicht feststellen.

Hinzu kommt, dass in der gegenwärtigen wissenschaftlichen Diskussion über die jüngst diagnostizierte Toleranz gegenüber kultureller Vielfalt die Transformation symbolischer Grenzziehungen sehr einseitig interpretiert wird. Der Fokus richtet sich nämlich in erster Linie auf die neu entstehenden Grenzziehungsprozesse entlang der Dichotomie „Offenheit" versus „Intoleranz" bei gleichzeitiger Annahme, dass angesichts zunehmender Grenzüberschreitung die traditionellen sozialästhetischen Hierarchien verschwinden würden. Eine alternative Deutung symbolischer Grenzüberschreitung rückt hingegen die Kontinuität ehemaliger Grenzziehungen in den Vordergrund:

> „However, openness to cultural diversity entails neither the disappearance of cultural boundaries nor the flattening of social and artistic hierarchies. On the contrary, [...] eclecticism and cosmopolitanism necessarily depend on the maintenance and continuous recreation of cultural differences and boundaries" (Ollivier 2008, 144).

Symbolische Grenzüberschreitung kann nur funktionieren, wenn es überhaupt Grenzen zu überschreiten gibt. Gäbe es keine Grenzen zwischen Hoch- und Popularkultur, wäre der breitgefächerte Musikgeschmack der Omnivores recht willkürlich und womöglich in sozialästhetischer Hinsicht völlig bedeutungslos. Ebenso beruht die Grenzüberschreitung in der Popularkultur auf der fundamentalen Dichotomie von „authentischer" und „kommerzieller" Musik, zumal sich die Querbeet-HörerInnen gerade dadurch auszeichnen, eben diese Grenze zum Thema zu machen, in Frage zu stellen und zu kritisieren – wodurch möglicherweise auch ein Beitrag zur Aufrechterhaltung dieser Trennlinie geleistet wird.

Daraus resultiert, dass es zu dieser symbolischen Überschreitung eines Wissens um traditionelle Grenzziehungen bedarf: Basis für den Querbeet-Geschmack ist die Vertrautheit mit der Bedeutung und Logik der Aufteilung von populärer Musik in „authentisch" und „kommerziell". Aus dieser Sicht sind es jene gerade noch für obsolet erklärten Differenzen in der Popularkultur, die als Rohmaterial für die Bildung neuer Ressourcen fungieren. Die „Kunst" der „QuerbeeterInnen" besteht demnach darin, spielerisch mit institutionell verankerten Grenzziehungen umzugehen, bei gleichzeitiger Anerkennung und Aufrechterhaltung traditioneller sozialästhetischer Hierarchien.

Resümierend lässt sich festhalten, dass, um die Bedeutung eines auf Toleranz begründeten Geschmacks für die Reproduktion sozialer Ungleichheit zu verstehen, noch eine Reihe von Fragen – sowohl theoretisch als auch empirisch – einer Antwort harren. Vieles spricht dafür, dass ein neues Muster symbolischer Grenzziehung die ehemaligen Ordnungen im populärkulturellen Koordinatensystem durcheinander wirbelt. Die gängige Praxis, moralische Überlegenheit in der Popularkultur durch die ausschließliche Vorliebe für Musik jenseits der Charts zum Ausdruck zu bringen, verliert zugunsten einer Legitimationsrhetorik, die auf der demonstrativen Demontage des Deutungsmusters Authentizität beruht, an Bedeutung. Wenngleich die Interpretation dieser neuen Praxis als Indiz für die Kontinuität sozialer Ungleichheit in der Sphäre der Kultur weiterer empirischer Befunde bedarf, konnte gezeigt werden, dass Musikgeschmack in der Popularkultur nach wie vor nicht jenseits des Sozialen stattfindet.

Es mag sein, dass der Umgang mit populärer Musik heutzutage weitgehend von rigiden Klassenschranken losgelöst ist. Und es mag auch sein, dass Mobilitätsprozesse zunehmende Individualisierung musikalischen Geschmacks begünstigen. Es ist auch wahrscheinlich, dass der Konsum von Musik nicht mehr unhinterfragt Statuspositionen zu legitimieren vermag. Und dennoch spricht vieles dafür, dass die im Rahmen dieser Arbeit identifizierte musikalische Offenheit typisch für eine „kosmopolitische Disposition" (Woodward et al. 2008, 211) ist, die tendenziell jene besitzen, die ohnehin umfangreiche materielle, soziale und kulturelle Ressourcen im Gepäck haben, oder, wie Bourdieu sagen würde, denen der Rucksack bereits im Voraus mit der nötigen Grundausstattung gefüllt wurde.

Bibliografie

ADORNO, Theodor W. (1941): On Popular Music. In: Studies in Philosophy and Social Science 9, 17–48.

ADORNO, Theodor W. (1962): Einleitung in die Musiksoziologie. Frankfurt am Main.

ADORNO, Theodor W. (1963): Prismen. Kulturkritik und Gesellschaft. München.

ALTHUSSER, Louis (1968): Für Marx. Frankfurt am Main.

ANG, Ien (1986): Das Gefühl Dallas. Zur Produktion des Trivialen. Bielefeld.

ANG, Ien (1996): Culture and communication: towards an ethnographic critique of media consumption in the transnational media system. In: Storey, John (ed.): What is Cultural Studies? A Reader. London et al., 237–254.

ANGERMÜLLER, Johannes (2005): Diskursanalyse – ein Ansatz für die interpretativ-hermeneutische Wissenssoziologie? In: Soziologische Revue, 28. Jg., 29–33.

APPEN, Ralf von (2007): Der Wert der Musik. Zur Ästhetik des Populären. Bielefeld.

APPEN, Ralf von (2008): Populäre Musik und Ästhetik. In: Musik & Ästhetik, 12. Jg., Heft 46, 65–78.

APPEN, Ralf von/DOEHRING, André (2006): Nevermind The Beatles, here's Exile 61 & Nico: ‚The top 100 records of all time' – a canon of pop and rock albums from a sociological and an aesthetic perspective. In: Popular Music, Vol. 25 (1), 21–39.

ARNOLD, Katja (2003): Digital Divide. Zugangs- oder Wissenskluft? München.

BARLÖSIUS, Eva (2006): Pierre Bourdieu. Frankfurt am Main et al.

BARNETT, Lisa A./ALLEN, Michael Patrick (2000): Social Class, Cultural Repertoires, and Popular Culture: The Case of Film. In: Sociological Forum, Vol. 15, 145–163.

BARTHES, Roland (1964). Mythen des Alltags. Frankfurt am Main.

BATINIC, Bernad/REIPS, Ulf-Dieter/BOSNJAK, Michael (Hg.) (2002): Online Social Sciences. Göttingen et al.

BATINIC, Bernad (2003): Internetbasierte Befragungsverfahren. In: Österreichische Zeitschrift für Soziologie, 28. Jg., Heft 4, 6–18.

BAUERNFEIND, Alfons (2008): Wandel des Musikgeschmacks in der Gesellschaft. Der neue kulturästhetische Code der Allesfresser. Saarbrücken.

BAYM, Nancy K. (2010): Personal connections in the digital age. Cambridge et al.

BECK, Klaus (2006): Computervermittelte Kommunikation im Internet. München.

BECK, Ulrich (1983): Jenseits von Stand und Klasse? Soziale Ungleichheiten, gesellschaftliche Individualisierungsprozesse und die Entstehung neuer sozialer Formationen und Identitäten. In: Kreckel, Reinhard (Hg.): Soziale Ungleichheiten (Soziale Welt Sonderband 2). Göttingen, 35–74.

BECK, Ulrich (1986): Die Risikogesellschaft. Auf dem Weg in eine andere Moderne. Frankfurt am Main.

BECKER, Howard S. (1974): Art as Collective Action. In: American Sociological Review, Vol. 39, 767–776.

BECKER, Howard S. (1982): Art Worlds. Berkeley et al.

BECKER, Rolf/HADJAR, Andreas (2010): Das Ende von Stand und Klasse? 25 Jahre theoretische Überlegungen und empirische Betrachtungen aus der Perspektive von Lebensverläufen unterschiedlicher Kohorten. In: Berger, Peter A./Hitzler, Ronald (Hg.): Individualisierungen. Ein Vierteljahrhundert „jenseits von Stand und Klasse"? Wiesbaden, 51–72.

BEHNE, Klaus-Ernst (1983): Der musikalisch Andersdenkende. Zur Sozialpsychologie musikalischer Teilkulturen. In: Klüppelholz, Werner (Hg.): Musikpädagogische Forschung (Band 4: Musikalische Teilkulturen). Laaber, 11–34.

BEHNE, Klaus-Ernst (1987): Hörertypologien. Zur Psychologie des jugendlichen Musikgeschmacks. Regensburg.

BEHNE, Klaus-Ernst (1993): Musikpräferenzen und Musikgeschmack. In: Bruhn, Herbert/Oerter, Rolf/Rösing, Helmut (Hg.): Musikpsychologie – Ein Handbuch. Reinbek bei Hamburg, 339–353.

BEHNE, Klaus-Ernst (2007): Aspekte einer Sozialpsychologie des Musikgeschmacks. In: Motte-Haber, Helga de la/Neuhoff, Hans (Hg.): Musiksoziologie (Handbuch der systematischen Musikwissenschaft 4). Laaber, 418–437.

BELLAVANCE, Guy (2008): Where's high? Who's low? What's new? Classification and stratification inside cultural „Repertoires". In: Poetics, Vol. 36, 189–216.

BENNETT, Andy (1997): „Going down the pub": The pub rock scene as a resource for the consumption of popular music. In: Popular Music, Vol. 16 (1), 97–108.

BENNETT, Andy (2004): Consolidating the music scenes perspective. In: Poetics, Vol. 32, 223–234.

BENNETT, Stith H. (1980): On Becoming a Rock Musician. Amherst.

BENNETT, Tony/SAVAGE, Mike/SILVA, Elizabeth/WARDE, Alan/GAYO-CAL, Modesto/WRIGHT, David (2009): Culture, Class, Distinction. New York.

BERGER, Peter A./HRADIL, Stefan (1990): Die Modernisierung sozialer Ungleichheit – und die neuen Konturen ihrer Erforschung. In: Berger, Peter A./Hradil, Stefan (Hg.): Lebenslagen, Lebensläufe, Lebensstile (Soziale Welt Sonderband 7). Göttingen, 3–24.

BERGER, Peter L./LUCKMANN, Thomas (1969): Die gesellschaftliche Konstruktion der Wirklichkeit. Eine Theorie der Wissenssoziologie. Frankfurt am Main.

BERLI, Oliver (2010): Musikgeschmack jenseits von Hoch- und Populärkultur. Grenzüberschreitender Musikgeschmack als Distinktionsstrategie. In: Brunner, Anja/Parzer, Michael (Hg.): pop:aesthetiken. Beiträge zum Schönen in der populären Musik (Band 2 der Schriftenreihe Werkstatt Populäre Musik). Innsbruck, 25–44.

BIELBY, Denise/BIELBY, William (2004): Audience aesthetics and popular culture. In: Friedland, Roger/Mohr, John (ed.): Matters of Culture: Cultural Sociology in Practice. Cambridge, 295–317.

BLAUKOPF, Kurt (1996): Musik im Wandel der Gesellschaft. Grundzüge der Musiksoziologie. Darmstadt.

BLUMER, Herbert (1968): Fashion. In: Sills, David L. (ed.): International Encyclopedia of the Social Sciences. New York, 341–345.

BLUMER, Herbert (1969): Fashion: From Class Differentiation to Collective Selection. In: Sociological Quarterly, Vol. 10, 275–291.

BLUMER, Herbert (1973): Der methodologische Standort des symbolischen Interaktionismus. In: Arbeitsgruppe Bielefelder Soziologen (Hg.): Alltagswissen, Interaktion und gesellschaftliche Wirklichkeit. Reinbek bei Hamburg, 80–146.

BÖHNKE, Petra (2006): Am Rande der Gesellschaft. Risiken sozialer Ausgrenzung. Opladen.

BOHNSACK, Ralf (1999): Rekonstruktive Sozialforschung. Einführung in Methodologie und Praxis qualitativer Forschung. Opladen.

BOHNSACK, Ralf (2000): Gruppendiskussion. In: Flick, Uwe/von Kardorff, Ernst/Steinke, Ines (Hg.): Qualitative Forschung. Ein Handbuch. Reinbek bei Hamburg, 369–384.

BOLTANSKI, Luc/CHIAPELLO, Ève (2006): Der neue Geist des Kapitalismus. Konstanz.

BONTINCK, Irmgard (1993): Kultureller Habitus und Musik. In: Bruhn, Herbert/Oerter, Rolf/Rösing, Helmut (Hg.): Musikpsychologie. Ein Handbuch. Reinbek bei Hamburg, 86–94.

BOURDIEU, Pierre (1974): Zur Soziologie der symbolischen Formen. Frankfurt am Main.

BOURDIEU, Pierre (1976): Entwurf einer Theorie der Praxis auf der ethnologischen Grundlage der kabylischen Gesellschaft. Frankfurt am Main.

BOURDIEU, Pierre (1983): Ökonomisches Kapital, kulturelles Kapital und soziales Kapital. In: Kreckel, Reinhard (Hg.): Soziale Ungleichheiten (Soziale Welt Sonderband 2). Göttingen, 183–198.

BOURDIEU, Pierre (1987): Die feinen Unterschiede. Kritik der gesellschaftlichen Urteils-kraft. Frankfurt am Main.

BOURDIEU, Pierre (1993): Soziologische Fragen. Frankfurt am Main.

BOURDIEU, Pierre (1997): Das Elend der Welt: Zeugnisse und Diagnosen alltäglichen Leidens an der Gesellschaft. Konstanz.

BOURDIEU, Pierre/PASSERON, Jean-Claude (1971): Die Illusion der Chancengleichheit. Untersuchungen zur Soziologie des Bildungswesens am Beispiel Frankreichs. Stuttgart.

BRETSCHNEIDER, Rudolf (1992): Kultur im Leben der Österreicher. Entwicklungen und neue Befunde. In: Media Perspektiven 4/1992, 268–278.

BROMLEY, Roger (1999): Cultural Studies gestern und heute. In: Bromley, Roger/ Göttlich, Udo/Winter, Carsten (Hg.): Cultural Studies. Grundlagentexte zur Einführung. Lüneburg, 9–39.

BROWNLOW, Charlotte/O'DELL, Lindsay (2002): Ethical Issues for Qualitative Research in On-line Communities. In: Disability & Society, Vol. 17 (6), 685–694.

BRUCKMAN, Amy (2002): Studying the amateur artist: A perspective on disguising data collected in human subjects research on Internet. In: Ethics and Information Technology, Vol. 4 (3), 217–231.

BRUNNER, Anja/LEITICH, Lisa/PARZER, Michael (2008): Anmerkungen zum Pluralismus in der gegenwärtigen Popularmusikforschung. In: Dies. (Hg.): pop:modulationen. Beiträge junger Forschung (Band 1 der Schriftenreihe Werkstatt Populäre Musik). Innsbruck.

BRUNNER, Anja/PARZER, Michael (Hg.) (2010): pop:aesthetiken. Beiträge zum Schönen in der populären Musik (Band 2 der Schriftenreihe Werkstatt Populäre Musik). Innsbruck.

BRYSON, Bethany (1996): „Anything but Heavy Metal": Symbolic exclusion and musical dislikes. In: American Sociological Review, Vol. 61, 884–899.

BRYSON, Bethany (1997): What about the univores? Musical dislikes and group-based identity construction among Americans with low levels of education. In: Poetics, Vol. 25, 141–156.

BUCHANAN, Elizabeth A. (ed.) (2003): Readings in Virtual Ethics: Issues and Controversies. Hershey et al.

BUDE, Heinz/WILLISCH, Andreas (Hg.) (2008): Exklusion. Die Debatte über die „Überflüssigen". Frankfurt am Main.

BURGESS, Jean/GREEN, Joshua (2009): YouTube: Online video and participatory culture. Cambridge et al.

BURKHALTER, Byron (1999): Reading race online. Discovering racial identity in Usenet discussions. In: Smith, Marc A./Kollock, Peter (ed.): Communities in Cyberspace. London/New York, 60–75.

CARRABINE, Eamonn/LONGHURST, Brian (1999): Mosaics of omnivorousness: middle-class youth and popular culture. In: New Formations, 38, 125–140.

CAVAZOS, Edward A./MORIN, Gavino (1994): Cyberspace and the Law: Your Rights and Duties in the On-line World. Cambridge/London.

CHAN, Tak Wing (ed.) (2010): Social Status and Cultural Consumption. Cambridge.

CHAN, Tak Wing/GOLDTHORPE, John H. (2005): The Social Stratification of Theatre, Dance and Cinema Attendance. In: Cultural Trends, Vol. 14 (3), 193–212.

CHAN, Tak Wing/GOLDTHORPE, John H. (2007a): Social Stratification and Cultural Consumption: Music in England. In: European Sociological Review, Vol. 23 (1), 1–19.

CHAN, Tak Wing/GOLDTHORPE, John H. (2007b): Social stratification and cultural consumption: The visual arts in England. In: Poetics, Vol. 35, 168–190.

CHAN, Tak Wing/GOLDTHORPE, John H. (2007c): Data, methods and interpretation in analyses of cultural consumption: A reply to Peterson and Wuggenig. In: Poetics, Vol. 35, 317–329.

CHERNY, Lynn (1999): Conversation and Community. Chat in a Virtual World. Stanford.

CHESTER, Andrew (1970): For a Rock Aesthetic. In: New Left Review, Vol. 59, 83–96.

CLARKE, Gary (1990): Defending ski-jumpers: A critique of theories of youth subcultures. In: Frith, Simon/Goodwin, Andrew (ed.): On record: rock, pop and the written word. New York, 81–96.

CLARKE, John (1979): Stil. In: Honneth, Axel (Hg.): Jugendkultur als Widerstand: Milieus, Rituale, Provokationen. Frankfurt am Main, 133–157.

CLARKE, John/HALL, Stuart/JEFFERSON, Tony/ROBERTS, Brian (1979): Subkulturen, Kulturen und Klasse. In: Honneth, Axel (Hg.): Jugendkultur als Widerstand: Milieus, Rituale, Provokationen. Frankfurt am Main, 39–132.

CLAYTON, Martin/HERBERT, Trevor/MIDDLETON, Richard (ed.) (2003): The cultural study of music. New York/London.

COHEN, Albert K. (1961): Kriminelle Jugend. Zur Soziologie jugendlichen Bandenwesens, Reinbek bei Hamburg.

COHEN, Sara (1991): Rock Culture in Liverpool: Popular Music in the Making. Oxford.

COLLINS, Randall (1981): On the Microfoundations of Macrosociology. In: American Journal of Sociology, Vol. 86 (6), 984–1014.

COLLINS, Randall (2000): Situational Stratification: A Micro-Macro Theory of Inequality. In: Sociological Theory, Vol. 18 (1), 17–43.

COLLIOT-THÉLÈNE, Catherine/FRANCOIS, Etienne/GEBAUER, Gunter (Hg.) (2005): Pierre Bourdieu: Deutsch-französische Perspektiven. Frankfurt am Main.

COULANGEON, Philippe/LEMEL, Yannick (2007): Is ‚distinction' really outdated? Questioning the meaning of the omnivorization of musical taste in contemporary France. In: Poetics, Vol. 35, 93–111.

COUPER, Mick P./COUTTS, Elisabeth (2006): Online-Befragung. Probleme und Chancen verschiedener Arten von Online-Erhebungen. In: Diekmann, Andreas (Hg.): Methoden der Sozialforschung (Kölner Zeitschrift für Soziologie und Sozialpsychologie Sonderheft 44). Wiesbaden, 217–243.

CRANE, Diana (1992): High Culture versus Popular Culture Revisited: A Reconceptualization of Recorded Cultures. In: Lamont, Michèle/Fournier, Marcel (ed.): Cultivating differences. Symbolic boundaries and the making of inequality. Chicago/London, 58–74.

CULLER, Jonathan (1981): Semiology: the Saussurian legacy. In: Bennett, Tony/ Graham, Martin/Colin, Mercer/Woollacott, Janet (ed.): Culture, Ideology and Social Process. A Reader. London, 129–143.

DANIELSEN, Anne (2008): Aesthetic Value, Cultural Significance, and Canon Formation in Popular Music. In: Bielefeldt, Christian/Dahmen, Udo/Grossmann, Rolf (Hg.): PopMusicology. Perspektiven der Popmusikwissenschaft. Bielefeld, 17–37.

DELSON, Rudolph (2007): Die Notwendigkeit des Zufalls in Fragen der Liebe. München.

DENZIN, Norman K. (1992): Symbolic Interactionism and Cultural Studies. Oxford.

DENZIN, Norman K. (1999): Cybertalk and the Method of Instances. In: Jones, Steve (ed.): Doing Internet Research. Critical Issues and Methods for Examing the Net. Thousand Oaks et al., 107–125.

DIAZ-BONE, Rainer (2002): Kulturwelt, Diskurs und Lebensstil. Eine diskurstheoretische Erweiterung der bourdieuschen Distinktionstheorie. Opladen.

DIEKMANNSHENKE, Hajo (2000): Die Spur des Internetflaneurs – Elektronische Gästebücher als neue Kommunikationsform. In: Thimm, Caja (Hg.): Soziales im Netz. Sprache, Beziehungen und Kommunikationskulturen im Internet. Opladen/Wiesbaden, 131–155.

DiMAGGIO, Paul (1987): Classification in Art. In: American Sociological Review, Vol. 52, 440–455.

DiMAGGIO, Paul/USEEM, Michael (1978): Social Class and Arts Consumption: The Origins and Consequences of Class Differences in Exposure to the Arts in America. In: Theory and Society, Vol. 5, 141–161.

DiMAGGIO, Paul/HARGITTAI, Eszter/NEUMAN, Russell W./ROBINSON, John P. (2001): Social Implications of the Internet. In: Annual Review of Sociology, Vol. 27, 307–336.

DiMAGGIO, Paul/HARGITTAI, Eszter/ELESTE, Coral/SHAFER, Steven (2004): Digital Inequality: From Unequal Access to Differentiated Use. In: Neckermann, Kathryn (ed.): Social Inequality. New York, 355–400.

DÖRING, Nicola (1999): Sozialpsychologie des Internet. Die Bedeutung des Internet für Kommunikationsprozesse, Identitäten, soziale Beziehungen und Gruppen. Göttingen et al.

DOWD, Timothy J. (2004): Production perspectives in the sociology of music. In: Peterson, Richard A./Dowd, Timothy (ed.): Music in Society. The Sociological Agenda. In: Poetics, Vol. 32, 235–246.

du GAY, Paul (ed.) (1997): Production of Culture. Cultures of Production. Milton Keynes.

du GAY, Paul/NEGUS, Keith (1994): The Changing Sites of Sound: Music Retailing and the Composition of Consumers. In: Media, Culture and Society, Vol. 16, 395–413.

DURKHEIM, Èmile (1976): Die Regeln der soziologischen Methode. Neuwied et al.

ECKERT, Roland/JACOB, Rüdiger (1994): Kultur- oder Freizeitsoziologie? Fragen an Gerhard Schulze. In: Soziologische Revue, 17. Jg., 131–137.

EDER, Klaus (Hg.) (1989): Klassenlage, Lebensstil und kulturelle Praxis. Theoretische und empirische Beiträge zur Auseinandersetzung mit Pierre Bourdieus Klassentheorie. Frankfurt am Main.

EDER, Klaus (1989): Klassentheorie als Gesellschaftstheorie. Bourdieus dreifache kulturtheoretische Brechung der traditionellen Klassentheorie. In: Ders. (Hg.): Klassenlage, Lebensstil und kulturelle Praxis. Theoretische und empirische Beiträge zur Auseinandersetzung mit Pierre Bourdieus Klassentheorie. Frankfurt am Main, 15–43.

EGLOFF, Daniel (2002): Digitale Demokratie: Mythos oder Realität? Auf den Spuren der demokratischen Aspekte des Internets und der Computerkultur. Wiesbaden.

EHLERS, Ulf-Daniel (2005): Qualitative Onlinebefragung. In: Mikos, Lothar/ Wegener, Claudia (Hg.): Qualitative Medienforschung. Ein Handbuch. Konstanz, 279–290.

EISENSTADT, Samuel N. (1965): Altersgruppen und Sozialstruktur. In: Friedeburg, Ludwig v. (Hg.): Jugend in der modernen Gesellschaft. Köln/Berlin, 49–81.

ELGESEM, Dag (2002): What is special about the ethical issues in online research? In: Ethics and Information Technology, Vol. 4 (3), 195–203.

EMMISON, Michael (2003): Social class and cultural mobility. Reconfiguring the cultural omnivore thesis. In: Journal of Sociology, Vol. 39 (3), 211–230.

ERICKSON, Bonnie H. (1996): Culture, Class, and Connections. In: The American Journal of Sociology, Vol. 102 (1), 217–251.

ESTALELLA, Adolfo/ARDÈVOL, Elisenda (2007): Ética de campo: hacia una ética situada para la investigación etnográfica de internet. In: Forum Qualitative Sozialforschung 8 (3), Art. 2. Verfügbar unter: http://nbn-resolving.de/urn:nbn:de:0114-fqs070328 [Zugriff am 5. Juni 2008].

EYERMAN, Ron/RING, Magnus (1998): Towards a New Sociology of Art Worlds: Bringing Meaning Back in. In: Acta Sociologica, Vol. 41, 277–283.

EYSENBACH, Gunther/TILL, James E. (2001): Ethical issues in qualitative research on internet communities. In: British Medical Journal 323, 1103–1105.

FAVARO, Donata/FRATESCHI, Carlofilippo (2007): A discrete choice model of consumption of cultural goods: the case of music. In: Journal of Cultural Economics, Vol. 31 (3), 205–234.

FEATHERSTONE, Mike (1991): Consumer Culture & Postmodernism. London et al.

FELD, Steven (2005): Communication, Music, and Speech about Music. In: Keil, Charles/Feld, Steven: Music Grooves. Essays and Dialogues. Tucson, 77–95.

FIELDING, Nigel/LEE, Raymond M./BLANK, Grant (ed.) (2008): The Sage Handbook of Online Research Methods. Los Angeles.

FINE, Gary A. (1992): The Culture of Production: Aesthetic Choices and Constraints in Culinary Work. In: American Journal of Sociology, Vol. 97, 1268–1294.

FINNEGAN, Ruth (1989): The hidden musicians. Music-making in an English town. Cambridge et al.

FISCH, Martin/SCHEIDLE, Christoph (2008): Ergebnisse der ARD/ZDF-Onlinestudie 2008: Mitmachnetz Web 2.0: Rege Beteiligung nur in Communitys. In: Media Perspektiven 7/2008, 356–364.

FISKE, John (1989): Understanding Popular Culture. London.

FISKE, John (1992): The Cultural Economy of Fandom. In: Lewis, Lisa A. (ed.): The Adoring Audience. Fan Culture and Popular Media. London/New York, 30–49.

FISKE, John (2000): Lesarten des Populären. Wien.

FÖRNAS, Johan (1995): The future of rock: discourses that struggle to define a genre. In: Popular Music, Vol. 14 (1), 111–125.

FOUCAULT, Michel (1970): Die Ordnung des Diskurses. Frankfurt am Main et al.

FOUCAULT, Michel (1973): Archäologie des Wissens. Frankfurt am Main.

FOWLER, Bridget (1997): Pierre Bourdieu and cultural theory. Critical investigations. London et al.

FRANK, Thomas/WEILAND, Matt (ed.) (1997): Commodify Your Dissent. New York/London.

FRITH, Simon (1981a): Jugendkultur und Rockmusik. London.

FRITH, Simon (1981b): ‚The magic that can set you free': the ideology of folk and the myth of the rock community. In: Popular Music, Vol. 1, 159–168.

FRITH, Simon (1987): Towards an aesthetic of popular music. In: Leppert, Richard/McClary, Susan (ed.): Music and Society. The politics of composition, performance and reception. Cambridge, 133–149.

FRITH, Simon (1991): The good, the bad, and the indifferent: Defending popular culture from the populists. In: Diacritics, Vol. 21 (4), 102–115.

FRITH, Simon (1996): Performing Rites. On the Value of Popular Music. London.

FRITH, Simon (1999): Musik und Identität. In: Engelman, Jan (Hg.): Die kleinen Unterschiede. Der Cultural Studies-Reader. Frankfurt am Main, 149–169.

FRÖHLICH, Gerhard/REHBEIN, Boike (Hg.) (2009): Bourdieu-Handbuch. Leben – Werk – Wirkung. Stuttgart et al.

FRÜH, Doris (2000): Die soziale Welt per Internet: Online-Einblicke in die Alltagstheorien von „Zweitfrauen". Eine methodologische und empirische Studie zum Einsatz computervermittelter Kommunikation als Instrument qualitativer Datenerhebung. Aachen.

FUCHS-HEINRITZ, Werner/KÖNIG, Alexandra (2005): Pierre Bourdieu. Eine Einführung. Konstanz.

FUHR, Michael (2007): Populäre Musik und Ästhetik. Die historisch-philosophische Rekonstruktion einer Geringschätzung. Bielefeld.

GALLERY, Heike (2000): „bin ich-klick-ich" – Variable Anonymität im Chat. In: Thimm, Caja (Hg.): Soziales im Netz. Sprache, Beziehungen und Kommunikationskulturen im Internet. Opladen/Wiesbaden, 71–88.

GANS, Herbert (1974): Popular Culture and High Culture: An Analysis and Evaluation of Taste. New York.

GARCÍA-ÁLVAREZ, Maria Ercilia/KATZ-GERRO, Tally/LÓPES-SINTAS, Jordi (2007): Deconstructing Cultural Omnivorousness 1982-2002: Heterology in Americans' Musical Preferences. In: Social Forces, Vol. 86 (2), 417–443.

GAUBE, Peter/PUCKO, Katrin/WEISSENSTEINER, Andreas (2007): Das Phänomen Fantum am Beispiel von Tokio Hotel-Fans. In: Reicher, Dieter/Fleiß, Jürgen/Höllinger, Franz (Hg.): Musikszenen und Lebenswelten. Empirische Beiträge zur Musiksoziologie (Schriftenreihe extempore Band 7). Wien, 37–62.

GEBAUER, Gunter/WULF, Christoph (Hg.) (1993): Praxis und Ästhetik. Neue Perspektiven im Denken Pierre Bourdieus. Frankfurt am Main.

GEBESMAIR, Andreas (1998): Musikgeschmack und Sozialstruktur. Zum Begriff „Omnivore" in der amerikanischen Kultursoziologie der 90er Jahre. In: Österreichische Zeitschrift für Soziologie, 23. Jg., 5–22.

GEBESMAIR, Andreas (2001): Grundzüge einer Soziologie des Musikgeschmacks. Wiesbaden.

GEBESMAIR, Andreas (2004): Renditen der Grenzüberschreitung. Zur Relevanz der Bourdieuschen Kapitaltheorie für die Analyse sozialer Ungleichheiten. In: Soziale Welt, 55. Jg., Heft 2, 181–203.

GEBESMAIR, Andreas (2006): Von der „Kultur für alle" zur „Allesfresser"-Kultur – Unintendierte Folgen der Kulturpolitik. In: Rehberg, Karl-Siegbert (Hg.): Soziale Ungleichheit, Kulturelle Unterschiede. Verhandlungen des 32. Kongresses der Deutschen Gesellschaft für Soziologie in München 2004 (Teilband 2). Frankfurt am Main/New York, 882–897.

GEBESMAIR, Andreas (2008): Die Fabrikation globaler Vielfalt. Struktur und Logik der transnationalen Popmusikindustrie. Bielefeld.

GEIßLER, Rainer (1996): Kein Abschied von Klasse und Schicht. Ideologische Gefahren der deutschen Sozialstrukturanalyse. In: Kölner Zeitschrift für Soziologie und Sozialpsychologie, 48. Jg., Heft 2, 319–338.

GOFFMAN, Erving (1976): Wir alle spielen Theater. Selbstdarstellung im Alltag. München.

GÖTTLICH, Udo (1996): Kritik der Medien. Reflexionsstufen kritisch-materialistischer Medientheorien am Beispiel von Leo Löwenthal und Raymond Williams. Opladen.

GRÄF, Lorenz (1997): Locker verknüpft im Cyberspace – Einige Thesen zu Änderung sozialer Netzwerke durch die Nutzung des Internet. In: Gräf, Lorenz/Krajewski, Markus (Hg.): Soziologie des Internet. Handeln im elektronischen Web-Werk. Frankfurt/New York, 99–124.

GRÄF, Lorenz/KRAJEWSKI, Markus (Hg.) (1997): Soziologie des Internet. Handeln im elektronischen Web-Werk. Frankfurt/New York.

GRAMSCI, Antonio (1971): Selections from the Prison Notebooks. London.

GRAZIAN, David (2004): The Symbolic Economy of Authenticity in the Chicago Blues Scene. In: Bennett, Andy/Peterson, Richard (ed.): Music Scenes. Nashville, 31–47.

GRISWOLD, Wendy (1981): American Character and the American Novel: An Expansion of Reflection Theory in the Sociology of Literature. In: American Journal of Sociology, Vol. 86, 740–765.

GROSSBERG, Lawrence (1986): Is there rock after punk? In: Frith, Simon/Goodwin, Andrew (ed.): On record: rock, pop and the written word. New York, 111–123.

GROSSBERG, Lawrence (1994): Was besagt ein Name? In: IKUS-Lectures, 3. Jg., Nr. 17+18, 11–40.

GROSSBERG (2000): What's going on? Cultural Studies und Popularkultur. Wien.

GUILLÉN, Mauro F./SUÁREZ, Sandra L. (2005): Explaining the Global Digital Divide: Economic, Political and Sociological Drivers of Cross-National Internet Use. In: Social Forces, Vol. 84 (2), 681–708.

HALL, Stuart (1981): Cultural Studies: two paradigms. In: Bennett, Tony/Graham, Martin/Colin, Mercer/Woollacott, Janet (ed.): Culture, Ideology and Social Process. A Reader. London, 19–37.

HALL, Stuart (1999): Kodieren/Dekodieren. In: Bromley, Roger/Göttlich, Udo/Winter, Carsten (Hg.): Cultural Studies. Grundlagentexte zur Einführung. Lüneburg, 92–110.

HALL, Stuart (2004): Ideologie, Identität, Repräsentation. Ausgewählte Schriften 4. Hamburg.

HALL, Stuart/WHANNEL, Paddy (1964): The popular arts. London et al.

HALL, Stuart/JEFFERSON, Tony (ed.) (1976): Resistance through Rituals. Youth subcultures in post-war Britain. London.

HALNON, Karen B. (2005): Alienation Incorporated: ‚F*** the Mainstream Music' in the Mainstream. In: Current Sociology, Vol. 53 (3), 441–464.

HARRINGTON, C. Lee/ BIELBY, Denise D. (2001): Constructing the Popular: Cultural Production and Consumtion. In: Harrington, C. Lee/ Bielby, Denise D. (ed.): Popular Culture: Production and Consumtion. Malden/Oxford, 1–15.

HARTMANN, Michael (2002): Der Mythos von den Leistungseliten. Spitzenkarrieren und soziale Herkunft in Wirtschaft, Politik, Justiz und Wissenschaft. Frankfurt am Main.

HARTMANN, Peter H. (1999) : Lebensstilforschung. Darstellung, Kritik und Weiterentwicklung. Opladen.

HASELAUER, Elisabeth (1980): Handbuch der Musiksoziologie. Wien et al.

HEBDIGE, Dick (1979): Subculture. The meaning of style. London et al.

HEPP, Andreas (1999): Cultural Studies und Medienanalyse. Eine Einführung. Opladen/Wiesbaden.

HEPP, Andreas/KROTZ, Friedrich/THOMAS, Tanja (Hg.) (2009): Schlüsselwerke der Cultural Studies. Wiesbaden.

HERMANN, Dieter (2004): Bilanz der empirischen Lebensstilforschung. In: Kölner Zeitschrift für Soziologie und Sozialpsychologie, 56. Jg., Heft 1, 153–179.

HERRING, Susan C. (ed.) (1996a): Computer-Mediated Communication. Linguistic, social and cross-cultural perspectives. Amsterdam/Philadelphia.

HERRING, Susan C. (1996b): Linguistic and Critical Analysis of Computer-Mediated Communication: Some Ethical and Scholarly Considerations. In: The Information Society, Vol. 12 (2), 153–168.

HEUGER, Markus (1998): „Don't call my music Popularmusik!" Anmerkungen zu einem akademischen Phantom. In: Hoffmann, Bernd/Rösing, Helmut (Hg.): … und der Jazz ist nicht von Dauer. Aspekte afroamerikanischer Musik. Karben, 407–427.

HINE, Christine (ed.) (2005): Virtual Methods. Issues in Social Research on the Internet. Oxford.

HITZLER, Ronald/HONER, Anne (Hg.) (1997): Sozialwissenschaftliche Hermeneutik. Eine Einführung. Opladen.

HOLT, Douglas B. (1995): How consumers consume: A typology of consumption practices. In: Journal of Consumer Research, Vol. 22, 1–16.

HOLT, Douglas B. (1997): Distinction in America? Recovering Bourdieu's theory of tastes from its critics. In: Poetics, Vol. 25, 93–120.

HONNETH, Axel (Hg.) (1979): Jugendkultur als Widerstand. Milieus, Rituale, Provokationen. Frankfurt am Main.

HONNETH, Axel (1984): Die zerrissene Welt der symbolischen Formen. Zum kultursoziologischen Werk Pierre Bourdieus. In: Kölner Zeitschrift für Soziologie und Sozialpsychologie, 36. Jg., Heft 3, 147–120.

HORAK, Roman (1999): Cultural Studies in Germany (and Austria) and why there is no such thing. In: European Journal of Cultural Studies, Vol. 2, 109–115.

HORKHEIMER, Max/ADORNO, Theodor W. (1975): Dialektik der Aufklärung. Philosophische Fragmente. Frankfurt am Main.

HOSER, Bettina/NITSCHKE, Tanja (2010): Questions on ethics for research in the virtually connected world. In: Social Networks, Vol. 32, 180–186.

HRADIL, Stefan (1987): Sozialstrukturanalyse in einer fortgeschrittenen Gesellschaft. Opladen.

HRADIL, Stefan (1989): System und Akteur. Eine empirische Kritik der soziologischen Kulturtheorie Pierre Bourdieus. In: Eder, Klaus (Hg.): Klassenlage, Lebensstil und kulturelle Praxis. Theoretische und empirische Beiträge zur Auseinandersetzung mit Pierre Bourdieus Klassentheorie. Frankfurt am Main, 111–141.

HRADIL, Stefan (2001): Eine Alternative? Einige Anmerkungen zu Thomas Meyers Aufsatz „Das Konzept der Lebensstile in der Sozialstrukturforschung". In: Soziale Welt, 52. Jg., Heft 3, 273–282.

HRADIL, Stefan (2005): Warum werden die meisten entwickelten Gesellschaften wieder ungleicher? In: Windolf, Paul (Hg.): Finanzmarkt-Kapitalismus. Analysen zum Wandel von Produktionsregimen (Kölner Zeitschrift für Soziologie und Sozialpsychologie Sonderheft 45). Wiesbaden, 460–483.

HÜGEL, Hans-Otto (2003): Einführung. In: Ders. (Hg.): Handbuch Populäre Kultur. Begriffe, Theorien und Diskussionen. Stuttgart et al., 1–22.

HUNSINGER, Jeremy/KLASTRUP, Lisbeth/ALLEN, Matthew (ed.) (2010): International Handbook of Internet Research. Dordrecht et al.

ILLING, Frank (2006): Kitsch, Kommerz und Kult. Soziologie des schlechten Geschmacks. Konstanz.

INGLEHART, Ronald (1990): Culture Shift in Advanced Industrial Society. Princeton.

INHETVEEN, Katharina (1997): Musiksoziologie in der Bundesrepublik Deutschland. Eine kritische Bestandsaufnahme. Opladen.

ISKE, Stefan/KLEIN, Alexandra/KUTSCHER, Nadia (2004): Nutzungsdifferenzen als Indikator für soziale Ungleichheit im Internet. In: kommunikation&gesellschaft, 5. Jg., Beitrag 3. Verfügbar unter: http://www-soz.unifrankfurt.de/K.G/B3_2004_Iske_Klein:_Kutschert.pdf [Zugriff am 15. Februar 2009].

JÄCKEL, Michael/LENZ, Thomas/ZILLIEN, Nicole (2005): Stadt-Land-Unterschiede der Internetnutzung. Eine empirische Untersuchung der regionalen digitalen Spaltung. In: Medien+Erziehung, 2005/06, 17–28.

JACKOB, Nikolaus/SCHOEN, Harald/ZERBACK, Thomas (Hg.) (2009): Sozialforschung im Internet: Methodologie und Praxis der Online-Befragung. Wiesbaden.

JÄGER, Siegfried (1993): Kritische Diskursanalyse. Duisburg.

JENKINS, Richard (1992): Pierre Bourdieu. London et al.

JENSEN, Joli (1984): An Interpretative Approach to Cultural Production. In: Rowland, Willard D./Watikins, Bruce (ed.): Interpreting Television. London, 98–118.

JOHNS, Mark D. (ed.) (2004): Online social research. Methods, issues & ethics. New York et al.

JOHNSTON, Josée/BAUMANN, Shyon (2007): Democracy versus Distinction: A Study of Omnivorousness in Gourmet Food Writing. In: American Journal of Sociology, Vol. 113, 165–204.

JONES, Steven G. (ed.) (1995): Cybersociety. Computer-mediated communication and community. London et al.

JONES, Steven G. (ed.) (1997): Virtual Culture. Identity and Communication in Cybersociety. London et al.

JONES, Steven G. (ed.) (1999): Doing Internet Research. Critical Issues and Methods for Examing the Net. Thousand Oaks et al.

KADEN, Christian (1984): Musiksoziologie. Berlin.

KANT, Immanuel (1991): Kritik der Urteilskraft. Stuttgart.

KAPNER, Gerhardt (1991): Die Kunst in Geschichte und Gesellschaft. Aufsätze zur Sozialgeschichte und Soziologie der Kunst. Wien et al.

KATZ-GERRO, Tally (1999): Cultural Consumption and Social Stratification: Leisure activities, musical tastes, and social location. In: Sociological Perspectives, Vol. 42 (4), 627–646.

KATZ-GERRO, Tally (2004): Cultural Consumption Research: Review of Methodology, Theory, and Consequence. In: International Review of Sociology, Vol. 14 (1), 11–29.

KATZ-GERRO, Tally/RAZ, Sharon/YAISH, Meir (2007): Class, status, and the intergenerational transmission of musical tastes in Israel. In: Poetics, Vol. 35, 152–167.

KEALY, Edward R. (1982): Conventions and the Production of the Popular Music Aesthetic. In: Journal of Popular Culture Vol. 16, 100–115.

KELLER, Reiner (2004): Diskursforschung. Eine Einführung für SozialwissenschaftlerInnen. Wiesbaden.

KELLER, Reiner (2005): Wissenssoziologische Diskursanalyse. Grundlegung eines Forschungsprogramms. Wiesbaden.

KENDALL, Lori (1999): Recontextualizing „Cyberspace". Methodological Considerations for On-line Research. In: Jones, Steve (ed.): Doing Internet Research. Critical Issues and Methods for Examing the Net. Thousand Oaks et al., 57–74.

KIESLER, Sara/SIEGEL, Jane/McGUIRE, Timothy W. (1984): Social Psychological Aspects of Computer-Mediated Communication. In: American Psychologist, Vol. 39 (10), 1123–1134.

KING, Storm A. (1996): Researching Internet Communities: Proposed Ethical Guidelines for the Reporting of Results. In: The Information Society, Vol. 12 (2), 119–128.

KIVITS, Joëlle (2005): Online Interviewing and the Research Relationship. In: Hine, Christine (ed.): Virtual Methods. Issues in Social Research on the Internet. Oxford, 35–49.

KLEINEN, Günter (1986): Funktionen der Musik und implizite ästhetische Theorien der Hörer. In: Behne, Klaus-Ernst/Kleinen, Günter/Motte-Haber, Helga de la (Hg.): Musikpsychologie. Empirische Forschungen – Ästhetische Experimente (Jahrbuch der Deutschen Gesellschaft für Musikpsychologie Band 3). Wilhelmshaven, 73–90.

KNEIDINGER, Bernadette (2010): Facebook und Co. Eine soziologische Analyse von Interaktionsformen in Online Social Networks. Wiesbaden.

KNEIF, Tibor (1971): Musikästhetik. In: Dahlhaus, Carl (Hg.): Einführung in die systematische Musikwissenschaft. Laaber, 133–169.

KNEIF, Tibor (1977): Ästhetische und nichtästhetische Wertungskriterien in der Rockmusik. In: Sandner, Wolfgang (Hg.): Rockmusik. Aspekte zur Geschichte, Ästhetik, Produktion. Mainz, 101–112.

KNÜNZ, Melanie (2007): Kommunikation in Online-Postings. Das Thema PISA-Studie in Online-Postings österreichischer Tageszeitungen. Diplomarbeit Universität Innsbruck.

KOLLOCK, Peter/McSMITH, Marc (1996): Managing the Virtual Commons: Cooperation and Conflict in Computer Communities. In: Herring, Susan C. (ed.): Computer-Mediated Communication. Linguistic, social and cross-cultural perspectives. Amsterdam/Philadelphia, 109–128.

KRAEMER, Klaus (2010): Abstiegsängste in Wohlstandslagen. In: Burzan, Nicole/Berger, Peter A. (Hg.): Dynamiken (in) der gesellschaftlichen Mitte. Wiesbaden, 201–229.

KRAIS, Beate (1983): Bildung als Kapital. Neue Perspektiven für die Analyse der Sozialstruktur? In: Kreckel, Reinhard (Hg.): Soziale Ungleichheiten (Soziale Welt Sonderband 2). Göttingen, 199–220.

KRUSE, Holly (1993): Subcultural identity in alternative music culture. In: Popular Music, Vol. 12 (1), 33–41.

KUCKARTZ, Udo (2007): Einführung in die computergestützte Analyse qualitativer Daten. Wiesbaden.

LAHIRE, Bernard (2008): The individual and the mixing of genres: Cultural dissonance and self-distinction. In: Poetics, Vol. 36, 166–188.

LAMONT, Michèle (1992): Money, Morals, Manners. The Culture of the French and the American Upper-Middle Class. Chicago/London.

LAMONT, Michèle/LAREAU, Annette (1988): Cultural Capital: Allusions, Gaps and Glissandos in Recent Theoretical Developments. In: Sociological Theory, Vol. 6, 153–168.

LAMONT, Michèle/FOURNIER, Marcel (ed.) (1992): Cultivating Differences: Symbolic Boundaries and the Making of Inequality. Chicago.

LAMONT, Michèle/MOLNÁR, Virág (2002): The Study of Boundaries in the Social Sciences. In: Annual Review of Sociology, Vol. 28, 167–195.

LEA, Martin (ed.) (1992): Contexts of Computer-Mediated Communication. London.

LEA, Martin/O'SHEA, Tim/FUNG, Pat/SPEARS, Russel (1992): „Flaming" in computer-mediated communication: Observations, explanations, implications. In: Lea, Martin (ed.): Contexts of computer-mediated communication. London, 89–112.

LEACH, Elizabeth Eva (2001): Vicars of Wannabe: Authenticity and the Spice Girls. In: Popular Music, Vol. 20 (2), 143–167.

LEGGEWIE, Claus/MAAR, Christa (Hg.) (1998): Internet & Politik. Von der Zuschauer- zur Beteiligungsdemokratie? Köln.

LONGHURST, Brian (2007): Popular Music and Society. Cambridge/Malden.

LOPES, Paul (2002): The Rise of a Jazz Art World. Cambridge.

LÓPEZ SINTAS, Jordi/GARCÍA ÁLVAREZ, Ercilia (2002): Omnivores show up again: the segmentation of cultural consumers in Spanish social space. In: European Sociological Review, Vol. 18 (3), 353–368.

LÓPEZ SINTAS, Jordi/KATZ-GERRO, Tally (2005): From exclusive to inclusive elitists and further: Twenty years of omnivorousness and cultural diversity in arts participation in the USA. In: Poetics, Vol. 33, 299–319.

LÓPES-SINTAS, Jordi/GARCÍA-ÁLVAREZ, Ercilia/FILIMON, Nela (2008): Scale and periodicities of recorded music consumption: Reconciling Bourdieu's theory of taste with facts. In: Sociological Review, Vol. 56 (1), 78–101.

LÜDERS, Christian/MEUSER, Michael (1997): Deutungsmusteranalyse. In: Hitzler, Ronald/Honer, Anne (Hg.): Sozialwissenschaftliche Hermeneutik. Opladen, 57–79.

LUTTER, Christina/REISENLEITNER, Markus (2002): Cultural Studies. Eine Einführung. Wien.

MANN, Chris/STEWART, Fiona (2000): Internet Communication and Qualitative Research. A Handbook for Researching Online. London et al.

MANNHEIM, Karl (1970): Wissenssoziologie. Auswahl aus dem Werk. Neuwied.

McGUIGAN, Jim (1992): Cultural Populism. London/New York.

McLAUGHLIN, Margaret L./OSBORNE, Kerry K./SMITH, Christine B. (1995): Standards of Conduct on Usenet. In: Jones, Steven G. (ed.): Cybersociety. Computer-mediated communication and community. London et al., 90–111.

MEHUS, Ingar (2005): Distinction through sport consumption. Spectators of Soccer, Basketball, and Ski-jumping. In: International Review for the Sociology of Sport, Vol. 40 (3), 321–333.

MEUSER, Michael (1998): Geschlecht und Männlichkeit. Soziologische Theorie und kulturelle Deutungsmuster. Opladen.

MEUSER, Michael (2003): Deutungsmusteranalyse. In: Bohnsack, Ralf/Marotzki, Winfried/Meuser, Michael (Hg.): Hauptbegriffe Qualitativer Sozialforschung. Opladen, 31–33.

MEUSER, Michael/SACKMANN, Reinhold (Hg.) (1992): Analyse sozialer Deutungsmuster. Paffenweiler.

MEYER, Heinz-Dieter (2000): Taste formation in pluralistic societies: the role of rhetorics and institutions. In: International Sociology, Vol. 15 (1), 33–56.

MEYER, Thomas (2001): Das Konzept der Lebensstile in der Sozialstrukturforschung – eine kritische Bilanz. In: Soziale Welt, 52. Jg., Heft 3, 255–272.

MIDDLETON, Richard (2001): Popular music. In: Sadie, Stanley (Hg.): New Grove Dictionary of Music and Musicians. London, 128–153.

MIKOS, Lothar (1999): Die Rezeption des Cultural Studies Approach im deutschsprachigen Raum. In: Hepp, Andreas/Winter, Rainer (Hg.): Kultur – Medien – Macht. Cultural Studies und Medienanalyse. Opladen, 161–171.

MILLER, Max (1989): Systematisch verzerrte Legitimationsdiskurse. Einige kritische Überlegungen zur Bourdieus Habitustheorie. In: Eder, Klaus (Hg.): Klassenlage, Lebensstil und kulturelle Praxis. Theoretische und empirische Auseinandersetzung mit Pierre Bourdieus Klassentheorie. Frankfurt am Main, 191–219.

MOORE, Allan F. (2001): Categorical Conventions in Music Discourse: Style and Genre. In: Music&Letters, Vol. 82 (3), 432–442.

MOORE, Allan F. (2002): Authenticity as authentication. In: Popular Music, Vol. 21 (2), 209–223.

MORLEY, David (1980): The nationwide audience. Structure and decoding. London.

MORRIS, Meaghan (1990): Banality in Cultural Studies. In: Mellencamp, Patricia (ed.): Logics of Television. Essays in Cultural Criticism. Bloomington, 14–43.

MÖRTH, Ingo/FRÖHLICH, Gerhard (Hg.) (1994): Das symbolische Kapital der Lebensstile. Zur Kultursoziologie der Moderne nach Pierre Bourdieu. Frankfurt am Main.

MOTTE-HABER, Helga de la/NEUHOFF, Hans (Hg.) (2007): Musiksoziologie (Handbuch der systematischen Musikwissenschaft Band 4). Laaber.

MÜLLER, Hans-Peter (1986): Kultur, Geschmack und Distinktion. Grundzüge der Kultursoziologie Pierre Bourdieus. In: Neidhardt, Friedhelm/Lepsius, Rainer M./Weiß, Johannes (Hg.): Kultur und Gesellschaft (Kölner Zeitschrift für Soziologie und Sozialpsychologie Sonderheft 27). Opladen, 162–190.

MÜLLER, Hans-Peter (1989): Lebensstile. Ein neues Paradigma der Differenzierungs- und Ungleichheitsforschung? In: Kölner Zeitschrift für Soziologie und Sozialpsychologie, 41. Jg., Heft 1, 53–71.

MÜLLER, Hans-Peter (1992): Sozialstruktur und Lebensstile. Der neuere theoretische Diskurs über soziale Ungleichheit. Frankfurt am Main.

MÜLLER, Hans-Peter (2005): Handeln und Struktur. Pierre Bourdieus Praxeologie. In: Colliot-Thélène, Catherine/Francois, Etienne/Gebauer, Gunter (Hg.): Pierre Bourdieu: Deutsch-französische Perspektiven. Frankfurt am Main, 21–42.

MÜLLER, Renate (2006): Empirische Ästhetik. Präsentative Erforschung sozialästhetischer Umgehensweisen mit Musik und Gender. In: Ludwigsburger Beiträge zur Medienpädagogik, 9/2006, 1.

MÜLLER, Renate/GLOGNER, Patrick/REIHN, Stefanie/HEIM, Jens (Hg.) (2002a): Wozu Jugendliche Musik und Medien gebrauchen. Jugendliche Identität und musikalische und mediale Geschmacksbildung. Weinheim/München.

MÜLLER, Renate/GLOGNER, Patrick/RHEIN, Stefanie/HEIM, Jens (2002b): Zum sozialen Gebrauch von Musik und Medien durch Jugendliche. Überlegungen im Lichte kultursoziologischer Theorien. In: Müller, Renate/Glogner, Patrick/Rhein, Stefanie/Heim, Jens: Wozu Jugendliche Musik und Medien gebrauchen. Jugendliche Identität und musikalische und mediale Geschmacksbildung. Weinheim/München, 9–26.

MÜLLER, Renate/RHEIN, Stefanie/CALMBACH, Marc (2006): „What a difference does it make?" Die empirische Ästhetik von The Smiths: Eine audiovisuelle Studie zur sozialen Bedeutung des Musikgeschmacks. In: Ludwigsburger Beiträge zur Medienpädagogik, 9/2006, 2–8.

MÜLLER-SCHNEIDER, Thomas (1994): Schichten und Erlebnismilieus. Der Wandel der Milieustruktur in der Bundesrepublik Deutschland. Wiesbaden.

MURDOCK, Graham/McCRON, Robin (1973): Scoobies, Skins and Contemporary Pop. In: New Society 29, 690–692.

MURDOCK, Graham/McCRON, Robin (1979): Klassenbewusstsein und Generationsbewusstsein. In: Honneth, Axel (Hg.): Jugendkultur als Widerstand: Milieus, Rituale, Provokationen. Frankfurt am Main, 15–38.

MURTHY, Dhiraj (2008): Digital Ethnography: An Examination of the Use of New Technologies for Social Research. In: Sociology, Vol. 42 (5), 837–855.

NECKEL, Sighard/SUTTERLÜTY, Ferdinand (2008): Negative Klassifikationen und die symbolische Ordnung sozialer Ungleichheit. In: Neckel, Sighard/Soeffner, Hans-Georg (Hg.): Mittendrin im Abseits. Ethnische Gruppenbeziehungen im lokalen Kontext. Wiesbaden, 15–25.

NEGUS, Keith (1996): Popular Music in Theory. An Introduction. Hanover/London.

NEUHOFF, Hans (2001): Wandlungsprozesse elitärer und populärer Geschmackskultur? Die „Allesfresser-Hypothese" im Ländervergleich USA/Deutschland. In: Kölner Zeitschrift für Soziologie und Sozialpsychologie, 53. Jg., Heft 4, 751–772.

NORDEN, Gilbert (2004): Tennis in Österreich – Eine Prestigesportart im gesellschaftlichen Wandel. In: SWS-Rundschau, 42. Jg., Heft 2, 206–226.

NORRIS, Pippa (2001): Digital Divide? Civic Engagement, Information Poverty, and the Internet Worldwide. Cambridge.

O'BRIEN, Jodi (1999): Writing in the body. Gender (re)production in online interaction. In: Smith, Marc A./Kollock, Peter (ed.): Communities in Cyberspace. London/New York, 76–104.

O'CONNOR, Henrietta/MADGE, Clare (2004): Using the internet for the collection of qualitative data. In: Becker, Saul/Bryman, Alan (ed.): Understanding Research for Social Policy and Practice. Bristol, 294–298.

OEVERMANN, Ulrich/ALLERT, Tilman/KONAU, Elisabeth/KRAMBECK, Jürgen (1979): Die Methodologie einer „objektiven Hermeneutik" und ihre allgemeine forschungslogische Bedeutung in den Sozialwissenschaften. In: Soeffner, Hans Georg (Hg.): Interpretative Verfahren in den Sozial- und Textwissenschaften. Stuttgart, 352–434.

OEVERMANN, Ulrich (2001a): Zur Analyse der Struktur von sozialen Deutungsmustern. In: sozialer sinn, 1/2001, 3–33.

OEVERMANN, Ulrich (2001b): Die Struktur sozialer Deutungsmuster – Versuch einer Aktualisierung. In: sozialer sinn, 1/2001, 35–81.

OLLIVIER, Michèle (2008): Modes of openness to cultural diversity: Humanist, populist, practical, and indifferent. In: Poetics, Vol. 36, 120–147.

OLLIVIER, Michèle/FRIDMAN, Viviana (2001): Taste and Taste Culture. In: Smelser, Neil J. (ed.): International Encyclopedia of the Social and Behavioral Sciences. Amsterdam et al., 15442–15447.

OTTE, Gunnar (2004): Sozialstrukturanalysen mit Lebensstilen. Eine Studie zur theoretischen und methodischen Neuorientierung der Lebensstilforschung. Wiesbaden.

OTTE, Gunnar (2005): Hat die Lebensstilforschung eine Zukunft? Eine Auseinandersetzung mit aktuellen Bilanzierungsversuchen. In: Kölner Zeitschrift für Soziologie und Sozialpsychologie, 57. Jg., Heft 1, 1–31.

OTTE, Gunnar (2008): Lebensstil und Musikgeschmack. In: Gensch, Gerhard/ Stöckler, Eva Maria/Tschmuck, Peter (Hg.): Musikrezeption, Musikdistribution und Musikproduktion. Der Wandel des Wertschöpfungsnetzwerks in der Musikwirtschaft. Wiesbaden, 25–56.

PACCAGNELLA, Luciano (1997): Getting the seats of your pants dirty: Strategies for ethnographic research on virtual communities. In: Journal of Computer-Mediated Communication, 3 (1). Verfügbar unter: http://jcmc.indiana.edu/ vol3/issue1/paccagnella.htm [Zugriff am 15. Februar 2009].

PARZER, Michael (2003): Zwischen postmoderner Beliebigkeit und subkultureller Identitätsstiftung? Stilelemente und kollektive Orientierungen in der Skaterszene. Diplomarbeit Universität Wien.

PARZER, Michael (Hg.) (2004): Musiksoziologie remixed. Impulse aus dem aktuellen kulturwissenschaftlichen Diskurs. Wien.

PARZER, Michael (2005): Alles beliebig? Zur identitätsstiftenden Praxis jugendkultureller Stilisierung in der Skaterszene. In: SWS-Rundschau, 45. Jg., Heft 2, 241–265.

PARZER, Michael (2009): „Ich hör' alles querbeet!" Zum Bedeutungsverlust von Authentizität als ethisches Bewertungskriterium populärer Musik. In: Samples. Online-Publikationen des Arbeitskreis Studium Populärer Musik (ASPM). 8. Jg., 1–18. Verfügbar unter: http://aspm.ni.lo-net2.de/samples-archiv/Samples8/parzer.pdf [Zugriff am 15. Dezember 2010].

PARZER, Michael (2010a): Leben mit Pop. Kulturelle Allesfresser im Netzwerkkapitalismus. In: Neckel, Sighard (Hg.): Kapitalistischer Realismus. Von der Kunstaktion zur Gesellschaftskritik. Frankfurt am Main, 165–183.

PARZER, Michael (2010b): Über Geschmack lässt sich nicht (mehr) streiten? Musikalische Vorlieben und Aversionen in der Popularkultur der Gegenwart. In: Soeffner, Hans-Georg (Hg.): Unsichere Zeiten: Herausforderungen gesellschaftlicher Transformationen. Verhandlungen des 34. Kongresses für Soziologie in Jena im Oktober 2008. CD-Rom.

PARZER, Michael/BRUNNER, Anja (2010): Ästhetiken populärer Musik. Auf der Suche nach dem Popularmusikalisch-Schönen. In: Brunner, Anja/Parzer, Michael (Hg.): pop:aesthetiken. Beiträge zum Schönen in der populären Musik (Band 2 der Schriftenreihe Werkstatt Populäre Musik). Innsbruck, 9–23.

PETERSON, Richard A. (1976): The Production of Culture. A Prolegomenon. In: American Behavioral Scientist, Vol. 19 (6), 669–684.

PETERSON, Richard A. (1979): Revitalizing the Culture Concept. In: Annual Review of Sociology, Vol. 5, 137–166.

PETERSON, Richard A. (1990): Why 1955? Explaining the advent of rock music. In: Popular Music, Vol. 9 (1), 97–116.

PETERSON, Richard A. (1992): Understanding audience segmentation: From elite and mass to omnivore and univore. In: Poetics, Vol. 21, 243–258.

PETERSON, Richard A. (1994): Culture Studies Through the Production Perspective: Progress and Prospects. In: Crane, Diana (ed.): The Sociology of Culture. Cambridge/Oxford, 163–189.

PETERSON, Richard A.(1997a): The rise and fall of highbrow snobbery as a status marker. In: Poetics, Vol. 25, 75–92.

PETERSON, Richard A. (1997b): Fabricating Authenticity. Creating Country Music. Chicago.

PETERSON, Richard A. (2005): Problems in comparative research: The example of omnivorousness. In: Poetics, Vol. 33, 257–282.

PETERSON, Richard A. (2007): Comment on Chan and Goldthorpe: Omnivore, what's in a name, what's in a measure? In: Poetics, Vol. 35, 301–305.

PETERSON, Richard A./SIMKUS, Albert (1992): How musical tastes mark occupational status groups. In: Lamont, Michèle/Fournier, Marcel (ed.): Cultivating differences. Symbolic boundaries and the making of inequality. Chicago/London, 152–186.

PETERSON, Richard A./KERN, Roger M. (1996): Changing highbrow taste: From snob to omnivore. In: American Sociological Review, Vol. 61, 900–907.

PETERSON, Richard A./ANAND, Narasimhan (2004): The Production of Culture Perspective. In: Annual Review of Sociology, Vol. 30, 311–334.

PETERSON, Richard A./BENNETT, Andy (2004): Introducing Music Scenes. In: Bennett, Andy/Peterson, Richard A. (ed.): Music Scenes: Local, Translocal, and Virtual. Nashville, 1–15.

PFLEIDERER, Martin (2009): Populäre Musik im Spannungsfeld von Ästhetik und Analyse. In: Musiktheorie. Zeitschrift für Musikwissenschaft, 24. Jg., Heft 2, 163–186.

PICKERING, Michael (1986): The dogma of authenticity in the experience of popular music. In: McGregor, Graham/White, Robert (ed.): The Art of Listening. London et al., 201–220.

PURHONEN, Semi/GRONOW, Jukka/RAHKONEN, Keijo (2010): Nordic democracy of taste? Cultural omnivorousness in musical and literary taste preferences in Finland. In: Poetics, Vol. 38, 266–298.

RAUCHFUß, Katja (2003): Sozi@le Netze. Zum Wandel sozialer Netzwerke durch die Nutzung des Internets. Marburg.

REDHEAD, Steve/STREET, John (1989): Have I the right? Legitimacy, authenticity and community in folk's politics. In: Popular Music, Vol. 8 (2), 177–184.

REGEV, Motti (1994): Producing Artistic Value: The Case of Rock Music. In: Sociological Quarterly, Vol. 35, 85–102.

REID, Elizabeth (1999): Hierarchy and power. Social control in cyberspace. In: Smith, Marc A./Kollock, Peter (ed.): Communities in Cyberspace. London/New York, 107–133.

RELISH, Michael (1997): It's not all education: network measures as sources of cultural competency. In: Poetics, Vol. 25, 121–139.

RHEINGOLD, Howard (1994): Virtuelle Gemeinschaft. Soziale Beziehungen im Zeitalter des Computers. Bonn et al.

RICHTER, Rudolf (Hg.) (1994): Sinnbasteln. Beiträge zur Soziologie der Lebensstile. Wien et al.

RICHTER, Rudolf (2005): Die Lebensstilgesellschaft. Wiesbaden.

RITCHIE, Jane/SPENCER, Liz/O'CONNOR, William (2003): Carrying out Qualitative Analysis. In: Ritchie, Jane/Lewis, Jane (ed.): Qualitative Research Practice. London et al., 219–262.

ROBINSON, John P./HIRSCH, Paul M. (1972): Teenage Response to Rock and Roll Protest Songs. In: Denisoff, R. Serge/Peterson, Richard A. (ed.): The Sounds of Social Change: Studies in Popular Culture. Chicago, 222–231.

ROBINSON, Laura (2005): Debating the Events of September 11th: Discursive and Interactional Dynamics in Three Online-Fora. In: Journal of Computer-Mediated Communication, Vol. 10 (4). Verfügbar unter: http://jcmc.indiana.edu/vol10/issue4/robinson.html [Zugriff am 15. Februar 2009].

ROLLE, Christian (2008): Warum wir Populäre Musik mögen und warum wir sie manchmal nicht mögen. Über musikalische Präferenzen, ihre Geltung und Bedeutung in ästhetischen Praxen. In: Bielefeldt, Christian/Dahmen, Udo/Grossmann, Rolf (Hg.): PopMusicology. Perspektiven der Popmusikwissenschaft. Bielefeld, 38–60.

RÖSING, Helmut (1996): Was ist „Populäre Musik"? – Überlegungen in eigener Sache. In: Ders. (Hg.): Regionale Stile und volksmusikalische Traditionen in populärer Musik (Beiträge zur Popularmusikforschung 17). Karben, 94–110.

RÖSSEL, Jörg (2003): Die Erlebnisgesellschaft zwischen Zeitdiagnose und Sozialstrukturanalyse. In: Österreichische Zeitschrift für Soziologie, 28. Jg., Heft 3, 82–101.

RÖSSEL, Jörg (2005): Plurale Sozialstrukturanalyse. Eine handlungstheoretische Rekonstruktion der Grundbegriffe der Sozialstrukturanalyse. Wiesbaden.

RÖSSEL, Jörg (2006): Allesfresser im Kinosaal? Distinktion durch kulturelle Vielfalt in Deutschland. In: Soziale Welt, 57. Jg., Heft 3, 259–272.

RÖSSEL, Jörg (2009): Kulturelles Kapital und Musikrezeption. Eine empirische Überprüfung von Bourdieus Theorie der Kunstwahrnehmung. In: Soziale Welt, 60. Jg., Heft 3, 239–257.

RÖSSLER, Patrick (Hg.) (1998): Online-Kommunikation. Beiträge zu Nutzung und Wirkung. Opladen/Wiesbaden.

SANDERS, Charles R. (1982): Structural and Interactional Features of Popular Culture Production: An Introduction to the Production of Culture Perspective. In: Journal of Popular Culture, Vol. 16, 66–74.

SANTORO, Marco (2008): Culture As (And After) Production. In: Cultural Sociology, Vol. 2, 7–31.

SAUSSURE, Ferdinand de (1967): Grundfragen der allgemeinen Sprachwissenschaft. Berlin.

SCHELSKE, Andreas (2007): Soziologie vernetzter Medien. Grundlagen computervermittelter Vergesellschaftung. Oldenbourg.

SCHMIDT, Christiane (2000): Analyse von Leitfadeninterviews. In: Flick, Uwe/von Kardorff, Ernst/Steinke, Ines (Hg.): Qualitative Forschung. Ein Handbuch. Reinbek bei Hamburg, 447–456.

SCHÖNAUER, Annika (2004): Musik, Lebensstil und Distinktion: Pierre Bourdieu und Gerhard Schulze im Kontext der deutschsprachigen Lebensstilforschung. In: Parzer, Michael (Hg.): Musiksoziologie remixed. Impulse aus dem aktuellen kulturwissenschaftlichen Diskurs. Wien, 17–38.

SCHRAMM, Holger (2005): Mood Management durch Musik. Die alltägliche Nutzung von Musik zur Regulierung von Stimmungen. Köln.

SCHRÖER, Norbert (1997): Wissenssoziologische Hermeneutik. In: Hitzler, Ronald/Honer, Anne (Hg.): Sozialwissenschaftliche Hermeneutik. Eine Einführung. Opladen, 109–129.

SCHRUM, Lynne (1995): Framing the Debate: Ethical Research in the Information Age. In: Qualitative Inquiry, Vol. 1 (3), 311–326.

SCHUEGRAF, Martina/MEIER, Stefan (2005): Chat- und Forenanalyse. In: Mikos, Lothar/Wegener, Claudia (Hg.): Qualitative Medienforschung. Ein Handbuch. Konstanz, 425–435.

SCHULZE, Gerhard (1992): Die Erlebnisgesellschaft. Kultursoziologie der Gegenwart. Frankfurt am Main.

SHARF, Barbara F. (1998): Beyond Netiquette. The Ethics of Doing Naturalistic Discourse Research on the Internet. In: Jones, Steve (ed.): Doing Internet Research. Critical Issues and Methods for Examing the Net. Thousand Oaks et al., 243–256.

SHEPHERD, John/WICKE, Peter (1997): Music and Cultural Theory. Cambridge.

SHUSTERMAN, Richard (1992): Pragmatist Aesthetics: Living Beauty, Rethinking Art. Oxford.

SILVA, Elizabeth B. (2006): Distinction through visual art. In: Cultural Trends, Vol. 15 (2&3), 141–158.

SIMMEL, Georg (1983): Philosophische Kultur. Berlin.

SMITH, Marc A./KOLLOCK, Peter (ed.) (1999): Communities in Cyberspace. London/New York.

SMUDITS, Alfred (2002): Mediamorphosen des Kulturschaffens. Kunst und Kommunikationstechnologien im Wandel (Band 27 der Schriftenreihe Musik und Gesellschaft). Wien.

SMUDITS, Alfred (2006): Zur Produktion von Kultur – österreichische und US-amerikanische Ansätze. In: Zembylas, Tasos/Tschmuck, Peter (Hg.): Kulturbetriebsforschung. Ansätze und Perspektiven der Kulturbetriebslehre. Wiesbaden, 63–76.

SONNETT, John (2004): Musical boundaries. Intersections of form and content. In: Poetics, Vol. 32, 247–264.

SPEARS, Russel/LEA, Martin (1992): Social influence and the influence of the ‚social' in computer-mediated communication. In: Lea, Martin (ed.): Contexts of computer-mediated communication. London, 30–65.

ST. AMANT, Kirk (ed.) (2007): Linguistic and cultural online communication issues in the global age. Hershey.

STAR, Susan L. (1995): The Cultures of Computing. Oxford.

STATISTIK AUSTRIA (2010): IKT-Einsatz in Haushalten 2009. Einsatz von Informations- und Kommunikationstechnologien in Haushalten 2009. Verfügbar unter: http://www.statistik.at/web_de/dynamic/statistiken/informationsgesellschaft/ikt-einsatz_in_haushalten/publdetail?id=305&listid=305&detail=559 [Zugriff am 28. Dezember 2010].

STEGBAUER, Christian (2000): Begrenzungen und Strukturen internetbasierter Kommunikationsgruppen. In: Thimm, Caja (Hg.): Soziales im Netz. Sprache, Beziehungen und Kommunikationskulturen im Internet. Opladen/Wiesbaden, 18–38.

STEGBAUER, Christian/RAUSCH, Alexander (2001): Die schweigende Mehrheit – „Lurker" in internetbasierten Diskussionsforen. In: Zeitschrift für Soziologie, 30. Jg., Heft 1, 48–64.

STOREY, John (1993): An Introductory Guide to Cultural Theory and Popular Culture. Hertfordshire.

STRATE, Lance/JACOBSON, Ronald/GIBSON, Stephanie B. (ed.) (1996): Communication and Cyberspace. Social Interaction in an Electronic Environment. Cresskill.

STRAUSS, ANSELM L. (1994): Grundlagen qualitativer Sozialforschung. München.

STRAW, Will (1991): Systems of articulation logics of change: communities and scenes in popular music. In: Cultural Studies, Vol. 5 (3), 368–388.

SUDWEEKS, Fay/RAFAELI, Sheizaf/McLAUGHLIN, Margaret (ed.) (1998): Network and netplay. Virtual groups on the Internet. Cambridge.

SULLIVAN, Oriel/KATZ-GERRO, Tally (2007): The Omnivore Thesis Revisited: Voracious Cultural Consumers. In: European Sociological Review, Vol. 23 (2), 123–137.

TAMPUBOLON, Gindo (2008): Revisiting omnivores in America circa 1990s: The exclusiveness of omnivores. In: Poetics, Vol. 36, 243–264.

TAMPUBOLON, Gindo (2010): Social stratification and cultures hierarchy among the omnivores: Evidence from the Arts Council England surveys. In: The Sociological Review, Vol. 58 (1), 1–25.

TANNER, Julian (1981): Pop music and peer groups: a study of Canadian high school students' responses to pop music. In: Canadian Review of Sociology and Anthropology, Vol. 18 (1), 1–13.

TANNER, Julian/ASBRIDGE, Mark/WORTLEY, Scott (2008): Our favourite melodies: musical consumption and teenage lifestyles. In: British Journal of Sociology, Vol. 59 (1), 117–129.

THIEDEKE, Udo (Hg.) (2000): Virtuelle Gruppen. Charakteristika und Problemdimensionen. Wiesbaden.

THIEDEKE, Udo (2007): „Trust but test!" Das Vertrauen in virtuellen Gemeinschaften. Konstanz.

THIMM, Caja (Hg.) (2000): Soziales im Netz. Sprache, Beziehungen und Kommunikationskulturen im Internet. Opladen/Wiesbaden.

THOMAS, Jim (1996): A Debate about the Ethics of Fair Practices for Collecting Social Science Data in Cyberspace. In: The Information Society, Vol. 12 (2), 107–118.

THORNTON, Sarah (1996): Club Cultures: Music, Media and Subcultural Capital. Cambridge.

THURLOW, Crispin/LENGEL, Laura/TOMIC, Alice (ed.) (2007): Computer mediated communication. Social interaction and the internet. Los Angeles et al.

TRONDMAN, Mats (1990): Rock Tastes – on Rock as Symbolic Capital. In: Roe, Keith/Carlsson, Ulla (ed.): Popular Music Research. An anthology from Nordicom-Sweden. Göteborg, 71–85.

TURKLE, Sherry (1998): Leben im Netz. Identität in Zeiten des Internet. Reinbek bei Hamburg.

TURNER, Graeme (1990): British Cultural Studies. An Introduction. London/New York.

VANDER STICHELE, Alexander/LAERMANS, Rudi (2006): Cultural participation in Flanders: Testing the cultural omnivore thesis with population data. In: Poetics, Vol. 34, 45–64.

van DIJK, Jan A. (2005): The Deepening Divide. Inequality in the Information Society. Thousand Oaks et al.

van EIJCK, Koen (2000): Richard A. Peterson and the culture of consumption. In: Poetics, Vol. 28, 207–224.

van EIJCK, Koen (2001): Social Differentiation in Musical Taste Patterns. In: Social Forces, Vol. 79 (3), 1163–1184.

van EIMEREN, Birgit/FREES, Beate (2005): ARD/ZDF-Online-Studie 2005: Nach dem Boom: Größter Zuwachs in internetfernen Gruppen. In: Media Perspektiven 8/2005, 362–379.

van EIMEREN, Birgit/FREES, Beate (2008): ARD/ZDF-Online-Studie 2008: Internetverbeitung: Größter Zuwachs bei Silver-Survern. In: Media Perspektiven 7/2008, 330–344.

van EIMEREN, Birgit/FREES, Beate (2010): ARD/ZDF-Online-Studie 2010: Fast 50 Millionen Deutsche online – Multimedia für alle? In: Media Perspektiven 7-8/2010, 334–349.

VANNINI, Phillip (2004): The Meanings of a Star: Interpreting Music Fans' Reviews. In: Symbolic Interaction, Vol. 27 (1), 47–69.

van REES, Kees/VERMUNT, Jeroen/VERBOORD, Marc (1999): Cultural Classifications under Discussion: Latent Class Analysis of Highbrow and Lowbrow Reading. In: Poetics, Vol. 26, 349–365.

VEBLEN, Thorstein (1973): The theory of the leisure class. Boston et al.

VESTER, Michael (2010): Ulrich Beck und die zwei Marxismen. Ende oder Wandel der Klassengesellschaft? In: Berger, Peter A./Hitzler, Ronald (Hg.): Individualisierungen. Ein Vierteljahrhundert „jenseits von Stand und Klasse"? Wiesbaden, 29–50.

VIRTANEN, Taru (2005): Dimensions of Taste for Cultural Consumption – An Exemplar of Constructing a Taste Pattern. Paper presented at the 7th ESA Conference, September 2005. Verfügbar unter: http://www.sifo.no/files/Virtanen.pdf [Zugriff am 3. März 2006].

VOLST, Angelika (2003): The Focus Is on Me? – Fokus-Gruppe: Von Face to Face zu Online. In: Österreichische Zeitschrift für Soziologie, 28. Jg., Heft 4, 93–118.

WALDSTEIN, Maxim (2005): The politics of the web: the case of one newsgroup. In: Media, Culture & Society, Vol. 27 (5), 739–763.

WALTHER, Joseph B. (2002): Research ethics in Internet-enabled research: Human subjects issues and methodological myopia. In: Ethics and Information Technology, Vol. 4, (3), 205–216.

WARDE, Alan/MARTENS, Lydia/OLSEN, Wendy (1999): Consumption and the problem of variety: Cultural omnivorousness, social distinction and dining out. In: Sociology, Vol. 33 (1), 105–127.

WARDE, Alan/WRIGHT, David/GAYO-CAL, Modesto (2007): Understanding Cultural Omnivorousness: Or, the Myth of the Cultural Omnivore. In: Cultural Sociology, Vol. 1 (2), 143–164.

WARDE, Alan/WRIGHT, David/GAYO-CAL, Modesto (2008): The omnivorous orientation in the UK. In: Poetics, Vol. 36, 148–165.

WARDE, Alan/GAYO-Cal (2009): The anatomy of cultural omnivorousness: The case of the United Kingdom. In: Poetics, Vol. 37, 119–145.

WATSON, Nessim (1997): Why We Argue About Virtual Community. A Case Study of the Phish.Net Fan Community. In: Jones, Steven G. (ed.): Virtual Culture. Identity and Communication in Cybersociety. London et al., 102–132.

WEBER, Max (1972): Wirtschaft und Gesellschaft. Grundriß der verstehenden Soziologie (Studienausgabe herausgegeben von Johannes Winckelmann). Tübingen.

WEHNER, Josef (1997): Medien als Kommunikationspartner – Zur Entstehung elektronischer Schriftlichkeit im Internet. In: Gräf, Lorenz/Krajewski, Markus (Hg.): Soziologie des Internet. Handeln im elektronischen Web-Werk. Frankfurt/New York, 125–149.

WELKER, Martin/WERNER, Andreas/SCHOLZ, Joachim (2005): Online-Research. Markt- und Sozialforschung mit dem Internet. Heidelberg.

WELLMAN, Barry/HAYTHORNTHWAITE, Caroline (ed.) (2002): The Internet in Everyday Life. Oxford et al.

WICKE, Peter (1992): „Populäre Musik" als theoretisches Konzept. In: PopScriptum 1/92, 6–42.

WICKE, Peter (1997): „Let the sun shine in your heart". Was die Musikwissenschaft mit der Love Parade zu tun hat oder: Von der diskursiven Konstruktion des Musikalischen. In: Die Musikforschung 50. Jg., Heft 4, 421–433.

WILLIAMS, Raymond (1958): Culture and Society. New York.

WILLIAMS, Raymond (1989): The idea of a common culture. In: ders.: Resources of Hope. Culture, Democracy, Socialism. London/New York, 32–38.

WILLIAMS, Raymond (1993): Culture is ordinary. In: Gray, Ann/McGuigan, Jim (ed.): Studying Culture. An Introductory Reader. London et al., 5–14.

WILLIS, Paul (1979): Spaß am Widerstand. Gegenkultur in der Arbeiterschule. Frankfurt am Main.

WILLIS, Paul (1981): „Profane Culture". Rocker, Hippies: Subversive Stile der Jugendkultur. Frankfurt am Main.

WILLIS, Paul (1990): Common Culture. Symbolic work at play in the everyday cultures of the young. Milton Keynes.

WINTER, Rainer (2001): Die Kunst des Eigensinns. Cultural Studies als Kritik der Macht. Weilerswist.

WITTE, James C./MANNON, Susan E. (ed.) (2010): The Internet and Social Inequalities. New York et al.

WOODWARD, Ian/EMMISON, Michael (2001): From aesthetic principles to collective sentiments: The logics of everyday judgements of taste. In: Poetics, Vol. 29, 295–316.

WOODWARD, Ian/SKRBIS, Zlatko/BEAN, Clive (2008): Attitudes towards globalization and cosmopolitanism: cultural diversity, personal consumption and the national economy. In: The British Journal of Sociology, Vol. 59 (2), 207–226.

WUGGENIG, Ulf (2007): Comments on Chan and Goldthorpe: Pitfalls in testing Bourdieu's homology assumptions using mainstream social science methodology. Social stratification and cultural consumption: The visual arts in England. In: Poetics, Vol. 35, 306–316.

ZAVISCA, Jane (2005): The Status of Cultural Omnivorism: A Case Study of Reading in Russia. In: Social Forces, Vol. 84 (2), 1233–1255.

ZILLMANN, Dolf/BRYANT, Jennings (1985): Affect, mood, and emotion as determinants of selective exposure. In: dies. (ed.): Selective exposure to communication. Hillsdale, 157–190.

Musik und Gesellschaft

„Musik und Gesellschaft" begründet 1967 von Kurt Blaukopf.

Heft 1–21 herausgegeben von Kurt Blaukopf

Heft 1 Gottfried von Einem: Komponist und Gesellschaft. Verlag G. Braun. Karlsruhe 1967.

Heft 2 Zur Bestimmung der klanglichen Erfahrung der Musikstudierenden. Ein Forschungsbericht. Verlag G. Braun. Karlsruhe 1968.

Heft 3 Kurt Blaukopf: Werktreue und Bearbeitung. Zur Soziologie der Integrität des musikalischen Kunstwerks. Verlag G. Braun. Karlsruhe 1968.

Heft 4 Gunnar Sønstevold / Kurt Blaukopf: Musik der „einsamen Masse". Ein Beitrag zur Analyse von Schlagerschallplatten. Verlag G. Braun. Karlsruhe 1968.

Heft 5 Karel Pech: Hören im „optischen Zeitalter". Verlag G. Braun. Karlsruhe 1969.

Heft 6 Walter Graf: Die musikalische Klangforschung. Wege zur Erfassung der musikalischen Bedeutung der Klangfarbe. Verlag G. Braun. Karlsruhe 1969.

Heft 7/8 Technik, Wirtschaft und Ästhetik der Schallplatte. Symposion auf der hifi '68 Düsseldorf". Verlag G. Braun. Karlsruhe 1970.

Heft 9 Dieter Zimmerschied: Gesucht: Das Volkslied. Schüleruntersuchungen über die Stellung des Volksliedes im Bewußtsein verschiedener Bevölkerungsgruppen in Mainz und Umgebung. Verlag G. Braun. Karlsruhe 1971.

Heft 10/11 Hans-Peter Reinecke et al.: High Fidelity und Stereophonie – ihr Platz und Rang im Musikleben. Symposion auf der „hifi ‚70 Düsseldorf'. Verlag G. Braun. Karlsruhe 1971.

Heft 12 Luigi del Grosso Destreri: Europäisches Hit-Panorama. Erfolgsschlager in vier europäischen Ländern 1964 und 1967. Aussagen, Inhalte, Analysen. Verlag G. Braun. Karlsruhe 1972.

Heft 13/14 Hermann Rauhe: Popularität in der Musik. Interdisziplinäre Aspekte musikalischer Kommunikation. Verlag G. Braun. Karlsruhe 1974.

Heft 15 Wilrich Hoffmann: Komponist und Technik. Die Bedeutung naturwissenschaftlicher Forschung für die Musik. Verlag G. Braun. Karlsruhe 1975.

Heft 16 Robert Wangermée: Rundfunkmusik gegen die Kulturmoralisten verteidigt. Versuch zur künstlerischen Kommunikation. Verlag G. Braun. Karlsruhe 1975.

Heft 17 Kurt Blaukopf et al.: Soziographie des Musiklebens. Beiträge zur Datensammlung und Methodik. Verlag G. Braun. Karlsruhe 1979.

Heft 18 Karl Breh: Die Mutation musikalischer Kommunikation durch High Fidelity und Stereophonie. Verlag G. Braun. Karlsruhe 1980.

Heft 19 Desmond Mark: John H. Mueller – Ein Pionier der Musiksoziologie. Verlag des Verbandes der wissenschaftlichen Gesellschaften Österreichs. Wien 1985.

Heft 20 Massenmedien, Musikpolitik und Musikerziehung. Herausgegeben von Elena Ostleitner. Verlag des Verbandes der wissenschaftlichen Gesellschaften Österreichs. Wien 1987.

Heft 21 Desmond Mark: Musikschule 2000. Der Bedarf an Musikschullehrern. Bestandsaufnahme, Berufsbild, Prognose. Verlag des Verbandes der wissenschaftlichen Gesellschaften Österreichs. Wien 1990.

Heft 22, Band 23–27 herausgegeben von Irmgard Bontinck

Heft 22 Kulturpolitik, Kunst, Musik. Fragen an die Soziologie. Herausgegeben von Irmgard Bontinck. Verlag des Verbandes der wissenschaftlichen Gesellschaften Österreichs. Wien 1992.

Band 23 Wege zu einer Wiener Schule der Musiksoziologie. Konvergenz der Disziplinen und empiristische Tradition. Herausgegeben von Irmgard Bontinck. Verlag Guthmann-Peterson. Wien-Mühlheim a. d. Ruhr 1996.

Band 24 Paul Lazarsfelds Wiener RAVAG-Studie 1932. Der Beginn der modernen Rundfunkforschung. Herausgegeben von Desmond Mark. Verlag Guthmann-Peterson. Wien-Mühlheim a. d. Ruhr 1996.

Band 25 Jazz als Ereignis und Konserve. Herausgegeben von Alfred Smudits und Heinz Steinert. Verlag Guthmann-Peterson. Wien-Mühlheim a. d. Ruhr 1997.

Band 26 Desmond Mark: Wem gehört der Konzertsaal? Das Wiener Orchesterrepertoire im internationalen Vergleich. Zur Frage des musikalischen Geschmacks bei John H. Mueller. Verlag Guthmann-Peterson. Wien-Mühlheim a. d. Ruhr 1998.

Band 27 Alfred Smudits: Mediamorphosen des Kulturschaffens. Kunst und Kommunikationstechnologien im Wandel. Verlag Braumüller. Wien 2002.

ab Band 28 herausgegeben von Alfred Smudits im Verlag Peter Lang

Band 28 Kurt Blaukopf: Was ist Musiksoziologie? Ausgewählte Texte. Herausgegeben von Michael Parzer. 2010.

Band 29 Alenka Barber-Kersovan / Harald Huber / Alfred Smudits (Hrsg.): West Meets East. Musik im interkulturellen Dialog. 2011.

Band 30 Michael Parzer: Der gute Musikgeschmack. Zur sozialen Praxis ästhetischer Bewertung in der Popularkultur. 2011.

www.peterlang.de